리더십
고민이 뭐니?

크리스천 고민 해소 프로젝트5

리더십 고민이 뭐니?
4인 4색 리더십을 말하다

Copyright ⓒ 도서출판 목양 2018

초판 1쇄 인쇄 2019년 9월 27일
초판 1쇄 발행 2019년 9월 27일

지은이 김영한, 라원기, 이상갑, 지현호 공저
펴낸이 정성준
펴낸곳 도서출판 목양
      등록 2008년 3월 27일 제 2008호-04호
      주소 경기도 용인시 처인구 양지면 양지리 38-2
      전화 070-7561-5312 팩스 0505-009-9585
      홈페이지 www.mokyangbook.com
      이메일 mokyang-book@hanmail.net

ISBN 979-11-86018-79-8

* 본 저작물은 신 저작권법에 의하여 한국 내에서 보호받는 저작물이므로
  무단전재와 복제를 엄격히 금합니다.

* 책 값은 뒤표지에 있습니다.
* 잘못된 책은 교환하여 드립니다.

크리스천 고민 해소 프로젝트 5

리더십 고민이 뭐니?

4인 4색 리더십을 말하다

김영한, 라원기, 이상갑, 지현호 공저

목양

| 차례 |

추천사 • 8
서문 • 20

chapter 1
리더가 갖추어야 할 12가지 요소

리더는 타고나는 것이 아니라 만들어지는 것이다 • 25
리더가 갖추어야 할 12가지 요소 1 | **기획력 • 31**
리더가 갖추어야 할 12가지 요소 2 | **추진력 • 40**
리더가 갖추어야 할 12가지 요소 3 | **결단력 • 52**
리더가 갖추어야 할 12가지 요소 4 | **위임력 • 59**
리더가 갖추어야 할 12가지 요소 5 | **행정력 • 63**
리더가 갖추어야 할 12가지 요소 6 | **영력 • 69**
리더가 갖추어야 할 12가지 요소 7 | **인재관리력 • 78**
리더가 갖추어야 할 12가지 요소 8 | **공감 능력 • 85**
리더가 갖추어야 할 12가지 요소 9 | **지력 • 90**
리더가 갖추어야 할 12가지 요소 10 | **심력 • 95**
리더가 갖추어야 할 12가지 요소 11 | **체력 • 99**
리더가 갖추어야 할 12가지 요소 12 | **실력과 겸손 • 102**

chapter 2
습관: 기적을 낳는 힘

습관의 힘을 아는 리더가 되라!
기적은 멀리 있지 않다 • 109
습관의 힘 • 111
남자를 망치는 10가지 습관 • 114
영적 습관 개발하기 • 119
습관을 바꾸는 법 • 132
습관을 다스리지 못하면 습관이 당신을 지배한다 • 138

디테일의 힘을 아는 리더가 되라!
디테일의 중요성 • 142
하나님은 디테일에 강하신 분 • 151
리더는 디테일에 신경 써야 한다 • 155

질문의 힘을 아는 리더가 되라!
질문의 중요성 • 168
질문하는 사람이 지혜로운 사람이다 • 174
질문하시는 하나님 • 181
인생의 세 가지 질문 • 184
질문하면서 성장하라 • 194

스토리의 힘을 아는 리더가 되라!
스펙과 스토리 • 197
신앙생활에도 스토리가 있어야 한다 • 208
하나님께 가치 있는 인생이 되라 • 221

chapter 3
느헤미야 실전 리더십

리더십, 길을 찾아서 • 227
리더십, 그러면 어떻게 할 것인가? • 230
리더십, 무엇이고 왜 필요한가? • 232
리더십, 리더를 고민하다 • 241
리더십, 왜 리더십을 고민해야만 할까? • 245
시대를 변화시키는 실전 리더십, 느헤미야를 통해 만나다 • 247

실전 리더십 1 | 리더, 기도하며 기적을 만든다 • 249
실전 리더십 2 | 리더, 행동하는 믿음으로 하나님의 역사를 이룬다 • 252
실전 리더십 3 | 리더, 연합과 일치를 통해 하나님의 역사를 이룬다 • 256
실전 리더십 4 | 리더, 모든 장애물과 대적하는 자들을 넘어선다 • 261
실전 리더십 5 | 리더, 자신이 본이 된다 • 270
실전 리더십 6 | 리더, 말씀으로 공동체를 세운다 • 277
실전 리더십 7 | 리더, 함께 다르게 공동체를 모자이크한다 • 287

느헤미야 리더십, 지금 여기에서 적용하라! • 295

적용 1 | 기도론: 기도를 삶으로 가르치라! • 295
적용 2 | 말씀론: 말씀 앞에 순종하는 삶이 메시지다! • 297
적용 3 | 광인론: 사람에 생명을 걸라! • 300

영적 리더십, 신앙이 삶과 만나게 하라 • 302
리더들이여, 무너진 성벽을 재건하라 • 307

chapter 4
광야 리더십

광야 리더십
광야 리더십 • 313
특수전교육단 | "이곳을 거친 자여 조국은 너를 믿노라!" • 315
광야훈련학교 | "광야를 거친 자여 하나님은 너를 믿노라!" • 318
예배자를 세우기 위한 광야 훈련학교 • 321

광야훈련 이야기
광야일기 1 | 자기 부인의 삶 • 323
광야일기 2 | 환경과 상황이 아닌 주님을 바라봐야 하는 곳 • 326
광야일기 3 | 심령이 가난해지는 곳 • 330
광야일기 4 | 하나님 나라의 사고방식을 배우는 곳 • 333
광야일기 5 | 눈물 젖은 빵을 통해 아버지의 마음을 배움 • 340
광야일기 6 | '이미 그러나 아직'의 하나님 나라 • 343
광야일기 7 | 방언보다 먼저 순종을(자기 부인, 영적 질서) • 346
광야 리더십의 모델 | 어머니 • 349
예배자를 세우기 위한 제자훈련-삶으로 보여주는 가르침 • 353
광야학교를 마치머 • 356

추천사

고상섭 목사(그 사랑교회, 제자훈련연구소)

　신학교를 다닐 때는 목회를 잘하려면 설교가 중요하다고 생각해서 설교와 성경에 대해 열심히 공부했다. 그러나 교회 개척을 하고 시간이 지나면서 그 이상의 것이 준비되어야 함을 절실히 깨닫고 있다. 팀켈러 목사는 '신학교에서 가르쳐주지 않지만 목회에 꼭 필요한 자질'에 대해서 세 가지를 언급했다. 첫째는 Catalyzing, 사람들에게 방향을 제시하고 촉진시키는 것이고 둘째는 Organizing, 사람들을 세워서 조직을 만들고 적소에 배치하는 능력이다. 셋째는 Operating, 목표를 제시하고 사람들을 연합해서 결과를 이룰 수 있도록 운영하는 능력이다. 이 모든 것을 한 마디로 요약하면 '리더십'이라 할 수 있다. <리더십 고민이 뭐니?>는 목회자에게 꼭 필요한 그러나 신학교에서 가르쳐주지 않았던 목회 리더십의 노하우를 방출하고 있다. 교회를 개척하지 않은 신학생들에게는 중요해 보이지 않을 수도 있다. 그러나 교회를 개척해서 섬기고 있는 나에게는 한 마디 한 마디가 주옥같은 가르침들이다. 내가 이 책을 좀 더 일찍 알았다면, 목회를 하면서 많은 실수들을 미리 줄일 수 있었을 것이다. 이 책은 목회라는 진흙밭에 진주 같은 책이다. 진주의 가치를 알지 못하는 돼지가 되어서는 안 되지 않겠는가!

고훈 목사(진리샘교회 담임)

누구나 리더가 되고자 원하지만 아무나 리더가 될 수는 없다. 리더는 일정한 자질과 경험뿐만 아니라 능력과 성품 그리고 시대적 요청도 있어야 하기 때문이다. 본 저서는 네 명의 저자가 네 가지 분야에서 리더십을 이해하고 조망할 수 있도록 정리되어 있다. 각각의 내용들은 전문 지식뿐만 아니라 경험을 두루 갖춘 저자들의 실천적 결과물이다. 저자 본인들의 삶과 각기 다른 사역의 현장에서 직접 경험한 일들을 리더십의 이론에 접목한 점은 이 책을 읽는 독자들에게 친근감과 함께 자신에게 적용할 부분을 쉽게 찾을 수 있도록 한다.

또한 저자들은 책에서 실제적이며 구체적인 대안들을 제시한다. 그것은 이미 현장에서 검증 단계를 거친 균형을 이룬 주장들이다. 현장성이 담보되어 있으므로 책을 읽는 동안 그 현장성이 느껴질 뿐만 아니라 직접 독자가 위치한 현장에서 적용할 수 있는 내용과 수준이라는 점에서 실용적인 가치를 부여한다. 네 명의 저자 모두 한 결 같이 교회와 단체의 리더로서 경험이 풍부할 뿐 아니라 지금도 적실성 있는 사역으로 선한 영향력을 끼치고 있는 분들이기에 이 책에서 다루어진 주장과 내용들을 더욱 신뢰 할 수 있다.

이미 출판된 리더십에 관련된 책들이 적지 않다. 하지만 교회와 관련된 사역을 기반으로 한 경험을 체계화 하여 정리된 책들은 많지 않다. 이론과 실제의 간극을 어떻게 메울 수 있는지에 대한 현장성 있는 내용들은 책을 읽는 내내 무릎을 치게 한다. 내용에 있어서도 거대 담론만을 이야기 한 것이 아니라 디테일한 부분을 놓치지 않는다. 탁월한 몇몇 저자의 좋은 경험과 이론이 전체 리더십의 이론을 규명할 수는 없을 것이다. 하지만 실제 현장에서 경험한 부분을 이론화 시킬 수 있는 것은 누구나 할 수 있는 것은 아니다. 이런 점에서 저자들의 이론과 주장은 더욱 가치가 있다. 현장성의 경험을 기본으로 한 리더십의 기본과 실제적 적용을 고민하는 독자들에게 기꺼이 일독을 권한다.

김민철 목사(남양주언덕교회/한국코치협회 전문코치)

경영대학원에서 공부 할 때 좋은 리더십 책들을 접했다. 하지만 아쉬웠던 것은 너무 이론적이거나 교회문화에 적용하기 어려운 내용이 대부분이었다. 기독교 리더십 책들 중 참고할 만한 좋은 책들이 있지만 다음세대 사역자들을 위한 리더십 책들은 많지 않다. 반면 이 책은 다음세대 사역현장에서 경험했던 리더십의 결과물이다. 청년사역자의 리더십, 교회개척자를 위한 리더십, 성경적 영적 리더십, 광야리더십 등등 사역의 치열한 현장 속에서 체득한 리더십의 열매이다.

예측하기 힘든 사역의 현장에서 영원한 말씀의 원칙과 믿음의 원리에 근거한 실제적이며 효과적인 리더십을 볼 수 있었다. 특히 다음세대 사역자들에게 권하고 싶다. 먼저 걸어간 선배사역자들의 리더십 여정을 함께 걸으며 자신만의 리더십 매뉴얼을 새롭게 만들어보면 어떨까? 이 책을 읽은 사역자들이 사역 현장에서 자신만의 리더십 여정을 기록하기를 소망해 본다.

김형근 목사(교회성장연구소 소장)

우리는 누구나 어떤 일을 책임지는 자리에 가거나, 리더로서의 역할을 감당해야 할 시기를 맞이하게 된다. 하지만 '진정한 리더'가 되기란 쉽지 않다. 리더는 분명한 비전과 길을 제시해야 하고 결과에 대한 책임을 져야하기 때문이다. 리더가 건강하면 그가 이끄는 공동체도 건강해진다.

이 책은 건강한 리더가 되는 길을 제시하고 있다. 특별히 리더가 되기 위해 반드시 준비해야할 12가지 법칙과, 그 과정에서 기억해야 할 핵심을 정확하게 짚어준다. 특히 '스토리텔러'가 되어야 한다는 대목은 현대 사회의 트렌드를 잘 설명해주고 있다.

리더는 한편의 이야기를 만드는 사람이다. 좋은 리더가 만들어내는 이야기에는 생명이 깃들어 있다. 하나님 나라를 확장시키는 리더는 그가 그려나갈 스토리 속에 복음을 녹여낸다. 이 책을 읽는 모든 분들이 '하나님의 이야기'를 그려내는 '최고의 리더'가 되기를 기도한다.

손성찬 목사(이음숲교회 담임)

교회 사역을 하다보면, 정작 가장 큰 어려움을 겪지만 손쉽게 해결되지도 않고 물어보기도 힘든 문제가 바로 '리더십'의 문제이다. 사람이 모여 있다는 것은 필수불가결하게 정치가 생긴다는 것이고, 정치가 생긴다는 것은, 그것을 조율하고 인도할 리더십의 체계가 필요하다는 말인데, 안타깝게도 많은 사역자들이 하나님의 일하심의 명목으로 이를 간과하곤 한다.

그러나 이와 같은 방관이나 무관심은 교회적 혼란을 불러일으키고, 오히려 잘못된 수단의 활용과 잘못된 방향설정으로 나타나기 십상이다. 즉 하나님이 이루신 '은혜'를 '재'로 만들 수도 있는 것이다. 특히 한국교회가 약한 부분이라고 생각한다. 그러나 본문 첫 장에서 '리더는 타고나는 것이 아니라 만들어지는 것이다'라고 얘기하듯, 리더십은 배우고 연습되어야하는 영역이며, 원하든 원하지 않던 리더의 역할이 부여되는 사역자들에게는 선택이 아닌, 필수적 배움의 영역이라고 생각한다.

분명 신학수업과 목회/목양 수업은 다르다. 다만 우리가 추종할 것은 일반 기업과 조직의 리더십이 아닌, 성경적 의미에서 건강하고, 교회라는 특수한 상황의 현장에서 검증된, 그리고 진정 교회를 사랑하는 사역자들의 리더십이어야만 할 것이다.

그런 의미에서 이 책은 사역자의 고민, 교회 현장의 목소리를 담은 실제성과, 성경적 리더십의 고찰 및 생각할 바를 제시하고 있기에, 분명 사역자들의 건강한 리더십 형성에 많은 도전과 배움을 줄 것이라 확신한다.

이찬수 목사(분당우리교회 담임)

영적 리더들이 말씀을 의지하고 붙들어야 하는 이유는 그 비전을 주신 분이 하나님이시기 때문이다. 이 책에서는 네 분의 저자를 통하여 그 사실을 잘 드러내고 있다.

"묵시가 없으면 백성이 방자히 행하거니와 율법을 지키는 자는 복이 있느니라"(잠언 29:18) 이 말씀처럼 리더들에게는 하나님께서 주시는 묵시, 비전, 꿈이 있다. 그런 면에서 우리 시대는 하나님이 보여주시는 비전을 보는 영적 리더십이 절실하다. 리더가 누구인가에 따라 삶이 달라진다. 공동체가 달라진다. 성경 말씀을 나침반 삼아서 성도들을 섬기는 리더가 있다면 그가 있는 가정, 교회, 일터, 민족이 살아날 것이다. 하나님의 말씀과 비전을 가진 영적 지도자가 있는 곳은 시대와 장소가 다를지라도 아름답게 변화된다.

이 책을 읽으시는 모든 그리스도인들이 세상을 아름답게 변화시키는 리더가 되기를 바란다. 미래를 꿈꾸는 리더들이 읽으면 좋은 것 같아 기쁘게 추천한다.

임재환 선교사(올리브선교회 공동대표)

4인 4색의 저자가 콜라보레이션을 통해서 펼치는 리더십의 향연에 놀랐다. 종류만 다양하고 영양가가 없는 뷔페식의 리더십 이야기를 지양하고 있어서 참신했다. 자기 몸에 꼭 필요한 영양제를 먹어야 건강한 것처럼 이 책이 제공하는 리더십 정찬을 먹으면 건강한 리더십을 갖출 수 있을 것이다.

4인의 저자가 예수님의 리더십에 뿌리를 박고 자기 삶의 영역들 속에서 리더로 살고자 고군분투하는 스토리를 통해서 리더십의 이론과 실제를 동시에 경험하는 축복도 누릴 수 있다. 이 땅에서 하나님 나라와 의의 확장을 위한 리더가 되고 싶은데 기초체력이 약한 사람, 느헤미야처럼 낭중지추의 리더십을 기르기 원하는 사람들은 이 책을 꼭 읽어보라. 리더십에 관한 금맥을 찾는 기쁨까지 맛볼 수 있을 것이다.

조영민 목사(나눔교회 담임)

영적 리더는 어떻게 무엇을 준비해야 하는가

신앙 공동체를 세우려 하는 자에게 가장 필요한 자질 가운데 하나는 '영적인 리더십'이다. 그런데 많은 다른 경우, '영적'이라는 수식이 붙으면 그 개념이 모호해지며 구체성을 잃어버린다. 저자는 전혀 모호하지 않게 '영적 리더십'의 개념을 구체적이면서 실천적으로 제시하고 있다. 저자는 책상에서 이 책을 쓰지 않았다. 그의 모든 삶과 사역의 현장에서 경험하고 확인한 것을 들려준다.

이 책을 읽는 독자는 그가 한 신앙 공동체를 세우기 위해 했던 수고를 읽을 것이고, 그것을 위한 자기 훈련의 필요를 느낄 것이며, 어떻게 훈련할 지에 대한 조언을 듣게 될 것이다. 그리고 이런 '영적 리더십'을 소유하려는 열망에 이 책의 제안들을 시행하고 싶은 열망을 경험할 것이다. 적어도 지금 이 책을 먼저 읽는 나에게 그러하니 말이다.

12가지 영적 리더에게 필요한 힘을 읽으며, 나의 강점과 약점이 무엇인지를 확인하고, 어떻게 강점을 극대화하며 약점을 보완 할지 돌아보라. 만약 내가 소유할 수 없는 힘이라면 나와 함께 동역할 누군가를 정할 때 그 부분을 고려하라. 삶을 바꾸고 나의 영향력에 변화를 만들어 낼 수 있는 주요한 삶의 양식의 변화를 만들고 그것이 제 2의 천성인 습관이 될 때까지 지속하라. 디테일을 볼 수 있는 안목을 가지라. 끊임없이 질문하고 고민하라. 스토리를 만들어내라. 저자는 이런 조언들과 함께 성경 속 인물 느헤미야의 리더십과 자신의 삶 가운데 있었던 하나님의 훈련과정을 들려준다.

고개를 끄덕이고 그냥 넘어가기에는 너무 아쉬운 제안들이 많다. 어쩌면 영적(?)으로 보이지 않을 수 있지만, 이 땅에서 하나님의 리더십을 드러내고 나타나며 사역하고 살아가는데 있어 반드시 필요한 제안들이기 때문이다. 이 책의 제안들을 읽으며, 각 항목에 머물러 차근차근 정리하며, 나의 삶과 사역에 필요한 것이 무엇인지, 또 구체적으로 훈련해야 할 것은 무엇인지 숙고하며 훈련하기를 권한다. 그 어느 때보다 영적인 리더가 필요한 이 시대에, 하나님께서는 지금도 준비된 이를 찾고 계시는 까닭이다.

리더십 고민이 뭐니?

서문

　2013년 4월 28일 영국 북부에서 열린 마라톤 경기에서 흥미로운 사건이 있었다. 우승자를 제외한 대회참가자 5,000명이 단체로 실격하는 사상 초유의 사태가 발생한 것이다. 사연은 이렇다.
　이날 마라톤 경기가 한창 진행된 상태에서 경기가 중반을 지나면서 1위와 나머지 선수들의 격차가 상당히 벌어지게 되었다. 그런데 그때 2, 3위 선수가 실수로 정상코스가 아닌 잘못된 코스로 들어섰다. 그러자 나머지 선수들도 2, 3위 선수를 따라가면서 모두 코스를 이탈하게 된 것이다. 결국 선두로 달리던 선수 한 명만 1위를 차지하고 나머지 선수들은 정규 코스보다 약 264m 짧게 달렸다는 이유로 5,000명이 전원 실격 처리되었다.

　이 기사는 앞에서 달려가는 리더가 얼마나 중요한 역할을 하는지를 깨닫게 해준다. 리더가 잘못된 방향으로 달려가면 뒤에서 따라오는 사람들은 모두가 다 잘못된 길로 갈 수밖에 없는 것이다.
　특히 오늘날과 같이 모든 것이 빠르게 변하는 21세기에는 리더의 역할이 더더욱 중요하다. 심지어는 리더 한 사람에 의해 공동체 전체의 생존 여부가 달려 있다고 해도 결코 틀린 말이 아니다. 그만큼 리더의 역할과 자질이 너무나 중요하다. 문제는 믿고 따를 만한 훌륭한 리더가 너무나 드물다는 사실이다. 누군가가 말했듯이 아무나 리더가 될 수 있지만 아무나 리더의 역할을 잘

할 수 있는 것은 아니기 때문이다.

　이 세상 모든 분야에 리더십이 필요하지만, 특별히 우리가 하나님의 사람이라면 더더욱 리더십에 대해 고민하고 연구할 필요가 있다. 왜냐하면 우리에게 맡겨진 청지기의 사명을 잘 감당하기 위해서는 더욱더 탁월한 리더십이 요구되기 때문이다.

　성경을 자세히 살펴보면 처음부터 마침까지 전부 리더십과 관계되어 있다. 창세기를 보면 하나님께서 세상과 사람을 만드시고 사람에게 이 세상을 잘 다스리라고 말씀하신다. 관리하는 일을 맡기신 것이다. 이것이야말로 바로 리더십이 필요한 일이 아닌가! 그리고 앞으로 예수 그리스도께서 재림하실 때 우리가 받는 상급이 바로 주님께로부터 다스리는 권세를 받는 것이다. 이것이야말로 또한 리더십이라고 할 수 있다. 그래서 성경은 리더십에서 시작하여 리더십으로 끝난다고 해도 과언이 아니다. 더군다나 우리가 이 땅에서 갈고닦은 리더십은 천국에서도 영원히 쓰임 받을 것이다. 그러므로 우리가 리더십을 열심히 배워야 할 이유는 충분하다!

　특별히 예수님은 우리에게 섬김의 리더십을 이야기하셨다. 이 리더십은 세상의 리더십과는 근본적으로 접근 방법이 다르다. 그러므로 훌륭한 영적 지도자가 되려고 한다면 더욱더 성경적인 리더십을 배워야 한다.

오늘날 교회가 무너지고, 사회가 타락하고, 조국이 위태로운 것은 바로 리더의 자리에 선 사람들 때문이라고 해도 틀리지 않다. 리더들이 그 자리에서 올바른 리더십의 원리를 깨닫지 못하고 참된 리더십을 삶의 자리에서 제대로 실천하지 못하고 있기 때문이다. 그래서 훌륭한 리더, 특별히 영성과 지성과 인성을 갖춘 탁월한 리더의 출현은 시대적인 요청이라고 볼 수 있다.

서점에 가면 수많은 리더십 관련 책들이 있다. 이 책에서는 네 명의 저자가 네 가지 분야에서 각각 리더십의 이해를 돕는다. 첫째, 리더가 갖추어야 할 12가지 리더십을 통해 강건한 다음 세대 리더로 서는 것이다. 둘째, 다음 세대가 바른 성경적 리더십을 갖도록 하는 것이다. 셋째, 앞으로 다가올 삶의 무게와 고통을 견디도록 다음 세대가 광야의 리더십을 갖추는 것이다. 넷째, 교회 공동체 안과 밖에서 다음 세대 리더가 건강하고 탁월한 리더십을 발휘하는 것이다.

다음 세대 목회자, 교사, 리더, 섬김이가 이 책을 읽고, 자신의 리더십을 더욱 발전시키기를 바란다. 또한 그것을 바탕으로 하나님의 마음을 품고 공동체를 더욱 아름답게 섬겨 준다면 이 책을 쓴 저자들에게 큰 보람과 기쁨이 될 것이다.

2019년 9월 20일

김영한, 라원기, 이상갑, 지현호 목사

Chapter **1**

리더가 갖추어야 할 12가지 요소

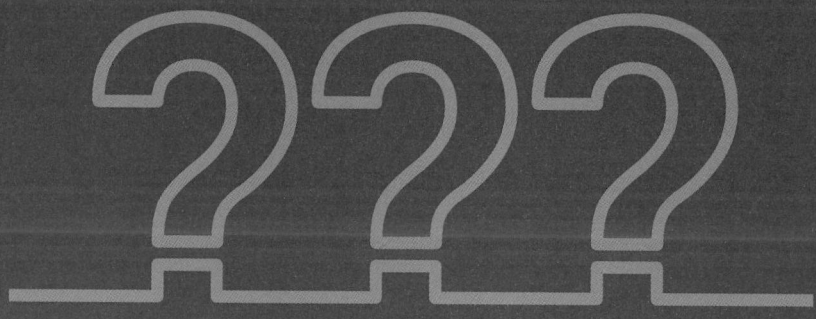

리더가 갖추어야 할 12가지 요소

리더는 타고나는 것이 아니라 만들어지는 것이다

우리는 인식하든 인식하지 못하든 리더로 살아가게 된다. 또래 집단에서, 학교 또는 회사에서, 가정과 교회 공동체 안에서 리더로 살아간다.

왜 우리는 리더십에 대해 배워야 할까? 그 해답을 빈스 롬 바르디의 말을 통해 알 수 있다.

"리더는 타고나는 것이 아니라 만들어지는 것이다"

그래서 리더십에 대해 누구나 고민을 해야 한다.

특히 교회 공동체에서는 많은 사람들이 리더의 자리에 서게 된다. 세상에서는 리더로 서 보지 못한 사람들도 교회 안에서는 리더로 섬길 기회를 다소 쉽게(?) 얻는다. 그러나 리더의 자리에 그냥 앉아만 있다면 아주 곤란하다. 이런 경우 사용하는 소위 전문용어가 있다.

"말아 먹는다."

지금 조국 교회의 문제는 리더가 아닌 사람이 리더의 자리에 있기 때문이다. 리더의 부재가 문제가 아니라 준비되지 않고, 역량이 부족한 자가 그 자리에 있는 것이 아주 큰 문제다.

리더를 세울 때는 억지로 세워서는 안 된다. 정말 섬길 마음이 있고, 겸손히 자신을 부인하는 자를 선택해야 한다. 리더를 세울 때 본인이 하고 싶다고 해서 다 세우면 곤란하다.

내 경우 교회 공동체에서 "저, 리더 하고 싶습니다." 라고 나서는 지체들을 리더로 세우는 것을 주저하는 경향이 있다. 하고 싶은 사람보다 리더를 해야 할 사람을 찾아야 한다. 그래야 공동체가 건강하게 세워져 가기 때문이다. 세상에서도 본인이 하고 싶다고 아무에게나 CEO 자리를 내 주지 않는다. 주요 임원 자리에도 아무나 앉히지 않는다. 그만큼 리더 한 명이 너무나 중요하기 때문이다.

리더를 돕는 부리더 한 사람을 뽑을 때도 아주 신중해야 한다. 왜냐하면 부리더로 시작해서 시간이 지나면 결국 리더의 자리에 서고, 그 후엔 리더들을 섬기고, 대표하는 탑리더가 될 수도 있기 때문이다. 그래서 부리더 한 사람을 선정할 때도 심사숙고 해야 한다. 그렇지 않으면 공동체는 정말 끔찍한 일에 휘말리게 된다.

어떤 사람은 부리더로 섬길 때는 몰랐던 모습이 리더와 탑리더로 섬길 때 드러난다. 잘 성장하고, 성숙하지 않으면 좀 더 큰 리더십의 옷을 입었을 때 그 허점과 부족함이 여실히 드러난다. 단 한 명의 미성숙한 리더가 그리스도의 향기가 가득해야 할 공동체를 악취로 가득 채우기도 한다. 그래서 부리더 한 명을 뽑을 때도 신중해야 하는 것이다. 한 사람 한 사람 기도하며 뽑아야 한다.

대구동신교회 청년부 디렉터로 있을 때 리더와 섬김이를 450명 가량 세워야 했다. 목사 5명, 풀타임 전도사 3명, 그리고 풀타임 간사 2명, 3명의 파트 타임 간사들까지 총 13명의 교역자가 모여 각 팀의 리더를 뽑는 자리에 함께 했다. 그때 원칙이 있었다. 리더로 거론된 후보에 대해 교역자들 중 반대하는 사람이 한 사람이라도 나올 경우 리더로 뽑지 않는 것이었다.

소그룹 부리더를 뽑을 때도 마찬가지였다. 한 사람이라도 반대하지 않는 사람을 선정했다. 그런 뒤 소그룹 리더로 세울 때 다시 점검하고, 중그룹 리더를 선정할 때는 조금이라도 시비가 있으면 뽑지 않았다.

청년부 디렉터로 섬기던 초반에 중그룹 리더로 세워도 될 것 같은 사람이 있었다. 내가 생각할 때는 문제가 없을 것 같아 세우려고 했는데 반대하는 교역자가 있었다. 디렉터가 추천했으니 통과시켜 줄 법도 한데 그 교역자는 재차 반대를 하였다. 하지만 나는 그 지체가 예전과 달라졌으니 예전 모습을 염두에 두지 말고 중그룹 리더로 한 번 세워보자고 밀어붙였다. 디렉터가 그렇게까지 말을 하니 반대하던 교역자도 결국 찬성을 하였다.

그런데 몇 개월이 지나 문제가 드러났다. 그 중그룹 리더가 맡았던 소그룹 리더들이 힘들어했다. 함께 동역하는 지체들이 연신 어려움을 호소해 왔다. 그런 일이 있은 후 아무리 내 생각에 괜찮을 것 같아도 다른 교역자가 반대를 하면 리더로 세우지 않았다.

어떤 사람을 공동체 리더로 세운다는 것은 그 한 사람에 국한된 문제가 아니다. 그 한 사람으로 인해 공동체의 수많은 사람들이 어려워질 수 있기 때문이다. 미꾸라지 한 마리가 맑은 도랑물 전체를 구정물로 만들듯 미성숙한 리더 한 명이 공동체를 어지럽히는 것은 한순간이다.

한 선교단체 전국 캠퍼스의 간사들이 모인 자리에서 강의를 한 적이 있었다. "Time을 Timing으로 만들라!"라는 특강을 하고, 잠시 쉬는 시간이었다. 한 캠퍼스 간사가 다가와 내게 이런 질문을 했다. 캠퍼스에 어떤 지체가 리더로 섬겨주면 좋을 것 같아서 리더로 세우려는데, 약간 망설이게 되는 부분이 있다고 하면서 나라면 어떻게 할 건지 물어왔다. 나는 절대 뽑아서는 안 된다고 대답했다. 캠퍼스 간사 한 명이 50여명에서 100여명을 책임지고 리드할 수 있다. 생각보다 많은 리더가 필요하지 않을 수 있다. 무엇보다 캠퍼스 간사인 자신도 확신이 없는 사람을 세워서는 안 되었다. 그 사람이 인재(人材)가 아니라 전체 공동체를 힘들게 할 인재(人災)가 될 수 있기 때문이었다. 그냥 혼자 섬기는 것이 더 낫다고 말씀드렸다.

제대로 된 리더 한 사람은 10명이 아니라 50명, 100명을 이끄는데 무리가 없다. 한 사람이 생각보다 많은 사람들을 잘 케어할 수 있다. 그러나 리더로서 역량이 부족한 사람에게 50명 혹 100명을 맡기면 몇 개월이 지나지 않아 5명 혹은 10명만 간신히 남게 될 수도 있다. 그렇다면 캠퍼스 간사 한 사람이 50명, 100명을 맡는 것이 더 유익하다. 미성숙한 사람이 리더의 자리에 있는 것은 바르지 않다. 함께 하는 공동체 지체들에게 어려움을 주고 그들의 성숙을 방해하기 때문이다.

작은 공동체일수록 성숙한 리더 한 명이 여러 명을 케어하는 것이 낫다. 그러나 마구잡이식으로 맡기면 좋지 않다. 일단, 리더를 양성하고, 이양하도록 해야 한다. 그리고 하고 싶지 않은 사람에게는 절대 리더의 자리를 맡겨서는 안 된다. 연약하고, 부족한 사람들은 교육과 훈련을 더 받고 성숙할 수 있도록 인도하는 것이 좋다.

어린 아이에게 불을 맡기는 부모는 없다. 자칫 화상을 입을 수 있기 때문이다. 그뿐인가? 집 전체가 불에 타버릴 위험이 있다. 마찬가지로 어린 아이에게 부엌에서 요리를 하라고 칼을 주는 부모도 없다. 그런데 왜 교회에서는 아무에게나 불을 맡기고, 칼을 사용해 보라고 할까? 당장 도움이 될 것 같아서이다. 이렇게 멀리 내다보지 않고 섣불리 내린 결정은 위험을 초래한다.

당장의 도움을 바라고 급하게 리더로 세우지 말고 제대로 된 리더로 준비시켜야 한다. 교육과 훈련을 받지 않고 리더로 섬기는 것은 결코 공동체를 위한 것이 아니다.

앞으로 리더로 쓰임 받고, 이미 리더로 서 있더라도 리더십에 대해 더 숙고해야 한다. 지금부터 다룰 12가지 리더십 요소를 균형 있게 가진다면 건강한 리더로 공동체를 잘 리드하게 될 것이다.

리더가 갖추어야 할 12가지 요소 1 | 기획력

리더가 갖추어야 할 첫 번째 요소는 기획력이다. 먼저 공동체가 나아갈 방향을 잡고, 전체 그림을 그리는 것이다. 이것이 바로 리더로서 가장 중요한 자질인 '기획력'이다.

리더는 멀리 내다보고, 어떻게 그 길을 가야할지 고민하는 자이다. 리더가 어느 방향으로 나아갈지, 무엇을 해야 하는지 알지 못하면 공동체는 방향을 잃고, 방황하게 된다.

교회 내 작은 공동체를 맡았을 때에도 마찬가지다. 기획을 해야 한다. 예를 들어, 'L. T. (Leadership Trianing)를 가야겠다. 비전 트립은 어디를 가야겠다. 멤버들에게 교육과 훈련은 무엇을 듣게 해야겠다.' 이런 저런 부분에 대한 생각을 머릿속으로 구상해야 한다.

젊은이 목회를 하면서 다음 해에 할 사역들을 보통 9월부터 기획하기 시작한다. 10월이면 어느 정도 윤곽이 나오고, 11월이 되면 교역자들, 부장단들, 임원단과 함께 마무리 정책회의를 한다. 마지막으로 12월 초 담임 목사님께 보고를 드리고, 수정 보완할 사항이 있는지 검토한다. 이렇게 하면 다음 해 사역의 모든 일정들이 확정된다.

연간 일정이 확정되면 일정이 담긴 달력을 만들고, 홈페이지에도 공지한다. 이것을 통해 공동체 멤버들은 이듬 해 단기선교와 비전 트립을 언제 가는지, 수련회 일정은 어떻게 되는지 등을 알 수 있고 비교적 기간이 긴 단기선교나 비전트립 등에 관심을 가진 사람들은 이것을 참고해 각자의 휴가 스케줄 등을 조절할 수 있다.

이렇게 사역 기획을 미리 하면 좋은 것들이 많다. 그중에서 해외 비전 트립에 대한 예를 들어보자. 항공권은 출발일 수개월 전에 예매를 하는 것이 좋다. 유럽권으로 갈 경우 서너 달 전에 구매하면 항공권을 80만 원대로 저렴하게 구매할 수 있다. 필리핀 같은 경우는 20만 원대에도 가능하다. 그런데 출발하기 한두 달 전에 예매를 하면 그보다 2-3배는 더 지불해야 한다. 촉박하게 항공권을 구할 경우 가까운 중국 연길도 100만 원 혹은 120만 원을 주어도 구하기가 어려워진다.

사역 기획을 통해 미리 준비를 하지 않으면 그만큼 비싼 비용을 지불하게 된다. 리더가 기획을 안 하거나 느리게 하면 팔로워가 그 대가를 지불해야 된다는 의미이다. 늦게 준비하다 보니 20만 원이면 되는 경비가 100만 원이나 들게 된다. 그러면서도 가는 것 자체가 감사한 것이라고 말하는 리더가 있다. 문제가 무엇인지 파악하지 못하는 리더의 전형적인 모습이다. 이런 리더는 복잡하고 어렵게 항공권을 구하고는 이렇게 간증

한다. "기도 제목이 이루어졌습니다! 기적적으로 간신히 비행기티켓을 구했습니다! 주님이 도우셨습니다! 할렐루야!"

아니다. 이것은 완전 '놀렐루야!'다.

왜 그런가? 제대로 준비하지 않은 값을 톡톡히 치루는 것이다. 이런 경우가 발생하지 않으려면 사역 기획을 미리 해야 한다.

방향성도 미리 잡아야 한다. 만약 내년에는 공동체에서 성경 읽기에 주안점을 두고 싶다면, 성경읽기를 어떻게 독려할지 기획해야 한다. 성경을 일독하는 선착순 몇 명에게 시상과 함께 소정의 선물을 준다든지, 소그룹 모임 시 매주 성경을 몇 장 읽었는지 체크리스트를 작성한다든지, 많은 고민을 해야한다. 그리고 이런 기획의 내용을 다른 교역자들과 공유해야 한다. 뿐만 아니라 공동체 모두에게 광고하여 기대감을 가지고, 마음속으로 사모하며 동참하게 해야 한다.

기획은 세 가지 단계로 나누어 생각할 수 있다.

첫 번째는 브레인스토밍이다. 브레인스토밍 단계에서는 대략적으로 어떤 일을 생각해 보는 것이다. 예를 들어, '교육과 훈련을 하면 어떨까?' 생각해 보는 것이다. 그리고는 어떤 교육과 훈련이 공동체 지체들에게 필요한지 떠올려 보는 것이다. 또는 '성경적 상담학교'가 필요할지 고민해 보는 것이다. 정말 필요하다면 어느 분야의 어떤 전문 강사분을 모시면 좋을지 알아본다.

공동체 멤버들에게도 이런 생각을 나누고 어떻게 생각하는지 물어본다. "얘들아, 얘들아, 내년에 이거 하면 어떨까?", "우와~". 공동체에서 정말 필요로 하면 반영하여 계획을 잡는다. 물론, 항상 지체들이 좋아하는 것만 할 수는 없다. 그렇지만 리더의 생각을 공동체 일원들과 나누며 기획하는 것이 필요하다. 이렇게 브레인스토밍이 되면, 그 다음 단계는 기획의 단계이다. 그것을 언제쯤 할지 연중 계획을 짜는 것이다. 브레인스토밍만 하고 포기하는 것이 아니라 내년 사역들을 계획하는 것이다.

마지막으로 세 번째 단계에서는 구체적으로 계획을 잡는 것이다. 몇 주에 걸쳐서, 어느 장소에서, 어떤 강사를 모시고, 무슨 내용을 중점적으로 할지 세부적인 사항들을 꼼꼼하게 계획해야 한다. 그냥 뭉뚱그려서 생각만 하면 아무 소용이 없다. 내년에 섬겨 줄 강사에게 미리 연락을 하고, 일정이 가능한지 체크해 봐야 한다. 그리고 강사와 공동체의 방향성에 대해 이야기를 나눠야 한다. 다른 강사분들은 어떤 강의를 중심으로 하는지 미리 파악하고, 어떤 강의를 집중적으로 해 주시면 좋을지 알려 드려야 한다. 그리고 강의 일정이 가까워 오면 다시 연락을 드리고 상기시켜 드려야 한다.

이런 브레인스토밍, 기획구상, 구체적인 계획수립은 어느 공동체에서나 다 필요하다. 각자 생활하고, 일하는 곳에서도 요구된다. 심지어 개인적인 삶에도 적용하면 좋다. 각자의 인생에서 40살까지는 무엇을 하고, 60살까지는 이런 것을 하면 좋겠다고 생각해야 한다. 그리고 80세까지는 무엇을 하면 좋을지 생각하는 것이 필요하다.

22살 어느 날, 나는 신학교 도서관에서 자판기 커피를 마시며 흐르는 남한강을 보고 있었다. 길게 흐르는 강물을 보면서 문득 '아, 인생의 40살까지 어떻게 살아야 할까?'하고 무심결에 스스로에게 툭 질문을 던졌다. 그 순간 이런 생각이 들었다. '아, 공부를 해야겠다. 국내에서도 하지만 외국에서도 공부를 하면 어떨까?' 사실 그 당시만 해도 유학을 가는 게 흔하지 않았다. 신학교에는 유학을 가는 선배들이 많지 않았다. 특히, 나는 유학을 선뜻 갈 가정 형편도 아니었다. 더구나 신학교에 입학하는데도 부모님의 반대가 심했다. 호적에서 파 버린다고까지 하셨으니 말이다.

그렇게 커피 한 잔 하며 막연하게 든 유학에 대한 생각은 이후 내 머릿속을 떠나지 않았다. 그때부터 영어를 공부하는 방법을 적극적으로 찾고 실행에 옮겼다. 영어 성경책만 읽고, 기도할 때도 떠듬떠듬 영어로 기도했다. 주말에도 학교에 남아 외국인 목사님들의 라이드를 자처하며 그 분들과 이야기를 나누었다. 당시 신학교에 외국인 유학생이 4~50명 있었는데 그들과 아침, 점심, 저녁을 같이 먹었다. 식사뿐 아니라 기숙사도 같은 방을 썼다. 늘 외국인들과 함께 있어서인지 나를 외국인으로 오해

하는 교우들이 있을 정도였다. 물론 외모도 한 몫 했을 수 있다. 아무튼 그렇게 일부러 외국인 무리 속에서 그들과 함께 시간을 보냈다. 그리고 그들을 통해 미래의 내 유학생활을 간접적으로 경험할 수 있었다. 그래서 멀리 외국에서 공부하며 힘든 시기를 보내는 그들을 더 챙겨주고 싶었다. 그러면서 내 영어실력은 늘어갔다.

외국인들과 동고동락하니 그들과 어느새 동화되었는지 이런 에피소드도 있다. 어느 날 한 친구 전도사의 집에 가게 되었는데 그 친구 어머니께서 나를 보시고 "동남아에서 오신 분이시냐?"고 친구에게 물어서 그 친구가 한참을 웃었다.

군대를 제대하고, 복학해서는 영어공부에 매진하려고 학교에서 헤드셋을 24시간 끼고 살았다. 헤드셋을 끼고 강의실에 가고, 도서관에 가고, 길을 걸었다. 기숙사에서 잘 때에도 헤드셋으로 NIV 영어 성경을 들으며 잠이 들었다. 졸업하고 나서야 내 별명이 '노란 헤드셋'이었다는 것을 알았다. 학교에서 집에 돌아오면 외국 방송을 켜 놓았다. 그 당시는 영어 프로그램이 그리 많지 않았다. 영어를 배울 인터넷 매체도 없었다. 공영방송 외에 주한미군을 위한 AFKN 채널 하나뿐이었다. 이 AFKN 방송을 보다가 켜놓고 잤다. 그런데 어느 날 단어가 들리기 시작했다. 시간이 좀 지나니 문장이 들렸다. 얼마 후 새벽, 밤새 켜져 있던 AFKN 채널에서 흘러나오는 미국사람들의 대화가 들리기 시작했다.

그렇게 영어 공부에 매진한 덕에 유학 가기 전에는 학원에서 1년 동안 영어강사를 했는데 그 당시 수입이 교회에서 주는 사례비의 15배 많게는 20배 정도 되었다. 유학할 때도 어려움 없이 수업과 과제를 했고, 한국에 돌아와서는 대구동신교회에서 5년 동안 영어 예배 디렉터로 영어 설교를 했다. 그리고 얼마 전에는 크리스천 법률대학원에서 영어로 메시지를 전했다. 이제는 영어로 메시지를 전하는 일이 어렵지 않다.

'유학'이라는 단어를 브레인스토밍하고 난 뒤 내 삶은 많은 부분 바뀌었다. 40살까지 공부를 어떻게 할지 기획을 해 보았다. 한국에 구약학 교수가 없는 것을 알고는 언어를 많이 공부하기로 하였다. 신학교 때 모든 선택 과목을 히브리어, 헬라어, 영어, 독일어로 했다. 총신대학원에 가서도 언어만 선택과목으로 택해서 들었다. 히브리어, 헬라어, 독일어, 영어 그리고 라틴어 수업까지 들었다.

영어를 준비하여 유학을 가니 성서학에 깊이 뛰어들 수 있었다. 영어 공부보다 히브리어와 헬라어에 집중하고, 더불어 고대 근동어인 시리아이와 아람이를 공부할 수 있었다. 심지어 시리아이 교수님한테 이렇게 말하기도 했다. "교수님의 해석이 틀릴 수 있습니다." 교수님도 이렇게 말했다. "학생도 틀릴 수 있다." 서로 해석이 맞지 않을 수 있다고도 했다. 나중에 그 과목의 교수님이 A+을 주셨다.

유학에 대해 브레인스토밍하고, 어학 과목을 집중적으로 공부하기로 기획하고, 그 목표를 위해 세부적으로 계획을 수립했던 것이 지금 내 삶에 상당히 도움이 되었다. 사실 브레인스토밍, 기획, 세부적인 계획만 잘 한다고 다 잘 되는 것은 아니다. 하나님이 섭리해 주시고, 역사해 주셔야 한다.

신학생 시절, 재정이 넉넉하지 않아 외국에 나가는 것 자체가 어려웠다. 그래서 북미 사람과 영어로 대화할 수 있는 친구가 있으면 좋겠다고 기도를 하고 있었다. 그러던 어느 날, 졸업한 신학대학교에서 알던 전도사 친구에게 연락이 왔다. 학교 교수님이 자신에게 외국인 교수님 부부의 서울 가이드를 시키셨는데 본인은 영어에 자신이 없다고 했다. 내가 영어를 곧잘 한다는 것을 알았기에 도움을 요청했던 것이다.

그렇게 해서 켄과 엘리 교수님 부부를 만나게 되었다. 이것이 인연이 되어 이 교수님 부부가 나중에 북미로 유학을 할 수 있도록 초청해 주셨다. 그리고 나의 캐나다 부모님이 되어 주셨다. 캐나다 에드먼턴에서 유학할 때, 금요일마다 근처 한인교회의 금요기도회에 참석했었다. 기도하는 시간이 너무나 감사해 매번 감사의 눈물을 흘렸다. 그렇게 유학생활을 보냈다.

2018년 8월말 10년 동안 섬긴 대구동신교회를 사임하고, 3주 동안 가족들과 함께 캐나다에 다녀왔다. 켄과 엘리 교수님 연세가 많이 드셔서 돌아가시기 전에 인사를 드리고 싶었기 때문이다. 교수님 부부는 은퇴 후에도 협력 목사로 교회를 섬기며 여전히 건강한 모습이셨다. 그분들은 나의 캐나다 부모님 같은 분들이시다. 이번엔 나의 두 딸 하음과 주예의 캐나다 할아버지와 할머니가 되어 주셨다. 호텔을 잡아 주시고, 큰 쇼핑몰의 놀이공원에서 하루 종일 아이들과 놀아 주셨다. 젊은 사람도 아이들과 함께하면 피곤한데 두 분은 피곤한 내색도 없으셨다.

천사와 같은 이 분들을 생각하면 눈물이 나지 않을 수 없다. 이 글을 쓰는 순간에도 두 분을 생각하니 눈물이 왈칵 쏟아지려고 한다.

유학을 가고, 좋은 분들을 만나고, 삶을 어떻게 살아야 할지 준비해 가는 과정에서 받게 된 축복이다. 이를 위해 기도했고, 주님께서 역사해 주셨다. 그렇게 주님은 기대하지 못한 더 큰 은총을 내게 베풀어 주셨다.

주님 앞에서 기도하며 부어주실 은혜를 바라보고 큰 틀을 잡아보라. 그리고 그 틀 안에서 세부적인 그림을 그려 나갈 때 각자에게 주실 선한 열매가 풍성히 맺어지게 될 것이다.

리더가 갖추어야 할 12가지 요소 2 | **추진력**

두 번째, 리더에게 있어서 중요한 요소는 '추진력'이다. 추진력에 대해 오해하는 경우가 있다. 대부분의 사람들은 무엇인가를 다 갖춘 다음에 추진하려고 한다. 제대로 준비된 다음에 펼치려고 한다. 기획을 하고, 수정하고, 완벽하게 갖추고 난 후에 진행하려고 한다.

책 <아포슬>을 읽고, 다음세대 사역에 도전을 받는 사람들이 있다. 실제로 도전 받은 내용대로 실천하려는 사람도 있지만 반면에 도전을 받아도 시도조차 하지 않는 사람도 있다.

벤치마킹을 하기엔 힘들 것 같아 주저하는 사람도 문제지만 무턱대고 그대로 따라하려고 하는 사람도 문제다. 벤치마킹을 할 때 자신의 상황과 여건을 고려하지 않은 채 카피하려다가는 큰 코 다치게 된다. 각자 자신과 공동체에 맞게 적용하며 시도해야 한다.

유학 후 한국에 들어온 나는 대구동신교회 영어 예배부에서 5년, 청년부에서 5년을 섬겼다. 청년부의 경우 2013년 9월 16일 갑자기 맡게 되었는데, 당시의 청년부는 10여 년 정도 정체된 전통적인 공동체였다.

그런 청년부를 맡은 후, 사실 잠을 잘 이루지 못했다. 매일 새벽 한 두 시만 되면 여지없이 눈이 번쩍 떠지고 그때마다 이런저런 아이디어가 떠올랐다. 마치 주님이 새벽에 깨워 아이디어를 주시는 듯하였다. 그렇게 떠오르는 아이디어들을 바로바로 스마트폰에 메모했다. 그리고 아이디어들을 하나, 둘 기획하고, 실행해 나갔다.

첫해부터 많은 것을 시도하지는 않았다. 양육, 제자훈련, 단기선교, 성경베스트, 결혼학교 등 5가지 정도로 시작했다. 스마트폰 메모에는 더 많은 것들을 적어 두었지만 처음부터 다 하지 않았다. 점차적으로 늘여갔다. 그렇게 5년째 섬길 때는 상반기에만 약 35가지의 프로그램이 진행되기에 이르렀다.

교육프로그램 중 '결혼학교'의 시작은 이러했다. 청년부이다 보니 인생에 큰 계획인 결혼에 대한 교육프로그램이 필요했다. 먼저 결혼을 앞둔 커플을 위한 결혼학교를 시작했다. 그리고 아직 결혼하지 않은 지체들에게 성경적 결혼관을 심어줄 결혼예비학교가 생겼다. 그 다음에는 막 결혼한 커플들을 위한 신혼부부학교, 마지막으로는 부모로 잘 준비될 수 있도록 예비부모학교까지 만들어졌다.

이처럼 결혼과 관련한 교육 시리즈만 보아도 처음부터 4가지의 클래스가 완성되어 동시에 진행된 것이 아니다. 한 개의 클래스를 먼저 오픈하고, 진행하다 보니 다른 것들도 교육해야 할 필요성을 느끼고 더 기획하게 된 것이다.

꼼꼼하게 그림을 그리고 완벽하게 시뮬레이션을 돌려 보고, 출발하는 것이 추진력이 아니다. 완벽하게 시작하려고 하면 출발 자체를 못할 수 있다. 다 갖춰지지 않아도 작은 것부터 시도해 보는 것이 중요하다.

그리고 교회와 공동체의 특성과 필요를 고려하여 시작해야 한다. 너무 많은 것을 접목하려고 해도 문제가 될 수 있다.

기획력은 있으나 추진력이 없는 경우가 있다. 예를 들어, 새벽기도의 활성화를 위해 기도회를 기획하고 모두에게 "새벽을 깨워 기도합시다!"라고 선포한들 나 혼자 나가고 아무도 따라오지 않는다면 추진력이 없는 것이다. 기획한 것들을 혼자 하는 것은 추진력이라고 할 수 없다. 같이 가야 한다.

기획력이 뛰어난 리더들은 많다. 웬만하면 교회 혹은 기관에서 회의를 주재하고 구상한다. 그러나 정작 적용이 문제이다. 탁상공론으로 보기 좋은 서류는 만들었지만 현실에서는 전혀 반영이 안 되는 경우가 많다.

자신이 추진력이 있는 리더인지 아닌지를 확인하려면 자신의 옆과 뒤를 돌아보면 된다. 얼마나 많은 사람들이 자신의 주위에서 그리고 뒤에서 따라오려고 하고, 따라오고 있는지를 보면 알 수 있다.

현재 나는 잠실 주님의 교회에 와서 청년부를 세팅하고 있다. 기획도 하고 있다. 추진할 것을 이것저것 점검하고 진행할 것은 진행 중이다. 감사한 것은 예전보다 많은 리더와 섬김이들을 세우고 있다는 것이다. 올해는 작년 2018년에 비해 2배 이상 소그룹 리더와 부리더를 세웠다. 리더 추천이 많아서 추천 받는 것을 몇 주 만에 마감했다.

기획한 것을 제대로 추진하려면 리더 혼자 하겠다고 하면 안 된다. 물론 혼자서도 추진할 수 있지만 멀리 갈 수 없다. 또 멀리 가더라도 그 영향력이 크기가 어렵다. 모두가 한 방향으로 나아갈 때 강력한 추진력이 생긴다. 그것이 중요하다. 그리고 기존 스타일에 익숙해져 있는 공동체에서 새로운 것을 추진할 때는 타이밍을 잘 기다려야 한다. 그렇지않고 무리하게 시도하면 서로 힘들다.

영화감독 김상철 목사님을 만나 긴 시간 이야기를 나눈 적이 있다. 그 때 그분이 이런 말씀을 하셨다. "목사님, 리더는 두 부류가 있습니다. 한 부류는 이미 있는 판에서 놀다가 가는 사람들이고, 다른 한 부류는 새로운 판을 짜서 나가는 사람들입니다. 그런데 김 목사님은 새롭게 판을 짜는 스타일입니다." 나 자신도 잘 몰랐던 나에 대한 말씀을 하셨다. 듣고 보니 맞는 말 같았다.

틀을 만들고 그 틀을 계속 진화시키고 진행하는 데는 많은 에너지가 필요하다. 그러나 그렇게 했을 때 제대로만 되면 그 파급효과는 이루 말할 수 없이 크다. 판을 잘 짜야 한다. 새 술은 새 부대에 담아야 찢어지지 않는다. 마찬가지로 공동체를 새롭게 잘 이끌어 가려면 새 틀을 짜고 추진하는 것이 필요하다.

기획한 것을 추진할 때 어떻게 하면 스스로 포기하지 않을 수 있을까? 어떻게 하면 함께 할 사람들도 얻을 수 있을까? 이에 대한 고민이 있었다. 개인적으로 SNS에 자신의 결단을 선포하는 것을 추천한다. 그러면 추진하지 않을 수 없다. 예를 들어, 페이스북에 "저는 새벽을 깨워 기도의 자리에 나가겠습니다!"라고 공개적으로 선포를 하면 안 나올 수가 없다. 공식적으로 선포하고 안 하면 뒤에서 욕이 들리는 것 같다. 그래서 혹시라도 새벽예배에 안 나가면 마음이 굉장히 어려워진다. 이렇게 하면 지속적으로 추진할 수 있도록 그 틀 안에 자신을 넣을 수 있다.

섬기는 자리로 가면 더 그런 사람이 된다. 나는 청년 때 새벽예배에 나오고 싶었다. 한 두 번이 아니라 매일 규칙적으로 나오고 싶었다. 그때 내가 선택한 방법은 차량 운전이었다. 그 당시 담임 목사님께 새벽에 운행하는 교회차량을 운전하겠다고 말씀드리고 그렇게 했다. 새벽 4시에 일어나 권사님들, 집사님들을 교회까지 픽업해드렸다. 새벽예배 후에도 차량으로 모셔다 드리고 집으로 갔다. 그렇게 하니까 새벽예배에 빠지지 않게 되었다. 기도를 드리고, 다 마친 뒤 운전을 하니 기도 시간을 일정하게 갖게 되었다. 더 감사한 것은 차가 한 대 생긴 기분이었다. 목사님이 새벽예배 후 차량을 운행하고 다시 교회로 오지 말고 바로 집으로 갔다가 다음 날 새벽예배 올 때 타고 오라고 하셨기 때문이다.

계획한 것을 추진을 하기 위해서는 먼저 선포하고, 그 다음 자신이 정말 그 일을 계속하도록 자신을 그 틀 안에 집어넣어야 한다. 이렇게 할 때 같이 동참할 사람들도 붙는다. 비전을 나누고, 자신을 그 틀에 넣을 때 이런 모습을 보고, 사람들은 함께하고 싶어 하고 기꺼이 동참하게 된다.

이와 같이 추진력은 나 혼자의 힘으로 되는 것이 아니다. 혹 일이 된다고 하더라도 힘이 든다. 그러니 함께 해야 한다.

어떤 지체는 새벽예배에 자신의 차량으로 늘 친구들을 태우고 나왔다. 그 지체는 자신이 그 친구들을 태우러 간다고 생각했었다고 한다. 그런데 그게 아닌걸 알게 되었단다. 그들이 자신을 깨웠고, 새벽예배에 참석하게 해 주었다는 것을 깨닫게 되었다.

혼자 새벽을 깨우면 지속적으로 하지 못했을 것이다. 그러나 같이 새벽을 깨우다 보니 더 잘 참석하게 되었다. 추진력은 혼자 하다 보면 지치기도 하고, 중도에 포기하기 쉽기 때문에 같이 해야 한다.

리더의 특혜는 섬김을 통해 더 성숙해진다는 것이다. 그뿐 아니라 섬김을 받게 된다. 그러나 대부분의 리더들은 착각한다. 자신이 뭔가 해주고 있다고 생각한다. 하지만 리더는 리드하면서 본인도 더 앞으로 나아가고, 제대로 성숙해진다.

리더는 어떤 섬김을 추진하면서 살아가는 것이다. '이것 때문에 내가 살아가는구나, 이것 때문에 내가 깨어있구나. 이것 때문에 내가 눈물을 흘리고 내가 깎이고 있구나' 이렇게 자각하게 된다. 그래서 나는 무엇인가를 더욱 교육하고 훈련하려고 한다. 때때로 사람들은 누군가를 위해서라고 생각한다. 하지만 그렇지 않다. 막상 해보면 가장 큰 도움을 받고 은혜를 누리는 사람은 자신이라는 것을 깨닫게 된다.

리더는 무엇인가를 추진하기 전에 먼저 자신이 더 깎이고 성숙해야 함을 늘 기억해야 한다. 성숙한 리더일수록 사람을 통해서, 환경을 통해서, 섬김을 통해서 깎이는 것을 두려워하지 않는다. 그런데 그렇지 않은 사람일수록 남이 잘못되었다고 말한다. 교회가 잘못되었다고 말한다. 자신이 잘못되었을 것이라고는 아예 생각하지 않는다. 이런 리더는 어려운 일이 닥치면 못해 먹겠다고 한다. 힘들어 죽겠다고 한다. 본인이 준비가 안 되었기 때문인 줄은 모른다. 자신이 성숙해야 함을 알지 못한다.

이런 리더는 추진력을 가지고 앞으로 절대 나아갈 수 없다. 그냥 중도에 포기한다. 자신의 생각대로 풀리지 않으니까 낙담하고 실망하고, 결국은 포기한다.

미성숙한 사람은 절대 리더로 세우면 안 된다고 하였다. 바로 이런 이유 때문이다. 미성숙한 사람도 리더로 시작은 할 수 있다. 하지만 결국 중도에 하차 선언을 하기 일쑤다. 끝까지 추진력을 낼 수 있는 엔진이 없다. 조금만 경사진 곳이 나타나면 그냥 어렵다고 포기한다.

리더가 팔로워를 맞추어 주고, 섬겨야 하는데, 미성숙한 리더는 사람들이 자신에게 맞춰 주기를 바란다. 전혀 자신이 깎일 생각이나 수고하고 애쓸 생각을 하지 않는다. 그들에게 희생, 수고, 헌신은 부담스러운 것이다. 얼굴에 오만가지 인상을 다 쓰고 다닌다. 세상 근심 걱정을 얼굴에 담고 다닌다. 이런 사람의 얼굴은 보기가 상당히 부담스럽다. 밝고 건강한 추진력보다는 어둠의 그늘이 임재 해 있다. 결국엔 스스로가 부담스러운 존재가 되고 공동체 전체를 위기로 몰아넣을 수 있다.

만약 이런 미성숙한 리더가 추신력이 있다고 한다면, 공동체가 가야할 방향이 아닌 반대 방향으로 이끌 것이다. 축구 시합을 할 때 상대편 진영에 가서 골을 넣는 사람도 있지만, 자신의 진영에 골을 넣는 사람도 있다. 이처럼 미성숙한 리더의 추진력은 공동체 전체 사기를 떨어뜨린다.

리더라면, 자신이 속한 그룹의 다른 사람보다 먼저 고민해야 한다. 그러면서 공동체가 해결해야 할 문제를 파악하고 추진해야 한다. 리더는 먼저 보고, 고민하고, 해결하려고 하는 사람이다. 그냥 현실을 받아들이라고 하고, 방관하는 자가 아니다.

아주 멀리 타 도시에서 새벽예배를 나오는 소그룹 리더가 있었다. 그 지체에게 물었다. "너는 왜 집 앞에 있는 교회에 새벽예배를 나가지 않고 이렇게 멀리까지 새벽예배를 오니?" 그 지체는 "목사님, 제가 와야 누가 왔는지를 체크할 수 있잖아요. 소그룹 멤버 중에서 누가 새벽예배를 왔는지 알면 같이 밥이라도 한 끼 먹을 수 있잖아요."라고 대답했다.

마인드 자체가 굉장히 달랐다. 스스로 은혜 받으려고 새벽예배에 오는 것도 감사한 일이다. 거기에 더해 소그룹 멤버들을 케어하기 위해 먼 거리도 불구하고 교회까지 온다니 얼마나 귀한 일인가.

누군가에게 무언가를 챙겨 주기 위해서 리더는 더 열심히 움직여야 한다. 리더가 '귀차니즘'에 빠지면 자신도 죽고, 구성원들도 죽는다. 추진력의 반대가 '귀차니즘'이다. 귀찮아서 사양하고, 귀찮아서 거절한다. 귀찮아서 회피하고 포기한다. 이것은 결코 바르지 않다.

추진력이 없는 사람은 마음이 없는 사람이다. 새벽예배에 못 나오는 이유는 마음이 없기 때문이다. 멀어서, 밤에 늦게 자는 올빼미형이라서가 아니다. 마음이 없어서다.

대구동신교회 청년부를 섬길 때 '대희'라는 친구가 있었다. 대희는 새벽예배에 늘 지각을 했다. 청년부 새벽예배는 6시에 시작했는데, 늘 6시 15분에 들어왔다. 하지만 그 시간에 오는 이유가 있었다. 대희는 어렸을 때 소아마비에 걸린 후 온몸이 뒤틀려 손과 발을 제대로 쓰지 못했다. 그는 새벽예배에 나오기 위해 4시면 일어났다. 한 시간에 걸쳐 옷을 입고, 첫 지하철을 타고 오면 제일 빨리 도착하는 시간이 6시 15분이었다. 그래서 늘 새벽예배 설교 중에 들어왔다. 대희는 "새벽예배 나옵시다. 밤의 문을 접고 새벽을 깨웁시다!"라는 외침에 이처럼 반응을 했다. 그런 친구가 새벽을 깨우니까 교회 근처가 집인 지체들은 할 말이 없었다. 사지 멀쩡한 지체들이 도전을 받았다. 추진력은 외치는 사람도 필요하지만 이렇게 반응해 주는 지체들이 있을 때 더 강력해진다.

추진할 때 어떤 리더는 탱크처럼 혼자 하는 사람이 있다. 가능은 하다. 그러나 지칠 수 있다. 주변에 아무도 없이 혼자서만 할 수 있다. 추진력은 기러기처럼 되어야 한다. 기러기가 편대로 날아갈 때 리더 기러기는 선두에서 제일 먼저 바람을 맞는다. 그러면 뒤따르는 기러기들에게 가는 바람의 저항이 30% 이상 감소한다. 뒤따르는 기러기들은 선두보다 바람의 저항을 덜 받아 좀 더 편하게 날아갈 수 있는 것이다. 그런데 그게 다가 아니다. 뒤따르는 기러기들은 "꾸우 꾸우" 울어 댄다. 앞에 있는 선두가 지치지 않도록 격려의 메시지를 날리는 것이다.

이렇듯 진짜 추진력은 리더 혼자 발휘하는 것이 아니다. 팔로워들이 함께 동참해 주어야 한다.

추진력이라는 것은 솔선수범에서 나온다. 그런데 더 큰 추진력을 가지고 가려면 반응을 해 주는 멤버들이 있어야 한다. 대구에 있으면서 반응이 정말 느리고 없어서 2018년 슬로건을 "반응하라! 2018!!!"이라고 했다.

대구에서 사역할 때, 청년부의 부흥이 있었지만 처음에는 상당히 고전을 했다. 얼핏 보면 쉽게 이루어진 것 같지만 이끌고 나가는 데 어려움이 있었다. 그중에서 가장 무서운 적은 무반응이었다. 사역 초기에 오리데이, 볼링데이, 영화데이 같은 행사를 아무리 해도 참여하는 사람들이 없었다. 수백 명인 청년 공동체에 오리배를 태워주고, 오리고기를 먹여 준다고 해도 신청자가 없었다. '볼링은 좋아하겠지, 영화는 괜찮겠지'하며 시도를 했지만 돌아오는 것은 무반응이었다.

로켓을 쏴 올릴 때 연료가 언제 제일 많이 필요한지 아는가? 처음 떠오를 때이다. 장시간 움직일 때 많이 들어갈 것 같지만 제트 기류를 타기 때문에 오히려 연료가 거의 안 든다. 사역도 궤도에 올리는 처음이 힘들다.

청년부를 섬길 때 세팅을 하고, 소통할 채널을 만들었다. 홈페이지를 만들고, 페이스북과 인스타로 소통하기, 문자로 말씀 나누기 등을 시작했다. 이런 노력의 결과 감사하게도 함께 뛸 리더들이 거의 다 세워지게 되었다. 연말이나 혹은 부임한 공동체에서 초기에 설교할 때 비전을 나누고, 동기 부여를 하고, 함께 할 수 있도록 메시지를 나눈다. 그런 후 추천을 받아 리더를 세우고 함께 하자고 하면 추천 받은 사람들 거의 100%가 다같이 뛰겠다고 한다. 정말 큰 격려가 되고, 감사하다. 공동체가 앞으로 나아가는데 그렇게 함께 하고자하는 리더들이 가장 중요하다.

처음엔 이것은 이래서 안 되고, 저것은 저래서 안 된다고 하던 사람들이 비로소 되는 것을 경험한다. 풀어야 할 과제가 없겠는가? 분명히 있다. 그러나 같이 소통하면서 한다면 못할 일도 아니다.

특히, 처음으로 시도하는 일이라면 이것을 어떻게 추진할지 리더에게는 난제이다. 그러나 어렵더라도 한 번 발동이 걸리고, 출발하면 굉장히 쉽게 갈 수 있다. 그러므로 리더는 이 난제를 잘 풀어내야 한다.

모든 리더는 넘어서야 할 언덕이 있다. 조금 부흥을 해도 더 나아가려면 넘어야 할 산이 있다. 이것을 어떻게 넘어설 수 있는가?

어린 아이가 자전거를 탈 때 턱에 걸려서 못 갈 때가 있다. 그 때 부모기 뒤에서 살짝 밀어 주면 그 턱을 넘어선다. 그러면 아이는 뒤도 돌아보지 않고, 앞으로 달려간다. 밀어 주는 아빠와 엄마를 돌아보지도 않고 전진한다. 리더의 역할이 바로 이런 것이다. 문턱을 넘도록 '톡'하고 밀어 주고, 같이 달려가게 하는 것이다. 추진력은 리더 혼자해서 잘 나가는 것이 아니다. 구성원 한 명 한 명이 웅덩이 혹 넘어야 할 둔덕을 넘어서 같이 달리게 하는 것이다. 추진력은 그래서 리더십의 요소 중 두 번째로 중요한 요소이다.

리더가 갖추어야 할 12가지 요소 3 | **결단력**

세 번째, 리더에게 필요한 요소는 '결단력'이다. 결단력은 수많은 선택지 중에 하나를 선택하는 것이다. 그래서 '우선순위'를 정해야 한다. 이때 가지치기가 중요하다. 곁가지들을 쳐내고 중심가지가 잘 보이도록 해야 한다. 이 중심가지가 되는 것들을 '우선순위'로 정하는 것이다.

바울도 방향성이 없는 싸움은 무의미하다고 하였다.

> 그러므로 나는 달음질하기를 향방 없는 것 같이 아니하고
> 싸우기를 허공을 치는 것 같이 아니하며
> (고린도전서 9:26)

'우리 공동체는 어떤 일을 할 것이다. 그 일을 해서 어떤 결과를 얻을

것이다.' 이처럼 공동체의 목표와 목적이 뚜렷하다면 그 다음엔 어디에 재정을 쓸 것인지, 인사는 어떻게 할 것인지, 시간은 얼마나 투자를 할 것인지를 결정해야 한다.

리더십은 축복이다. 하지만 리더의 자리는 끊임없이 선택하고 결정하는 만큼 의무와 책임 또한 따른다. 공동체는 같이 만들어가는 것이다. 그래서 여러 부분 위임을 하지만 리더로서 반드시 감수해야 하는 부분이 있다. 그래서 결정하고 선택하는 것이 때로는 곤욕스럽기도 하다.

사람은 B에서 D의 인생을 산다고 한다. 즉, Birth와 Death, 그 사이에 Choice를 하면서 산다는 말이다. 수없이 많은 선택을 한다. 여기서 끝이 아니다. 이에 따르는 책임을 져야 한다. 잘되든 못되든 그 결과를 감수해야 한다.

리더의 결단력은 단지 우선순위를 정하고, 선택을 하는 것에서 그치는 것이 아니다. 시작하기 전에 어떤 쪽으로 결단을 하였는지 나누어야 한다. 그리고 진행 과정 중에 단계별로 진행과정을 알려 주어야 한다. 그리고 진행하면서 변경 되거나 수정·보완 되는 부분도 소통해야 한다.

결단력이 있다고 독불장군식으로 자신만 알고, 자신의 방법대로만 밀고 나가는 것은 문제가 된다. 팔로워들도 수동적이기만 해서는 안 된다. 자신이 속해있는 공동체의 방향성과 진행 과정이 어떻게 되는지 마냥 기다리지 말고 리더에게 물어봐야 한다. 함께 공동체를 만들어 가려고 해야 한다. 성숙하지 않은 멤버는 리더에게 묻지도 않고 알려주지도 않는다고 한다. 그러나 공동체의 한 지체로서 중요한 역할 중 하나는 소통을 하려고 노력하는 것이다. 같이 동참하려고 노력하는 것이다.

소통에는 시간이 걸릴 수도 있다. 맞춰가는 과정에 고통이 따를 수도 있다. 하지만 포기하지 않아야 한다. 계속 나누고 고민하면 무성했던 곁가지들이 사라지고 한 방향으로 쭉 뻗은 중심가지가 보인다. 그렇기 때문에 일이 시작되는 동시에 그 일이 어떻게 진행되고 있는지 서로 공유하고 소통해야 한다.

리더는 구성원들과 충분히 생각을 나눠야 한다. 그들과 자주 그리고 심도 있게 나누는 것이 좋다. 정말 어떤 일에 미쳐 있는 사람은 누구를 만나도 자신이 생각하는 것을 말한다. 그리고 하는 일과 앞으로 할 일을 나눈다. 제 정신이 아니다. 한 사람이라도 자신이 무엇에 우선순위를 두고 집중하는지를 나누기를 소원한다.

이렇게 리더는 가야 할 방향을 정확히 알아야 한다. 그리고 그 길로 나아가지 못하게 하는 곁가지들이 있으면 가지치기를 하면서 가야한다. 어쩌다 다른 길로 들어섰을 때는 멈추고 다시 원점으로 와서 목표에 맞게 다시 시작해야 한다.

중요한 것이 있다. 공동체의 사명은 바뀌면 안 된다는 것이다. 그러나 그 사명을 이루어 가는 비전은 단계별로 바뀔 수 있다. 공동체에 확고한 비전이 없이 이렇게 저렇게 공동체 멤버들을 몰아간다면 지칠 수 있다. 1년만 진행할 무브먼트는 힘이 없어진다. 무브먼트는 평생 해야 할 가치가 있는 것이어야 한다. 계속 우선순위 없이 되는대로 이것저것 진행하면 어느 순간 가야 할 길이 사라진다. 리더는 결단을 해야 하고, 한 방향으로 갈 수 있게 길을 만들어야 한다. 이럴 때 힘이 실리고, 역동성이 생긴다.

운동을 할 때 중요한 것은 다양한 기술도 중요하지만 오래 운동하면서 갖게 되는 구력도 중요하다. 한 방향으로 밀었을 때 거기에 힘이 실리는 구력은 상당한 파워를 갖게 한다. 한 방향으로 가지만 거기에 엄청난 힘이 실릴 때 강하게 뚫는 저력이 나온다. 이쪽으로 조금, 저쪽으로 조금 움직이면 힘이 빠지고 구력도 생기지 않는다. 한 목표와 목적으로 강하게 끌고 가야 한다.

리더는 때로는 과감해야 하고 때로는 소심하게 고민해야 한다. 어떤 사람이 진짜 리더인지 아는가? 앞에서 쓴 소리를 해놓고 밤에 집에 들어가서 고심하는 자이다. '아, 괜찮을까? 너무 심하게 말한 것은 아닌가?' 이렇게 고민하는 리더가 공동체 멤버들을 잘 돌볼 수 있다. 진리를 전한다면서 쓴 소리만 하고는 '아, 주님! 감사합니다. 저는 누가 뭐라고 해도 진리를 강력하게 전하고 말겠습니다.' 이렇게 다짐하면 안 된다. 진리는 반드시 전해야 한다. 흐트러짐 없이 방향성을 정하고 가야 한다. 그러나 공동체 구성원 한 사람, 한 사람을 보듬으면서 가야 한다.

리더에게 공의만 넘치고 사랑이 빠지면 폭군이 된다. 또한 사랑만 넘치고 공의를 가르치지 않으면 버릇없는 무리를 만드는 꼴이 된다. 그러나 공의와 더불어 사랑으로 품으면 다른 영혼을 사랑하는 제자를 양성하게 된다.

폭군과 리더는 완전히 다르다. 폭군은 자기마음대로 하고 만족한다. 거기에 그냥 감사하라고까지 한다. 그러나 리더는 자기가 잘 이끌고 있으면서도 다음 스텝을 진지하게 고민하는 사람이다. '올해는 너무나 잘 했지만 내년에는 어떻게 해야 될까?' 이걸 고민하는 게 리더다. 리더는 자기만족에 그치고 자화자찬하는 자가 아니다.

대구에서 청년부를 섬기면서 첫 해에는 10%, 그 다음에 20%, 그 다음에 30%, 그 다음에 40% 성장했었다. 2년 6개월 만에 1,000명이 넘었다. 1년에 초신자가 태신자초청예배를 통해 700여 명이 왔다. For You 예배(태신자초청예배)가 1월, 3월, 5월, 7월, 9월, 11월에 6번 있었다. 복음 초청 잔치를 통해서 계속해서 새가족들이 왔다.

학교와 직장을 대구로 오는 지체들과 수평 이동하는 지체들이 800여 명이 되었다. 정착률은 오는 사람들이 많아지면서 초신자 중 12주 새가족 과정을 수료하고 정착한 초신자만 1년에 120-150명가량 되었다.

처음에는 우선순위를 기존 신자들에게 두었다. 그러나 어느 정도 안정화가 되고 부흥하면서부터는 전적으로 초신자 혹 태신자에 집중했다. 처음에 예배할 때는 설교를 한 시간 정도 하고, 설교 후 결단 기도를 15분에서 20분 이상하였다. 나중에는 설교한 후 30분이 지나면 반주가 들어와 설교 마무리를 하고, 기도 시간으로 들어가도록 하였다.

청년부 예배는 초신자가 지치지 않고, 교회와 신앙생활에 잘 정착하도록 우선순위를 두었다. 하지만 기존 신자들은 말씀과 기도, 찬양을 더 하고 싶어했다. 그래서 주일 저녁 7:30분에 '밤에 뜨는 별'예배를 만들었다. 우선순위를 어디에 두느냐에 따라 공동체의 성격을 바꾼다. 그 우선순위에 따라서 개인의 삶이 바뀌고, 공동체의 성격과 조직도 변한다.

청년부에 처음 부임했을 당시의 새가족팀은 기신자와 초신자를 같이 교육하고 있었다. 생각해 보라. 처음 교회에 온 사람들과 기존에 교회를 10년 이상 다닌 사람이 같은 교재를 가지고 교육을 받을 수 있겠는가? 너무나 놀랐다. 개선해야겠다는 생각에 우선 5명의 리더들과 기신자인 새가족들을 따로 교육하기 시작했다. 처음에는 작은 방에 열 명 정도 모였었다. 한 두 달이 지나니 30명, 6개월 이후 50명, 1년 후엔 기신자인 새가족이 100여 명으로 늘었다. 나중에는 기신자팀의 리더를 45명 세웠고, 초신자팀 리더는 30명이 세워졌다. 그리고 10명의 섬김이들로 구성된 웰컴팀을 신설했다. 웰컴팀은 처음 온 사람들에겐 교회의 첫 인상이나 다름없다. 웰컴팀 섬김이들이 주로 하는 일이 안내였기 때문이다. 새로 온 사람들의 등록을 도와주고, 등록한 사람들을 위한 환영의 자리에 간단한 다과를 준비하는 일을 했다. 예배 시간이 다가오면 예배당 앞에서 교회에 등록한지 얼마 안 된 사람들이나, 처음 온 사람들에게 낯설기만 한 교회의 이곳저곳의 위치를 알려주기도 하고, 등록하지 않고 예배만 드리러 온 사람들에겐 자리를 안내해 주는 등 웰컴팀의 친절한 안내가 교회에 대한 좋은 인상을 남겼다. 새로 등록한 사람들은 예배가 끝난 후 새가족 환영실에 모이게 하고 교회와 공동체에 대한 소개를 간단하게 했다. 그리고 10여분 정도는 반드시 복음을 전한다. 기존 신자라 할지라도 교회에 한 번 온 후 다시 안 올 수도 있다. 마지막이 될 수 있기에 10분의 복음 메시지를 통해 주님을 영접하도록 하였다. 천국에 대한 소망을 품게 하였다. 이렇게 우선순위가 결정 되면 방향성과 흐름이 생기고, 그 우선순위에 따라 섬김이들이 세워지고 각자의 자리에서 맡은 일을 한다.

리더가 갖추어야 할 12가지 요소 4 | **위임력**

네 번째, 리더는 '위임'을 할 줄 알아야 한다. 생명력이 넘치는 역동적인 공동체가 되기 위해서는 그 공동체의 조직에 따라 그룹의 장(리더)을 세우고 결정권을 위임하고 섬기게 해야 한다. 그렇지 않으면 리더 한 사람만 녹초가 된다.

수학에 이런 공식이 있다. "직각 삼각형의 빗변은 세변 가운데 가장 길다." 그러나 여기서 놓쳐서는 안 되는 부분이 한 가지 있다. 빗변을 아무리 길게 그려도 두 변의 합보다는 결코 길 수 없다.

위임을 해야 하는 원리도 이와 같다. 삼각형의 긴 빗변에 해당하는 리더가 아무리 훌륭하고 뛰어난 능력을 가지고 있더라도 각 구성원의 합보다 더 길지 못하다. 구성원 하나하나가 힘을 합치면 긴 빗변보다 더 길게 만들고, 공동체를 더 건강하게 할 수 있다.

분명 리더 한 사람은 공동체에서 탁월하기도 하고, 존경할만한 대상이다. 그러나 그 한 사람이 모든 일을 움켜잡고 할 수는 없다. 건강하고 생명력이 있는 공동체라면 구성원이 자발적으로 움직이도록 해야 한다. 주어진 일만 하는 것이 아니라 자발적으로 큰 틀 안에서 기획, 계획, 실행하도록 해야 한다. 수동적으로 돌아가는 공동체는 메말라 버려 결국엔 생명이 자생할 수 없는 사막이 된다.

위임은 단순히 구성원들만을 위한 것이 아니다. 리더를 위한 것이기도 하다. 모세는 수많은 사람들을 재판하고, 아주 큰 이스라엘 전체를 인솔하였다. 리더십이 있었지만 체력적인 한계도 있었고, 사람들을 케어하는 데도 힘든 부분이 있었다. 이런 모습을 지켜 본 모세의 장인 이드로는 천부장, 백부장, 오십부장, 십부장을 세워 일을 하도록 조언해 주었다.

각 부서 혹 공동체가 작아도 소그룹에서 각자 할 일을 주고, 책임과 의무를 다하게 해야 한다. 그러면 소그룹 모임의 결석자가 늘어나는 것이 아니라 모임에 대한 사랑과 기대감이 늘어난다.

실제로 주님의 교회에 와서 각 소그룹 모임의 작은 부분이라도 담당자를 세우도록 하였다. 각 사람을 간부화 하도록 권하였다. 한 리더가 이런 간증을 나누었다. 간식을 담당할 사람을 세워야 하는데 결석을 자주 하는 사람을 세우게 되었다고 한다. 그런데 간식 담당이 되고 나서부터는 빠지지도 않고 심지어 자신의 사비로 간식을 제공하여 소그룹 모임이 풍성해졌다고 했다.

이렇게 인원이 적은 소그룹이라도 각 사람에게 섬겨 줄 자리를 위임해 주어야 한다. 예를 들어, 기도제목 모으기 담당, 출석부 챙기기, 모임 장소 가서 자리 잡고 준비하기, 찬양 담당, 예산 및 회비 담당 등을 부탁하는 것이다. 비전트립 혹 단기선교를 갈 때도 마찬가지이다. 각 사람에게 섬길 역할을 주면 좋다. 중보기도 담당, 찬양 담당, 선교사님과 연락 담당, 모일 시간과 장소 담당, 간식 담당, 다녀온 후 간증 담당, 영상 및 사진 담당, 가야할 곳의 리서치 및 준비 모임 담당자를 세우는 것이다.

리더는 자기 혼자서 뛰는 사람이 아니다. 리더는 팔로워들이 알아서 함께 동참하도록 해야 한다. 모든 사람을 다 간부화 시켜야 한다. 만일 한 사람이 기도 담당이라면 이렇게 부탁을 해야 한다. "너는 기도 담당을 해 줘! 선교지를 위한 기도 제목을 모아 주고, 리더인 나와 각 지체를 위해 서로 기도하도록 기도 제목을 좀 모아서 나누어 줘! 교회를 위해서 그리고 나라를 위해서도 기도할 수 있도록 단체 카톡 창에 업데이트해 주고, 기도 인도도 부탁해." 그러면 그 사람은 기도 제목을 모으고 더 열심히 선교 혹 비전트립에 집중하게 된다. 그렇지 않고 수동적으로 따라오는 멤버는 비전트립 혹 단기선교에 관심이 없다. 관심이 없으니 다녀와서는 준비 모임도 그렇고 현지에서도 별로 배울 것이 없었다고 한다.

자기 혼자 모든 것을 하는 사람이 리더가 아니다. 리더는 각 지체가 어떤 섬김에 적합한지 고민하는 사람이다. 이 지체들과 함께 어떤 공동체를 세워갈지 고민하고 각자에게 맞는 역할을 위임하고 배치하는 사람이다.

나 역시 예전에는 단기선교를 갈 때 나 혼자서 기도회 준비를 하고, 찬양 인도를 하고, 설교를 하였다. 모임장소를 공지하는 문자도 보내고 간식 준비도 하였다. 그렇게 혼자 분주했다.

리더는 구성원들과 함께 뛰는 사람이다. 혼자서 모든 일을 주도하지 말고 함께 호흡하며 건강한 공동체를 만들어야 한다. 단, 위임할 때 주의해야 할 것이 있다. 먼저 리더가 어떻게 할지를 보여주고, 가르쳐 주어야 한다는 점이다. 그렇게 함께 하다가 다른 구성원에게 위임을 해야 한다. 위임을 받은 사람이 리더의 책임을 맡았을 때 감당할 수 있을 때까지 함께 해 주어야 한다. 잘 설 수 있을 때까지 리드해 주어야 한다. 위임을 하고서는 그냥 알아서 하라고 일만 주면 안 된다.

또한 리더는 아무것도 안 하고, 제대로 할 줄도 모르면서 구성원들에게 그냥 하라고 지시만하면 안 된다. 리더는 "나를 따라오라!"고 말하는 자이다. 그러므로 위임받은 지체가 리더가 어떻게 행동하는지를 알고, 따라갈 수 있도록 보여 주며 섬기도록 해야 한다.

모든 리더가 리더십을 가지고 있는 것은 아니다. 리더십이란 리더가 "돌격, 앞으로!"를 외쳤을 때 따라오는 사람들이 얼마나 있느냐이다. 혼자만 앞으로 돌격하는 사람은 영향력이 없는 리더이다. 리더가 솔선수범하지 않으면서 구성원들에게만 나아가라고 하는 리더는 그 자리에 오래 있을 수 없다. 그들의 옆에 서서 함께 앞으로 나아가면, 리더십이 세워지고, 영향력을 발휘하게 된다.

착한 사람 중 의외로 위임을 못하는 리더가 있다. 구성원들이 힘들고 고생할 것 같아서 맡기지 않는다. 또, 완벽주의이기 때문에 위임을 못하는 경우도 있다. 다른 사람이 하는 것은 마음에 들지 않기 때문에 웬만해서는 위임을 하지 않는다. 그런 리더는 구성원들과 서서히 거리가 멀어져 결국 고립된다.

리더는 자신을 위해서가 아니라 구성원들과 공동체가 건강하도록 적절하게 위임하는 위임력이 있어야 한다. 혼자서 잘하면 작은 공동체는 세워질 수 있다. 그러나 규모가 있는 공동체가 세워지고 존립하려면 각 구성원이 뛰고 섬길 일이 잘 위임되어야 한다.

리더가 갖추어야 할 12가지 요소 5 | **행정력**

다섯 번째, 리더가 갖추어야 할 요소는 '행정력'이다.

아무리 기획을 잘 하는 리더라 해도 행정력이 뒷받침되지 않으면 일을 진행할수록 잡음이 생기고 공동체를 잘 이끄는 것이 어렵다. 따라서 행정력은 있으면 좋고, 없어도 괜찮은 것이 아니다. 행정력은 리더로서 반드시 갖추어야 할 요소이다. 만약 자신이 이 부분에 약하다면 옆에서 도울 자를 꼭 세워야 한다. 그리고 공동체가 행정적으로 불편한 것은 없는지 살펴보아야 한다. 그렇지 않으면 수많은 사람들이 시험에 들 수 있다.

행정력에 필요한 것이 일관성, 통일성, 그리고 기준이다. 예를 들어, 신청마감이 15일까지인 행사에 누군가 16일에 신청을 했고, 이를 고작 하루 지났을 뿐이니 괜찮을 거라 생각하고 받아주는 순간 행정적인 기준이 무너지는 것이다. 그러면 또 누군가 17일에 신청하고 받아달라고 할 것이다. 그런데 17일에 신청한 사람에게는 신청을 받아줄 수 없다고 한다면 '어? 저 사람은 되고 왜 나는 안 된다고 하지?'라고 신청이 거절된 사람은 크게 상심하게 된다. 행정에 있어 기준이 없으면 많은 사람들에게 상처를 주고 신뢰를 잃게 된다.

유학시절 전도사로 섬기던 교회의 지체를 10년이 지난 후 만난 적이 있다. 그 지체와 원주민 선교를 갔던 이야기를 나누던 중 나는 깜짝 놀랄 말을 들었다. 그 당시 원주민 선교는 해가 거듭될수록 함께 하는 인원이 늘어났던 은혜로운 단기선교였다. 그런데 내가 단기선교 모집기간이 지난 후 가고 싶어 하는 2명을 더 받아주었다는 것이다. 문제는 가고 싶어 하는 다른 사람들이 더 있었는데 그들은 받아주지 않았다는 말을 듣고 스스로 깜짝 놀랐다. 지금은 신청인원, 모집기간을 철저히 지킨다. 그런데 그 당시에는 그렇지 않았다는 걸 알게 되었다. 그로 인해 상심했을 지체들을 생각하니 미안한 마음이 들었다.

　이처럼 행정적 처리에 있어 기준이 불분명하면 공동체에 어려움을 준다. 하지만 대부분의 교회에서는 은혜롭게 해야 한다며 모집기간이 지나도 받아주곤 한다. 엄연히 규칙이 존재하는데 지켜지지 않는다.

　이것이 문제의 발단이 된다. 공동체 안에 소문이 돌기 때문이다. 모두가 다 알게 된다. 그렇기 때문에 기준을 지켜 일관성 있게 처리해야 한다. 앞에서 언급한 대로 신청기간이 지났다면 안 받아 주는 것이 더 은혜롭다. 누구는 되고, 누구는 안 되는 일관성 없는 행정 처리는 공동체에 상처가 될 수 있다.

　그래서 청년 목회를 할 때는 홈페이지를 만드는 것이 유용하다. 모든 신청은 홈페이지에서만 받고 모집인원과 신청기한을 표기한다. 그리고 기한이 지나면 받아주지 않는다. 간혹 신청인원이 모집인원을 초과하는 경우는 제비뽑기로 결정하고, 신청인원이 모집인원에 못 미치는 경우 정원의 60% 이상이면 그대로 진행한다. 그러나 그 이하면 다음 시즌에 다시 개설한다. 이처럼 공식행사를 진행할 때는 기준이 명확한 것이 좋다.

　행정적 처리는 빠를수록 좋다. 내가 잘 모르는 분야의 실문을 해오는 지체가 있다면 바로 그 분야의 담당자와 연결해주는 것이 좋다. 가령 온라인으로 헌금을 할 때 헌금 종류의 구분은 어떻게 하는지 묻는 지체에게는 바로 회계 담당을 연결해준다. 이때 카○○톡을 이용하면 빠른 대응이 가능하다. 문의한 사람과 그 부분을 명확히 알려줄 사람을 초대해 서로 묻고, 답하게 해준다. 내가 모르는 부분이니 대충 그냥 넘어가거나 사무실에 다시 문의를 해보라는 등의 답변은 문의한 지체에게 실망만 안겨줄 뿐이다.

아무리 실력이 뛰어난 리더나 섬김이라도 행정력이 떨어지면 누군가를 실족하게 한다. 성경은 소자를 실족하게 하면 연자 맷돌을 목에 메고, 바다에 빠지라고 하였다. 행정력이 리더십에 있어 작은 부분일 수 있다. 그러나 공동체를 세워가는 리더라면 이런 작은 부분의 행정력도 갖추어야 한다.

행정력을 위해서는 각 분야를 담당하는 섬김이들과 소통을 해야 한다. 그리고 공동체 멤버들이 힘들어하거나 불편해하는 것들이 무엇인지 들어야 한다. 그리고 단순히 듣고, 소통하는 데서 그치는 것이 아니라 개선점을 마련해야 한다.

누군가가 어떤 것을 부탁할 수 있다. "저, 이것 좀 신청되었는지 알아봐 주실래요? 저 이것 좀 궁금한데…말씀해 주시겠어요?" 그런데, 아무런 조치를 취하지 않고 "아. 알아봐 줄게요. 알아보고 있어요…" 이렇게 거듭 말만 해서는 안 된다.

자신이 그 담당자가 아닐 수 있다. 그렇다면 적어도 행정적 처리를 위하여 담당자와 연결해 주어야 한다. 또한 그 일이 잘 처리되었는지 체크

하고 신경 써야 한다. 작은 일 같지만 이런 일련의 행정처리가 미숙하고 반복되면 큰 시험에 든다. 공동체 멤버는 리더의 말을 더는 신뢰하지 못하게 된다. 만일 메신저가 이렇게 했다면 메신저의 말을 듣지 않게 된다.

그래서 어떤 행정적 부탁을 들으면 빛의 속도로 처리해 주어야 한다. 이것은 중그룹, 소그룹의 리더 또한 마찬가지다. 멤버들에게 알려줄 것을 부탁하는 공지사항이 오면 공지를 해야 한다. 본인만 알고 끝내면 안 된다. 리더가 "공지해주세요."라고 부탁을 하는데 중그룹이나 소그룹의 리더들이 전달하지 않으면 그들의 행정력은 꽝인 것이다.

중그룹, 소그룹의 리더는 빛의 속도로 탑리더 혹은 그 일의 담당자가 부탁한 공지사항을 멤버들에게 전해야 한다. 또한 청년들은 사회적 이슈에 찬성도 하고, 반대도 하면서 적극적으로 사회참여도 해야 한다. 나는 각 팀의 대표 리더만 20명이 있는 단체 카○○톡 방에 글을 올린 후 각 팀 및 소그룹에 공지 요청을 한다. 그러면 순식간에 각 팀과 소그룹 공지 방에 요청한 내용이 뜬다. 이렇듯 얼마나 빠르고 정확하게 전달되느냐가 행정력이다.

만약 소그룹의 리더가 이런 행정 처리를 무시한다면 그 그룹 멤버들은 사회 참여뿐 아니라 공동체에서 일어나는 중요한 일들을 전달받지 못해 점점 섬처럼 고립되어 갈 것이다. 과연 그들이 공동체 생활을 유지할 수 있겠는가?

공동체에서는 무엇보다 부족한 행정력으로 인한 상처를 주지도 받지도 않아야 한다. 그러니 공지를 잘하고 알려주면 된다.

공동체에서 소통의 통로는 다양하다. 요즘은 유튜브, 블로그, 페이스북, 인스타그램, 홈페이지를 통해 주로 소통한다. 이런 여러 매체를 사용하는 이유는 젊은이 중 상당수가 SNS를 사용하기 때문이다. 물론 SNS를 사용하지 않는 지체들도 있기에 다른 루트들을 통해 나누고, 함께 가야 할 방향을 제시해 주고, 소통하려고 해야 한다.

행정 달력을 만들어 홈페이지에 게시하고 이를 통해 앞으로 어떤 행사나 교육이 있는지 알려주는 것도 좋은 방법이다.

문자를 통해 알려주는 것도 좋다. 꼭 알아야 할 공지사항은 행정담당자에게 부탁해서 꼭 문자로 공지될 수 있도록 한다. 주보를 통한 공지는 기본이다. 하지만 주보 외에 다른 방법들도 활용해야 한다.

행정력은 단순히 어떤 일만 처리하는 것이 아니라 같이 소통하고, 멤버들에게 알아야 할 것을 공지해 주는 것도 포함한다. 행정적 처리를 위해서는 수많은 것에 신경을 써야 한다. 게을러서는 제대로 할 수 없다.

'이렇게 저렇게 소통해야 하나?'라고 생각이 들더라도 될 수 있으면 하는 방향으로 잡는 것이 좋다. 공동체를 위해 더 다양하게 소통의 창구를 만들고, 방향성을 제시해 주고, 더 세심하게 섬겨 주기 위해서 노력하는 것이 좋다.

리더가 갖추어야 할 12가지 요소 6 | **영력**

여섯 번째, 리더가 갖추어야 할 요소는 '영력'이다. 우리는 세상적인 지도자가 아니라 사실 영적인 멘토, 영적 부모가 필요한 시대에 살고 있다. 이 영력은 공동체 멤버와 동떨어진 수직적 리더십이 아니라 함께 하는 관계적 영성을 말한다.

21세기 리더는 공동체 지체를 잘 챙겨야 한다. 섬기고 있는 멤버들을 겉으로 봤을 때는 건강하고 아주 괜찮아 보인다. 행복한 것 같고 힘든 것 같지 않다. 그러나 상담을 하고 1:1로 만나서 이야기를 나누어보면 전혀 다른 모습이 드러난다.

청년들을 만날 때는 주로 카페에서 1:1로 만나 이야기를 나눈다. 커피잔 너머로 삶의 간증들이 오간다. 기적과 같은 하나님의 역사하심을 듣기도 하고, 눈물 없이 들을 수 없는 사연들, 삶의 깊은 골짜기를 지나온 이야기를 건네준다. 법정투쟁 중이기도 하고, 부모님이 자식을 신용불량자로 만들기도 하고, 가족 중에 사살한 사람이 있기도 하다. 그런 얘기를 들을때면 커피가 더 쓰게 느껴진다.

이런 이야기는 1:1로 만나야 들을 수 있다. 여러 사람이 있으면 마음속 깊은 이야기를 하기 어렵기 마련이다. 단체로 만나면 아무리 여러 번 만났어도 자신을 만나 주었다고 생각하지 않는다. 그러나 개인적으로 한 시간을 만나 이야기를 하면 참 많은 간증과 고백을 듣게 된다.

보다 많은 지체들과 이런 시간을 가지도록 노력해야 한다. 이른 아침이라고 예외일 수 없다. 그럴때는 일찍 오픈하는 패스트푸드점을 이용한다.

젊은이들의 가슴 아픈 이야기를 듣게 되면 리더는 기도하지 않을 수가 없다. 강단에서의 설교도 달라진다. 또 리더가 공동체에서 메시지를 나누고, 교제할 때도 피상적이지 않게 된다. 꼭 목회자가 아니더라도 그룹의 리더라면 멤버를 개인적으로 따로 만나서 이야기를 나누어야 한다.

"왜 예배에 나오지 않느냐? 왜 교육과 훈련받지 않느냐? 왜 공동체에 적극적으로 참여하지 않느냐?" 묻기 전에 한 영혼이 어떤 인생의 고통과 고난으로 피눈물을 흘리는지 들어야 한다.

이 시대는 사람들이 다 각박하게 살아간다. 공동체 모임에 와 있는 사람들도 인생이 녹록하지 않다. 표면적으로는 좋아 보이지만 그 속은 전혀 그렇지 않다. 그래서 한 영혼 한 영혼을 품을 수 있는 영적인 멘토이자 아비인 리더가 절실한 것이다.

한 영혼을 담당하는 리더는 반드시 1:1로 섬기는 영혼을 만나야 한다. 청년들은 아무리 열 번을 만나도 무리로 만난 것이라면 자신을 돌본다고 생각하지 않는다. 그것은 그냥 같이 먹고 논 것이지 개인적인 돌봄이 아니라는 것이다. 30분, 10분을 만나더라도 "정말 기도 제목을 듣고 싶어! 아픔과 상처를 듣고 싶어! 그리고 나의 이야기를 조금 해주고 싶어!" 이런 1:1 돌봄을 짧게라도 하면 일 년 동안 다시 만나지 않고, 문자로만 나누어도 영적 교감이 있다.

리더는 영적인 부모가 되어야 한다. 대구에 있을 때 약 1,850명에게 일주일에 두세 번씩 말씀 문자를 보냈다. 현재 주님의 교회에서는 약 500명에게 말씀 문자를 보낸다. 힘겨울 때 위로가 되는 말씀, 삶에 도전이 되는 말씀 구절을 21시 21분에 보낸다.

말씀 문자를 보내면 신기한 일이 벌어진다. 자신의 삶을 문자로 보내오는 것이다.

"오늘 아빠랑 엄마랑 이혼했어요."

"엄마가 세 번째 암이 재발하여서 지금 어떻게 해야 할지 모르겠어요."

"목사님, 사실은 제가 창업을 해서 경제적으로 괜찮아지고 있지만 제 두 여동생은 다 지체 장애가 있고, 어머니는 교통사고를 당하셨고, 아버지는 식물인간으로 몸을 못 움직이세요."

"저는 집에 부모님이 계시시만 가정을 다 책임져야 해요. 그래서 저는 교회에서 헌신도 못 하는 그런 상황 가운데에 있어요."

"목사님! 저는 지금 법정 시비가 있어서 지금 3년째 법정 투쟁을 하고 있어요."

이런 내용을 어떻게 들을 수 있을까? 영혼을 돌보면 그 영혼이 마음의 문을 연다. 그리고 자신의 삶을 나누기 시작한다. 예전과 달라진 것이 있다. 요즘 젊은이들은 리더가 얼마나 자신에게 관심을 가지고 돌보려고 하는지 판단한 후에 마음의 문을 연다.

몇 번을 만났느냐?, 밥을 몇 번을 먹었느냐?, 여러 사람들과 같이 몇 번을 놀러갔느냐?, 이런 것이 중요하지 않다. 정말 조용하게 30분이라도, 10분이라도 진짜 이야기를 들어주고, 함께 해 주어야 한다. 그러면 그런 사람하고는 마음이 통한다. 그러면 이런 이야기를 계속 들을 수 있다.

"법정 시비가 이번에 이렇게 되었어요, 목사님!"

"이번엔 이렇게 되었어요."

"이렇게 수술비가 들어가는데 기도해주세요."

계속해서 업데이트를 받을 수 있다. 여러분 중에서 주위에 기도 제목을 계속해서 업데이트해 주고 있는 지체가 있다면 여러분이 그 사람의 영적인 부모이다. 그런데 누구도 나에게 지속적인 기도 제목을 주지 않고 있다면 정말 영적 목양을 하고 있는지 자문해야 한다.

여러분은 정말 리더인가? 정말 리더가 되려면 영적 부모가 돼라! 영적 부모가 아닌 리더에게 사람들은 절대 자기의 마음을 열지 않는다. 수치스러운 과거를 나누지 않는다.

병원에 가면 의사 앞에서 옷을 벗는다. 왜 그런가? 검진받고 수술도 받는다. 왜 그런가? 의사이니까 그렇다. 신뢰하니까 다 맡기는 것이다.

"어, 안 돼요, 왜 이러십니까?" 이런 사람 없다. 의사가 "진찰합시다, 수술합시다." 하면 그렇게 한다. 영적인 아비고 영적인 어미이면 "나 힘들어요. 정말 죽고 싶어요. 이번에 또 떨어졌고 이번에 또 안 되었고 미치겠어요. 자살하고 싶어요. 언제까지 이렇게 살아야 합니까?" 이런저런 이야기를 털어놓기 시작한다.

영적인 멘토 혹은 아비가 된다는 것은 축복의 자리이지만 분명 부담스러운 자리이기도 하다. 그러나 부담스럽다고 피하면 안 된다. 깊은 교제를 나누어야 한다.

교제는 달걀과 같다. 마음을 열지 않은 사람은 딱딱한 껍데기만 부딪치며 이야기한다. "안녕! 잘 지내지? 밥 먹었어? 다음에 보자!" 이런 대화가 달걀 껍데기 교제이다. 진짜 교제는 껍데기를 딱 깨고 흰자는 흰자끼리 노른자는 노른자끼리 섞이도록 해야 한다. 흰자 대화는 기쁜 소식을 나누는 것이다. "사실은 있잖아. 내가 이런 좋은 일이 있었어!" 그리고 노른자 대화는 가슴 아픈 상처까지 꺼내는 것이다. "정말 이런 사고로 내가 이렇게 되었는데 너무 힘든 것 같아!" 이게 노른자를 나누는 그런 교제인 것이다.

대구에서 10여 년의 사역을 하고 아쉬운 것을 발견하게 되었다. 열심히 한다고 새벽부터 밤늦게까지 청년들을 만나며 사역하였다. 한 팀에 35가지 교육과 훈련을 하였다. 양육 기초만 해도 12개 반이 진행되었고, 양육 고급반은 8개 반이 진행되었다. 제자반이 7개, 그리고 사역반만 해도 8개 반이 있었다. 그 35가지의 교육과 훈련 중에 수많은 가지가 거기서부터 뻗어 있었다. 그런데 그것을 다 하면서 뭔가 아쉬웠다.

바로 같이 동역하였던 교역자들과 '얼마나 차를 마시며 대화를 했는가'이다. 1:1로 만나 교역자들과 이야기를 나눈 일이 적었던 것이다. 사역한다고 청년들은 정말 많이 만났다. 새벽부터 밤늦게까지 만났지만, 동역자들은 얼마나 챙겼는지…미안한 마음이 들었다.

그래서 떠나기 전에 이런 이야기를 나누었다.

"이곳에서 사역하는 동안 재미있었고, 정말 좋았습니다. 우리 관계도 사실 너무 좋았습니다. 지금 마음속에 욕을 하고 있을지도 모르겠지만…감사하고, 행복했습니다. 그런데 한 가지 아쉬운 것이 있습니다. 정말 청년들 많이 챙긴다고 뛰어다녔는데… 진짜 우리끼리도 따뜻한 커피를 놓고 같이 이야기 나누면서 그런 시간을 조금 더 가졌어야 했는데…저는 그게 진짜 후회가 됩니다. 미안합니다…"

좋은 리더는 가까이에서 함께 뛰는 동료들을 잘 챙긴다. 동료를 챙기는 것도 멤버를 챙기는 것만큼 중요하다.

리더는 가정 공동체를 더 사랑하고, 돌봐야 한다. 영향력 있게 사역을 하고, 섬기려면 가정이 건강해야 한다. 가정이 건강하지 못하면 아무 일도 못 한다. 예전 베이비붐 시대 교역자들은 가족이 너무 희생했다. 그러나 요즘 젊은 교역자들은 너무 가족만 챙긴다. 가정 중심적인 것은 참 감사한 일이다. 그러나 교회 혹 공동체보다 가정이 더 중심이고, 섬김이 뒷전인 경우도 많다.

적절한 균형이 있어야 한다. 영성이라고 하면 일만 많이 하고, 많은 사람을 챙겨야 하는 것으로 착각할 수 있다. 그러나 영성 있는 리더는 자기의 가족을 챙긴다. 영성 있는 리더는 사랑을 줄 줄도 알고, 받을 줄도 안다. 균형이 잡혀 있다는 말이다. 리더도 사랑을 받아 봐야 한다. 자신을 사랑하는 법을 알아야 한다.

나는 젊을 때 나 자신을 위해 돈을 쓰는 것을 잘하지 못했다. 좋아하는 치킨도 잘 사 먹지 않았다. 그러나 교회 안에서 다음 세대 멤버들을 사 줄 때는 아깝지 않았다. 누군가 사랑을 베풀어 주고, 선물을 주어도 잘 받을 줄 몰랐다. 그러던 어느 날 한 지체와 대화를 나누는데 나 때문에 상처를 받은 적이 있다고 했다. 나에게 간식을 챙겨 주었는데… 받지 않았다는 것이다. 무엇을 받는 것이 익숙하지 않아 거부했었는데 그것이 마음에 상처가 되었단다. 이것도 문제라는 자각이 들었다. 나중에는 나 자신을 위해서도 물질을 쓸 수 있게 되었다.

사람은 사랑을 받아 본 만큼, 사랑을 베푼다. 그렇기 때문에 사랑을 잘 받을 줄 알아야 한다. 그리고 무엇보다 자신이 모든 것을 받는 종착역이 되어서는 안 된다. 베풀어야 한다. 다른 지체에게 흘려보내야 한다.

경제적으로 많이 어려운 집사님이 있었다. 내가 섬기는 분은 아니었다. 직접 그분에게 주면 부담스러워할 것 같아서 다른 사람을 통해서 흘려보냈다. 다른 교회의 교역자분, 선교사님에게 다른 나라에 가서 쉬고 오시라고 항공권을 보내 드리기도 하였다.

2017년부터 2018년까지 1년 동안 책을 10권 정도 썼다. 감사하게 모든 책이 괜찮게 나가고 있다. 2018년 주님의 교회를 오기 전에 잠깐 안식 기간을 가질 수 있었다. 그래서 8~9월은 제주도와 해외에 갔다가 10월 한 달만 집회를 스무 번 정도 섬겼다. 강사료는 필요한 곳에 흘려보냈다.

하나님이 이렇게 축복을 해 주시는 이유가 있다. 계속해서 흘려보내라고 주시는 축복임을 알기에 그렇게 했다.

리더는 자신과 함께 하는 리더들을 잘 챙겨야 한다. 보통은 잘 안 나오는 사람에게 진액을 쏟아붓는다. 그러나 정말 챙겨야 할 사람들이 있다. 교회에 잘 나오고, 많은 일을 감당하는 리더들을 만나야 한다. 맛있는 것도 사주고, 교제해야 한다. 이들이 회복되고, 행복하고, 재미있으면 섬김을 받는 멤버들이 힐링을 받는다.

목회자끼리도 행복하고, 재미가 있어야 한다. 한 지체가 이런 말을 한 적이 있다. "목사님들끼리 행복한 게 저한테는 힐링이 됩니다."

부모인 엄마, 아빠가 굉장히 행복하면 자녀도 행복하다. 반면 부모가 싸우고 있으면 아이들도 불행하다.

스트레스를 받고 긴장을 하면 몸이 경직된다. 영적으로도 그렇다. 리더들끼리 품어 주고, 칭찬해야 한다. 그렇지 않으면 나중에 멤버들도 리더들을 칭찬하지 않는다.

이처럼 공동체 안에 서로 하나가 되지 못하며 서로를 받아들이지 않으면 공동체성은 고사하고, 생지옥을 체험하게 된다. 그러니까 진짜 사랑을 받아 본 사람, 진짜 헌신을 받아 본 사람은 그것을 다른 사람에게 자기가 받은 만큼 내리사랑을 하게 되어 있다. 이것은 영적인 멘토 혹, 리더에게만 이런 사랑의 관계적 영성이 필요한 것이 아니라. 가정과 사회에서도 필요하다.

우리가 다 리더지만 다 같은 영성의 리더는 아니다. 관계적 생명이 있는 영성을 가진 리더는 공동체에 밝은 꽃을 피운다. 생명이 없는 곳에는 절대 생명이 일어나지 않는 원칙이 적용된다.

무정란과 유정란은 크기가 같다. 색깔도 똑같다. 무게도 똑같다. 그러나 가격이 다르다. 왜 그럴까? 유정란은 생명을 꽃 피우고 무정란은 먹는 식용으로만 쓰이기 때문이다.

리더가 갖추어야 할 12가지 요소 7 | 인재관리력

일곱 번째, 리더에게 필요한 것은 '인재 관리력'이다. 우리는 모두 주위에 사람들이 있다. 영향력 있는 사람들이 많을 수도 있고, 적을 수도 있다. 많거나 적거나 사람들이 있다. 그러나 정말 적은 사람들이 있을지라도 리더는 그 사람들을 인재로 만드는 자이다.

그런 사람이 리더이고, 인재를 관리하고, 키우는 멘토이다. 어떤 사람은 인재가 많음에도 그 사람의 재능을 발휘하지 못하게 한다. 많은 도구가 있지만, 그 도구들을 사용하지 않아 무용지물로 만드는 경우도 있다. 인재가 있다면 그 인재를 잘 관리하고 영향력 있게 날개를 펼치게 하는 것이 리더십이다.

벤쿠버에서 유학할 때 같이 예배하는 청년들이 있었는데 그들은 아주 짧게 있다가 한국으로 돌아갔다. 2개월, 3개월, 6개월 있다가 돌아갔다.

청년들에게 실컷 밥 먹이고 케어하지만 어김없이 돌아갔다. 넉넉하지 않은 살림에도 집에 데리고 와서 아내와 함께 밥도 먹고 게잡이도 갔었다. 그리고 교육과 훈련도 시켰는데… 떠났다.

이민 교회를 다닐 때 왕복 100km를 주행했다. 오가는 길에 청년들 라이드도 해 주었다. 일주일에 4번씩을 다니면서 섬겼다. 그러나 다들 몇 개월 있으면 돌아갔다. 이런 상황이다 보니 이민 교회를 섬기면서 회의감이 들었다. 언젠가 한 해는 몇 명 정도 왔다가 돌아갔는지 헤아려 보았다. 한 200여 명이 왔다가 다 한국으로 돌아갔다. 다행히 부흥은 하고 있었지만 짧은 시간 동안 많은 청년이 공동체를 떠나게 되다 보니 인재를 잃어버리는 것 같았다. 이런 생각이 들었다. '아… 이민 목회는 어렵다고 그러더니 진짜 어렵네…' 신기한 것은 그래도 새로운 사람들이 계속 채워지는 것이다. 그래서 묻기 시작했다. 3개월 뒤에, 6개월 뒤에 새로운 사람에게 질문을 했다. 그런데 놀라운 사실을 알게 되었다.

"어디에서 오셨어요?", "어, 친구가 벤쿠버에 있었는데 벤쿠버 가면 무조건 이 교회 가라고 했어요." 자신들이 머물다 돌아가면 다른 멤버들에게 교회 공동체를 추천해 주고 있었나. 그때 일이다. '떠나보내기만 하는 것이 아니구나… 부메랑이구나. 보냈다고 해서 다시 안 오는 게 아니라 시간이 지나면 다른 모습으로 돌아오는구나.'

인재가 떠날 때 가슴이 아프다. 그러나 짧은 기간 머물다 떠날 사람이라도 키우고 파송해야 한다. 인재양성도 마찬가지이다. 지금 당장 써먹기 위해서 사람을 키우는 게 아니다. 써먹을 필요가 없는 사람도 인재로 만들어 파송하면 나중에 다른 사람을 보낸다. 그 사람이 다른 사람을 인재로 만들고 다시 역 파송을 해 주는 것이다.

교회 안에 결혼해서 나가는 지체들이 있다. 그런 지체들을 보면 대부분 다른 곳에 가지 말고, 섬기는 교회가 연약하니 신랑을 데리고 오라고 한다. 그러나 신부 측이면 신랑 측 교회로 가서 섬기라고 한다. 그곳에 인재가 필요해서 주님이 배우자를 만나 가정을 이루며 그곳으로 파송하게 하시는 것이니 가라고 한다.

교회는 인재를 만들어 내고, 파송하는 곳이다. 그런데 인재를 만들어 내지 않으면 사람으로 말미암은 재앙인 인재(人災)가 일어난다.

공동체의 힘겨움은 막상 재정이 없어서가 아니다. 건물이 없어서가 아니다. 문제는 사람이다. 왜 그럴까? 사람들을 인재로 키워내지 못하면 그로 인해 결국 큰 문제를 일으키게 된다. 공동체는 기둥과 같은 인재가 없을 때 스스로 무너져 버린다.

인재 양성은 매우 중요하다. 그러나 어렵고, 힘들다. 게다가 지치기도 한다. 이유는 무엇보다 인재를 키우는 것에 시간이 걸리기 때문이다.

유학 가기 전 서울에 한 교회에서 전도사 생활을 했었다. 섬길 때는 잘 몰랐다. 아이들이 어떻게 성장하는지 말이다. 유학 중 잠시 들어왔을 때 섬겼던 지체들을 만났다. 5년이 지나고 10년이 지나고 나니 어떤 아이는 어엿한 사모가 되어 있었다. 신학교 학생도 있고, 선교를 준비하는 친구도 있었다. 교회에서 중책을 맡은 청년도 있었다. 그때 알게 되었다. '사역의 열매는 5년, 10년이 지난 뒤에 나타나는구나...' 열매는 당장 보이는 게 아니듯 인재를 키우는 것도 당장 되는 것이 아니다.

교회가 사람을 기능적으로만 이용하고 써먹으려고 해서는 안 된다. 작은 교회도 큰 교회도 요즘엔 일꾼이 없다. 이러다 보니 초신자나 다른 교회에서 온 기신자에게도 바로 무언가를 섬기도록 한다. 케어해서 돌보고, 양육하기보다 써먹으려고 한다. 그러나 성도를 키워야 한다.

멀리 내다보고 5년, 10년을 정성껏 길러내야 한다. 인재를 기르기 위해서 리더는 멤버에게 어떻게 하는지 보여 주어야 한다. 하라고 그냥 지시만 하는 것이 아니라 직접 보여주고, 같이 해 보아야 한다. 리더로 세울 수 있는 사람이 있으면 해보도록 기회를 수어야 한다.

나는 계속 책을 쓰고 있다. 지금까지 책을 15권 정도 썼다. 이제는 책을 혼자 쓸 수 있다. 이미 탈고한 것이 있어서 출판사에 넘기기만 하면

되는 것도 있다. 그런데 혼자 쓰지 않으려고 한다. 이제 갓 등단하는 사람, 이끌어 주고 싶은 사람과 같이 공저로 출간하기도 한다. 공저로 출간하면 인세도 별로 받지 못한다. 이것이 불편할 때도 있다. 그러나 한 번도 책을 안 낸 사람, 또 책을 내고 싶은 사람과 같이 하면서 서로 돕고, 영향력을 발휘하고자 한다.

함께할 때 덜 힘든 부분도 있고 서로 이끌어 줄 수 있는 부분이 있다. 나 혼자 다 큰 다음에 누군가를 키우려고 하는 게 아니라 내가 클 때 같이 키우는 게 인재를 키우는 것이다.

존 맥스웰은 리더십에 대해 5가지 모델이 있다고 한다. 제일 차원이 낮은 단계의 리더십은 권위로 누르는 리더십이다. "내가 누구인데 당신이 내 말을 들어야지" 하는 것은 가장 저능한 최하위의 리더십이다. 권위로 누르는 것은 좋은 리더십은 아니다.

두 번째 리더십은 그나마 조금 괜찮은 것이 관계를 통한 리더십이다. 같은 공동체에 있지 않은데 도움을 달라고 하면 도움을 주고받는 리더십이다. 관계가 있기 때문에 일하는 데 도움을 받고, 일이 되도록 만드는 리더이다.

세 번째 단계는 실력이 있는 리더십이다. 어떤 사람이 딱 거기에 들어가면 해낸다. 뭔가 이루며 발전을 한다. 뭔가 온전해진다. 그렇다면 세 번째 단계인 능력을 갖춘 리더십이 있기 때문이다.

네 번째 단계는 리더가 없는데 공동체가 돌아가는 것이다. 우리가 생각할 때 공동체는 리더가 있고 앞에서 진두지휘해야 한다. 그런데 네 번째 단계의 리더십은 리더가 그 자리에 없어도 공동체가 유기체적으로 잘 돌아가게 하는 리더십이다. 그만큼 공동체가 건강한 것이다.

다섯 번째 리더십은 공동체가 리더를 통해서 축복을 받는 것이다. 리더를 통해서 멤버가 어떤 축복을 누린다. 또한 이 다섯 번째 리더십은 반대로 공동체 사람들을 통해 리더가 축복을 받는 것이다.

이는 공동체가 리더를 통해 성숙 돼야 하는데 거꾸로 리더가 그 공동체를 통해 복을 받게 되는 단계이다. 공동체가 리더를 칭찬해주고 세워주고 기도해주는 것이다. 리더가 공동체에 축복을 주는 단계가 아니라 공동체가 존재하는 그 자체가 리더가 리더십을 인정받고 축복을 받는 단계인 것이다.

벤쿠버에 있을 때 교회를 떠나기로 작정을 했었다. 왜냐면 공동체가 너무 건강했기 때문이다. 내가 공부하면서 교회를 100km 왕복하며 섬기자 쉼을 가지라고 여행을 보내주는 지체들이었다. 배를 타고, 페리를 타고 갈 수 있는 섬에 가서 머무를 수 있도록 호텔을 잡아 주었다. 호텔의 마사지도 받을 수 있도록 해 주고, 정상까지 말을 타고 올라갈 수 있도록 모든 것을 예약해 주었다. 아주 비쌀 것 같았다. 리조트에 가서 얼마냐고 물어보니까 정말 비쌌다. 한국 돈으로 하면 약 100만 원 정도였다. 그런데 대학교 다니는 청년들, 갓 직장에 다니는 청년들이 자기네들끼리 돈을 모아서 쉬라고 여행을 보내준 것이다. 그때 '아, 내가 이 공동체를 떠날 때가 되었구나!'를 알게 되었다. 내가 더 여기에 있으면 축복만 받을 것 같았다.

우리는 늘 받아야 한다고 생각한다. 그런데 성숙한 공동체, 성숙한 리더십은 먼저 내어준다. 앞에 있는 리더에게도 주어야 한다.

지금 이 글을 읽기를 잠시 멈추고, 멘토에게, 교역자에게 문자라도 한 번 보내면 좋겠다. 평신도 리더인 부장, 교사, 리더, 섬김이에게 문자로 축복을 해 주라! 그러면 공동체는 한층 건강해진다. 짧은 문자 메시지 하나가 가슴을 뛰게 만든다. 사람을 기도하게 만들고, 헌신하게 만들고, 눈물을 흘리게 한다. 이게 회복된 공동체, 건강한 공동체의 특징이다.

인재를 격려해야 한다. 앞에 리더도 격려하고, 공동체 멤버도 위로하고, 세워 주어야 한다.

리더가 갖추어야 할 12가지 요소 8 | 공감 능력

여덟 번째, 리더가 갖추어야 할 요소는 '공감 능력'이다. 사실 탁월한 리더가 되기 위해서는 멤버들과 하나가 되어야 한다. 그런데 리더로 섬기면서 놓치기 쉬운 부분이 바로 이 공감이다.

특히, 큰 공동체일수록 공감 능력은 떨어지게 된다. 공동체 속 리더는 멤버들의 소리를 다 듣고, 반응하기 쉽지 않다. 그러다 보면 공감 능력이 저하될 수 있다. 무엇보다 리더가 부지런히 양 떼를 살펴야 하지만 이를 보완할 장치가 필요하다.

이 부분에 대해서는 모세의 예를 보면 잘 알 수 있다. 모세는 수많은 이스라엘 백성들을 섬겨야 했다. 그러나 모세도 인간인지라 나날이 지쳐 갔다. 일일이 모든 사람을 다 재판하고, 케어 할 수 없었다. 이때 장인 이드로의 조언을 통해 사람들을 세웠고, 천부장, 백부장, 십부장을 통해 백성을 돌보고 섬기도록 했다.

이렇듯 공동체가 커지면 모든 멤버를 다 만나 공감하기가 쉽지 않기 때문에 조직을 개편해야 한다. 그리고 더 많은 공감해 줄 리더들을 세워야 한다. 점점 커지는 공동체라면 조직의 개편과 공감하기 위한 창구를 개설하는 데 노력을 기울여야 한다. 정체된 공동체도 공감을 통해 멤버를 케어하고, 함께 하나가 되어야 한다.

가장 큰 문제는 공감하려는 노력을 전혀 하지 않는 것이다. 리더 중에 멤버들과 소통을 꺼리는 사람이 있다. 공동체 멤버에게 상처를 받아서 그럴 수 있을 것이다. 또 다른 이유는 공감이 주는 위로와 회복을 모르기 때문일 것이다. 그러나 공감해 주는 것은 리더로서 아주 중요한 리더십의 요소이다. 수직적인 관계로 공동체에 머무는 리더는 공감 능력이 현저히 떨어진다. 명령 식으로 지시하고 일이 되지 않으면 꾸짖는다. 일만 중요시 하고, 그 팔로워의 삶과 상황에는 관심이 없다. 그런 경우 멤버는 결국 지친다. 마음에 상처를 입게 된다.

일반 사회에서 이익 창출이 목적인 집단에서는 그렇겠거니 하고 다른 직장으로 옮길 수 있다. 그러나 교회 공동체 안에서는 지속해서 아픔이 된다. 공감 능력이 떨어지면 같은 교역자끼리도 힘들다. 같은 공동체 멤버임에도 불구하고 마음이 어렵다.

그렇다면 소통이 안 되고, 힘겨운 이유는 무엇일까? 그것은 리더가 자기 생각을 나누지 않기 때문이다. 또 다른 이유는 생각을 나누지만, 구체적으로 소통하지 않기 때문이다.

아내에게 "7시에 밖에 나가서 먹어요." 라고 카톡을 보낸 적이 있다. 이 말은 7시에 심방이 있어 저녁은 밖에서 먹고 들어가니 집에 못 들어간다는 의미였다. 그런데 아내는 7시까지 기다리고 있다가 왜 안 오느냐고 내게 전화를 했다. 나는 아내에게 말했다. "이야기했잖아요. 오늘 7시에 밖에 나가서 식사한다고!" 아내가 다시 "집에 와서 같이 나가자는 것 아니었어요?" 깜짝 놀랐다. 15년 이상을 같이 살았는데…의사소통에 문제가 있었다. 아내가 한마디 해 주었다. "당신은 말할 때 주어가 없잖아요!" 내가 나가는 것인지 우리가 같이 나가서 먹는 것인지 명시를 해 주어야 하는데…그렇지 못했었다. 그때 말로 소통할 때보다 카톡으로 소통할 때는 오해의 소지가 있고 상당히 대화가 불투명해질 수 있음을 알았다.

리더로 살면서 생각 속에 갇혀 있을 때가 많다. 분명히 소통했다고 생각했는데…그렇지 못했다. 제대로 나누지 못하고, 공감하려고 노력하지 않았던 적이 있다. 그런데 우리는 소통할 때 이런 소통 능력의 부족함이 매우 많다. 소통을 위해서는 그에 상응하는 노력과 비용을 지급해야 한다.

예를 들어보자. 광고주들이 광고를 하나 내기 위해서 상당한 광고비를 지출한다. 텔레비전에 나오는 10초, 15초 광고는 억 단위의 비용이 든다. 왜 이렇게까지 하면서 광고를 하는 것일까? 그만큼 사람들이 광고를 보고 구매를 하기 때문이다. 광고한 만큼 구매로 이어지기 때문이다.

한 공동체에서 공감하고 같이 가려면 몇 번을 공지해야 할까? 사람은 18번을 공지해야 인식하고 인지한다고 한다. 예를 들어, 공동체에서 '올해는 전도하자!'고 한다면 18번 다양한 방법으로 소통을 해야 한다.

공감하도록 홈페이지에 게시해야 한다.
카카오톡으로 보내야 한다.
페이스북에 올려놓아야 한다.
이메일을 보내야 한다. 전화로 '전도를 합시다!' 권면해야 한다.
그리고 광고 시간에도 구두 광고로 "여러분들 아시죠? 전도합시다! 이번 새생명 축제는 11월 11일입니다. 그때 태신자를 초청해 주세요!" 전도에 대한 이야기를 다양한 루트로 18번을 들어야 구성원들이 전도 해야겠구나... 공감한다.

어떤 교회를 갔는데 태신자 신청 명단을 교회 내 게시판에 적어 달라고 하였다. 그런데 메시지를 전하러 가서 게시판을 지나가는데 전도할 대상의 이름들이 많지 않았다. 사람들이 이름을 적을 게시판이 어디에 있는 줄 모르고 있었다. 담당 교역자는 사람들이 명단을 얼마나 기록했는지도 몰랐다.
SNS로, 영상광고를 통해서, 주보를 통해서 알려야 한다. 만났을 때 말로 나누어야 한다. 공동체의 목표, 철학, 가치, 방향을 지속적으로 알려야 한다.

공동체에서는 단지 일만 나누고 공감하도록 해서는 안된다. 무엇보다 영적으로 교감이 있어야 한다.

어떤 교역자가 떠날 때 눈물이 날까? 어떤 공동체 멤버가 헤어질 때 가슴이 아플까? 공감을 해주고, 자신의 기도 제목과 상처를 아는 사람이 떠날 때이다. 영적인 교통이 있는 사람을 존경하게 된다. 영적으로 케어를 해 준 사람을 리더로 여긴다. 행정적인 일만 하면 안 된다. 한 사람 한 사람 기도 제목이 무엇인지 알아야 한다.

다수로 만나서는 절대 한 영혼 속에 있는 기도의 제목을 알 수 없다. 그 사람의 삶의 간증을 듣기 어렵다. 10명이 있는 데서 "자, 오늘 진실한 기도 제목을 이야기해 주세요!"라고 부탁해도 아무도 제대로 마음을 나누지 않는다. 상처와 어려움을 나눌 수 있도록 1:1, 개인적으로 만나야 한다. 이렇게 할 때 영적으로 공감하게 된다.

공감 능력은 사실 땀을 흘리며 노력해야 한다. 같이 눈물을 흘리며 기도할 때 하나가 된다. 피를 흘릴 정도로 한 영혼을 위해, 한 공동체를 위해 헌신할 때 서로 공감하며 하나가 되는 것이다.

리더가 갖추어야 할 12가지 요소 9 | **지력**

아홉 번째, 리더가 갖추어야 할 리더십 요소 중 하나는 '지력'을 통한 전문성이다. 자신의 분야에 스페셜리스트(specialist), 전문가가 되어야 한다. 예를 들어 노래하는 사람이라면 자신의 이름이 거론되지 않고는 안 될 정도로 그 분야의 전문적인 탁월성이 있어야 한다.

몇 년 전 CCM 가수를 초청해 20분 공연을 하였다. 그때 1,000만 원을 지급했다. 1분당 50만 원씩 지급한 것이다. 그 CCM 가수에게 그렇게 큰 비용을 지급 하는 이유가 무엇인가? 그 가수는 한 곡을 연습할 때 만 번을 부른다. 가사를 보면서 노래하지 않는다. 자기 분야의 전문가로 노래를 자신의 것으로 소화하여 부른다. 각 곡의 느낌과 의도를 파악하고 가슴 깊이 부른다.

외국에서 산 적도 없는데 영어로 자연스럽게 인터뷰를 한다. 외국에 10년, 20년 산 사람보다 더 잘 한다. 중국어도 잘한다.

어느 날 간증을 들었는데 새벽 3시에 일어나서 중국어로 두 시간 Q.T.를 하고, 5~7시까지 영어 Q.T.를 한단다. 하나님이 주신 재능을 영어와 중국어로도 간증하고 노래하도록 준비한 것이다. 그렇게 준비가 되자 미국 NBA에서도 노래를 불렀다. 어떻게 그게 가능했을까? 준비되었기 때문이다.

연구하는 사람이든 예술을 하는 사람이든 각자 자기 분야에서 스페셜리스트(specialist), 전문가가 되어야 한다. 그러나 21세기 리더는 제너럴리스트(generalist)로 어느 정도 다른 분야에 대해서도 알아야 한다. 21세기를 통합의 시대라고도 하는데 자신의 분야와 다른 분야를 연결할 수 있어야 한다.

옛날에는 독서를 할 때 I-reading을 하였다. I-reading은 자기 분야와 전공 분야만 관심을 두고 읽었다. 현대는 H-reading으로 바뀌었다. 음악을 하는데 자신의 분야와 다른 미술 분야 책을 읽는다. 그러면서 자신의 분야 'I'와 다른 분야 'I'를 연결하여 'H'형 리딩을 통해 더 생산적인 결과물을 내놓는다.

예를 들어, 현대에는 미술만 잘해서는 안 되었다. 미술을 하는 사람은 철학적으로 해석해내고 프레젠테이션을 잘해야 한다. 그림을 그리고 나면 얼마나 잘 설명하고 전달하느냐가 관건이었다. 그림은 잘 그렸는데 "모릅니다, 그냥 느낌으로 그렸습니다!" 이렇게 말하면 그림은 잘 그렸는지 몰라도 소통의 부재로 그 가치를 전혀 풀어내지 못하는 화가로 인식되었다.

21세기는 X reading을 해야 한다. X-reading은 무작위로 읽는 것이다. 자신의 분야와 상관 없는 분야도 읽는 것이다. 건축하는데 음악에 대한 글을 읽고, 천문학을 전공하는데 지질학에 관한 글도 읽어 나가는 것이다. 이런 과정을 통해서 새로운 것을 creative 하게 재창조하는 것이다.

지력을 갖추고 전문성을 갖기 위해서는 다양한 경험이 필요하다. 무엇보다 책을 읽은 뒤에는 기록해야 한다. 1년에 책을 10권 정도 낼 수 있었는데 그런 이유는 자료를 정리해 두었기 때문이다.

나는 설교와 강의를 할 때마다 녹음한다. 스스로 어느 곳에 가서 메시지를 나눌 때도 녹음을 한다. 여러 번 강의한 것을 다시 듣고, 나중에 보완한다.

이 리더십 강의도 여러 곳에서 다양한 사람들을 대상으로 했다. 대전에 육군, 해군, 공군이 연합되어 있는 계룡부대에서 군 장교들과 교회 교사들에게 나누었다. Next 세대 Ministry 세미나 때 서울, 대전, 부산, 광주에서도 강의했다. 평신도 리더들 모임에 초청을 받아 여러 곳에 가서 나누었다. 주일학교 교사들에게도 나누었다. 장소와 대상에 따라 강의가 조금씩 달랐다. 이런 강의들을 취합해서 다시 업그레이드한다.

그럴 때마다 녹음하고, 기록을 하므로 이 내용을 책으로도 낼 수 있는 것이다. 요즘은 매일 아침 묵상한 말씀을 기록하고, SNS에 나눈다. 1년이면 365개 묵상 노트, 3년이면 1,000개의 묵상 노트를 갖게 된다. 설교와 강의 때 큰 도움이 될 것이다. 이 모든 것이 가능한 것은 기록을 하기 때문에 그렇다.

사역하면서 기록을 하고, 자료를 모았다. A4사이즈로 180페이지 정도의 청년 사역 매뉴얼이 작성되었다. A4사이즈로 167페이지 정도로 매뉴얼을 정리하여 필요하다고 하는 분들 3,500여 명에게 나누었다. 영어에배 자료도 3,500여 명에게 나누었고, 양육시리즈 내용은 6,500여 명에게 나누었다. 기록하고, 자료를 정리하였기 때문에 나눌 수 있었다.

올해는 기도양육교재를 나눌 것이다. 사실, 작년에 나누려고 하였는데… 늦어지고 있다. 올해는 꼭 나눌 것이다.

설교할 때, 혹 짧은 강의를 나눌 때도 기록하고 나누어야 한다. 머릿속에 떠오르는 이런저런 생각을 모아서 순금이 묵상 시리즈로 나누고 있다. 사역적 내용은 Next 세대 Ministry 페북에서 나누고 있다.

유학 시절에 했던 설교를 본 적이 있다. '아, 내가 이렇게 설교했나?' 깜짝 놀랄 때도 있고, '아, 이렇게밖에 설교 못했나?' 실망할 때도 있다. 이렇게 감사하기도 하고, 실망하기도 한 것은 기록하였기 때문이다. 자신의 분야에 전문성을 가지고, 그 내용을 나누려면 머릿속에만 가지고 있지 말고, 기록하고 더 나누고, 업그레이드도 해야 한다.

자신의 분야에 전문가가 되었다고 하더라도 한 가지 더 노력해야 할 것이 있다. 바로, 다른 전문가들과 함께하려는 노력이다.

최근에 나온 '블랭크'라는 기업이 있다. 블랭크라는 기업은 몰라도 '악어발팩'은 들어보았을 것이다. 악어발팩, 마약 베개 이런 것을 만드는 회사가 블랭크이다. 30대 초반의 사장이 만든 회사로 1년 매출액이 1,500억 이상이다. 이 기업은 물건만 열심히 만들지 않았다. 사람들이 필요할 것 같은 물건을 더 잘 업그레이드 시켜 만들고, 1분짜리 영상광고를 통해 페이스북이나 인스타에다가 올려 구매하도록 했다. 예를 들어, 각질 제거를 원하는 사람들이 많다는 것을 알고 '악어발팩' 제품을 9,800원에 내았다. 그런데 놀랍게 141만 개를 팔았다. 엄청난 금액을 벌었다. 마약 베개도 마찬가지로 대박을 터트렸다.

지금은 직원이 100명이 넘는다. 30대 초반의 사장은 더 많은 전문가를 모집하고 있고, 그 전문가들에게 더 많은 혜택을 주고 있다. 매달 200만 원씩 적금을 2년 동안 넣어 준다. 2년 후 만기가 되면 4,800만 원의 통장을 쥐어 준다. 전세금과 집 자금을 1억, 2억을 대출해 준다. 그래서 회사 근처로 올 수 있도록 한다. 그리고 상당한 성과급을 준다. 1년에 매출이 올라가면 매출이 올라가는 대로 보너스를 더 준다.

젊은 사장님의 꿈은 세계에서 제일 좋은 유치원을 만들어서 직장에 오는 사람들이 아기를 안전하게 맡기고 하루 종일 편하게 일할 수 있게 하는 것이다. 그리고 해외에 여행할 수 있는 여행 티켓을 주면서 쉬게 하는 것이다. 전문가를 정말 귀하게 보는 사람이다. 그 사장도 대단하지만 전문가를 아주 귀하게 여기다보니 회사는 더 성장하고 있다. 마찬가지로 공동체는 이런 노력을 해야 한다. 정말 한 분야에 전문가를 놓치지 않으려고 노력해야 한다. 그럴 때 더 풍성한 열매를 맺는다.

자신이 전문적인 지식을 가지고 있고, 전문가가 되었더라도 협력하지 못하고, 다른 전문가와 함께 하지 못하면 멀리 가지 못한다. 더 풍성한 열매를 맺지 못한다.

리더가 갖추어야 할 12가지 요소 10 | 심력

열 번째, 리더가 갖추어야 할 요소 중 하나는 '심력'이다. 리더로 섬기면서 제일 어려운 게 무엇인가? 바로 자격이 있는지에 대한 고민, '자격지심'이다.

리더라면 누구나 본인이 정말 잘하는지 고민한다. 그런 가운데 누가 이런 말을 하면 상심하게 된다. "야, 넌 리더 같지도 않은데 리더니?" 이런 말을 들으면 아주 완벽히 잘하는 리더도 속으로 이렇게 반응하게 된다. "그래! 나 그만둔다. 오늘부로 내려놓지 뭐! 내가 왜 저런 소리를 들어야 해?"

21세기 리더들은 과거보다 많은 교육을 받았다. 신체적인 조건도 훨씬 좋다. 그러나 부족한 것이 있다. 바로 심력이 약하다는 것이다.

어떤 사람은 지나가는 화살을 부여잡고 자기 가슴에 딱 꽂고 이렇게 말한다. "나는 상처의 화살에 꽂힌 거야! 너는 쏜 것이고!" 쓴 말, 상처 나는 말이 지나갈 때 맞지도 않은 화살이 스쳐 지나갔다고 하면서 상처받았다고 한다. 그날과 그 시간을 잊지 못한다. 밤에 잠을 자지 못한다.

리더일수록 한 명이 한 말과 행동 그리고 생각에 민감하다. 특히 설교자는 아무리 수많은 사람이 설교를 잘한다고 해도 수백 명 혹 수천 명 중 한 사람이라도 설교가 별로라고 하면 힘들어한다.

설교자는 100명 중 99명이 "목사님 설교는 너무 좋아요." 해도 딱 한 사람이 부정적으로 한 말이 가슴에 남는다.

어느 날 설교를 한 후 A4로 4페이지짜리 편지를 받았다. 그 편지에는 내 설교에 대한 본인의 생각을 담아 놓았다. 이런저런 부분에 부족한 면이 있다는 내용이었다. 황당한 이야기들로 가득 차 있었다.

편지에 아무런 반응을 하지 않았다. 그러자 그 친구가 SNS 계정을 만들어 접근해 왔다. 자신의 편지를 받았는지, 어떻게 생각하는지 알려달라는 것이다. 몇 가지 이야기를 주고받았다. 공개적으로 SNS상에서 대화도 했다. 그러던 중에 그 지체가 묻고 싶다는 내용이 있었다. 이런 질문이었다.

"목사님은 정말 예수님이 우리의 죄를 속죄한 사실을 믿으십니까?"

너무나 황당하였다. 태신자 초청 집회를 1년에 6번 이상을 하면서 수없이 복음 설교를 하였다. 그런데 담당 교역자에게 하는 질문이 정말 내가 예수님의 대속 사실을 믿고는 있는지에 대한 질문이었다.

이 지체의 편지 속의 수많은 의혹은 설교자인 나 자신을 자괴감에 빠지게 했다. 쓴 약이 되기는 했지만 잠시 힘겨운 시간을 보내게 되었다.

나란 사람은 스트레스를 잘 받지 않는 사람이다. 그런데 같은 곳에서 예배를 드리는 지체가 설교자가 예수님의 대속을 믿고 있는지 의심하며 들었다고 생각을 하니 설교 중에도 가슴이 답답했다. 속으로 '에이, 그만 둬야겠다. 설교고 뭐고. 마음에 안 든다는데…뭘 더 해?' 이런 말을 내뱉었다. 설교하기 전에 수많은 젊은이가 설교를 기대하고 있음에도 불구하고 그 한 사람이 말한 내용이 머리와 가슴에 남게 되었다. 설교 준비하기가 싫었다. 예전에는 주일이 끝나면 설교를 준비했는데 '준비해봤자 뭐 설교 안 좋다고 그러는데 뭐해.' 이런 생각이 드니 기쁜 마음도 없고, 설교 준비를 하는 것이 예전 같지 않았다.

한 교회에서는 재정을 횡령한다고 의심을 받아 조사를 받기도 했다. 그런 일이 없어 문제는 없었다. 이렇듯 리더로 섬긴다는 것이 늘 존경을 받고, 다 이해해 주는 자리는 아니다.

나는 대부분의 교회에서 몇 년간은 섬겼다. 한 교회에서 10년을 섬기

기도 했다. 그러나 버텨내야 할 상황에서 자리를 지켜 내기가 쉽지 않은 때도 있었다.

모든 리더는 강해야 한다. 그러나 대부분 리더는 한 사람의 생각, 말, 행동으로 쓰러질 수 있다. 강한 척하지만, 막상 심력이 강한 리더는 많지 않다. 지력과 영력이 있어도 심력이 약한 리더는 한자리에서 오래 버티지 못한다.

벌꿀오소리는 세계 기네스북에 가장 겁 없는 동물 중 1위로 등재되어 있다. 벌꿀오소리는 사자한테 길을 비켜 주지 않는다. 치타랑 싸우려고 한다. 덩치 큰 코끼리도, 키가 큰 기린도 겁내지 않는다. 고슴도치가 와도 피하지 않는다. 싸우다가 가시가 박혀도 저벅저벅 갈 길을 걸어간다. 코브라를 무서워하지 않는다. 코브라에 물려 독이 몸에 퍼져 쓰러진다. 그러나 6시간 뒤에 다시 일어나서 코브라와 또 싸운다. 마침내 코브라를 물어뜯어 먹어 치운다. 벌꿀오소리라는 별명대로 벌집을 좋아한다. 벌집 한가운데에 손을 집어넣고 꿀을 먹는다. 혀로 핥아먹는다. 혀에다가 침을 쏘아도 상관하지 않는다. 입안에 벌이 들어와도 신경 쓰지 않는다. 꿀을 먹기 위해서는 감내하고, 애벌레까지 먹는다. 이렇게 할 수 있는 것 무엇 때문일까? 벌꿀오소리는 독을 해독할 수 있다. 그래서 견뎌내는 것이다.

리더라면 자체적으로 독을 해독할 수 있어야 한다. 상처가 났다고 길을 멈추고, 겁에 질려 포기하면 안 된다. 리더는 벌꿀오소리처럼 강해야 한다.

리더가 갖추어야 할 12가지 요소 11 | **체력**

열한 번째, 리더가 가져야 할 요소 중 하나는 체력이다. 한창 젊을 때, 체력이 영력이라는 말을 들었다. 그 당시에는 그 말이 무슨 뜻인지 몰랐다. 그러나 나중에 풀타임으로 섬길 때 체력이 얼마나 중요한지 알게 되었다.

젊은이들에게 새벽을 깨우라고 수없이 외쳤다. 지금 새벽을 깨우지 못하면 평생 새벽을 깨울 수 없다고 외치고 외쳤다. 적지 않게 반응을 하기도 하지만 얼마 가지 못한다. 나중에 젊은이 중 상당수가 새벽에 일어나는 것이 쉽지 않음을 알게 되었다. 요즘 젊은이들은 젊은이들이 아니다. 상당수는 노인대학에 다니는 사람처럼 체력이 약하다. 눈동자에는 힘이 없고, 원기 왕성한 사람은 많지 않은 듯하다. 젊은이들도 체력을 키워야 한다. 교역자 중에도 건강이 좋지 않아 새벽예배를 못 나오는 경우가 상당수다. 새벽에 나와도 졸다가 가는 사람들이 적지 않다. 비몽사몽 간에, 환상 중에 있다가 집에 들어가 다시 잠을 자는 사람들이 많다.

리더로 서려면 일찍 일어나기도 해야 하지만 기본적으로 체력이 있어서 낮에도 해야 할 일을 감당할 수 있어야 한다. 체력이 국력이라고 하는데, 체력이 있어야 어떤 일이든 주저하지 않게 된다. 해야 할 일이 당장 눈앞에 보여도 건강이 좋지 않으면 마음은 원이로되 육신이 약해서 시작조차 하지 못하는 경우가 있다.

무브먼트 운동을 일으키려면 규칙적으로 운동을 하는 사람이라야 가능하다. 특히, 비전을 이루는 삶은 단거리 경주가 아니다. 길게 보고 달려야 할 마라톤과 같다. 주님께서 주신 비전과 사명을 성취하기 위해서는 건강을 챙기고, 근육을 만들어야 한다. 수많은 사람이 근력이 달리고, 몸에 근육이 없다. 그래서 쉬고 싶어 한다. 근육은 운동을 해야 단단해진다. 가만히 놔두면 점점 빠진다. 나중에는 서 있는 것 자체가 어렵게 될 수 있다. 팽이는 언제 서 있을 수 있는가? 빙글빙글 돌 때 팽이는 서 있을 수 있다. 한 사람이 제대로 영적으로 서 있으려면 가만히 있어서는 불가능하다.

어떻게 하면 잘 감당하고, 선한 열매를 많이 맺을 수 있을까? 20대와 30대에 몸을 잘 만들어야 40대와 50대 잘 섬길 수 있다. 40대와 50대 건강을 챙기며 운동해야 60대와 70대 진짜 많은 것을 감당할 수 있다. 진짜 일할 때는 20대, 30대가 아니다. 40대, 50대에 일을 많이 한다. 60대, 70대에는 더 중요한 자리에서 섬기게 된다.

요즘 젊은이 중 몸이 안 좋아 병원 다니는 사람들이 상당수 있다. 아프다고 사람들에게 말하지도 못한다. 결혼 전에 어디 아프다고 하면 괜히 허약한 것처럼 보이기 때문이다. 이러다 보니 드러내놓고 기도 제목을 말하지도 못하는 경우가 있다. 건강을 챙기고, 새벽에 기도도 하고, 책도 읽고, 하루를 열어야 한다. 아침부터 피곤해하고, 밤에도 체력이 저조해 이런저런 해야 할 것도 뒤로 미룬 채 하루를 마감하는 사람은 영향력 있는 리더의 자리를 지키기 어렵다.

나도 청년 사역을 하면서 건강을 잃기 시작했다. 청년 사역을 갓 시작했을 때 검진을 받았었다. 그때는 건강이 좋았다. 그러나 청년 사역을 한 2년 뒤에 다시 건강 검진을 받을 때는 상황이 달라져 있었다. 콜레스테롤, 지방간, 신장, 혈압 등 다 좋지 않게 나왔다. 위장은 하루에 여러 잔 마시는 커피로 안 좋아졌다. 그 뒤로 하루에 1-2잔으로 커피를 줄이고, 조금 더 운동하고, 살으려고 아등바등하기 시작하였다.

건강은 건강할 때 챙겨야 한다는 말을 우리는 모두 알고 있다. 알지만 잘 안 된다. 감기만 걸려도 자신을 위해 밥 먹는 것조차 귀찮고, 하고 싶지 않기 마련이다. 그러나 건강은 꼭 챙겨야 한다. 리더의 몸은 자신의 것이 아니기 때문이다. 자신의 체력도 잘 관리하지 못하는 자가 공동체를 잘 관리하고 성실히 섬기기란 쉽지 않다.

리더는 공동체의 근심과 걱정거리가 아니라 건강한 육체를 가지고 공동체 지체를 챙겨야 한다. 근심과 걱정으로 시름시름 아파하고 쓰러져 있는 지체를 일으켜야 한다. 리더가 건강해야 가슴 뛰게 하는 비전을 생각만 하고 포기하거나 자꾸 뒤로 미루지 않는다.

편하게 차만 타고 다니기보다 불편하더라도 대중교통을 이용하며 걷고, 엘리베이터를 타고 편하게 올라다니기보다 힘들지만 조금 불편하더라도 걸어 올라 다녀야 한다. 많이 먹기보다 조금씩 절제하여 살을 빼고, 날렵하게 주어진 일을 섬겨야 한다.

리더가 갖추어야 할 12가지 요소 12 | **실력과 겸손**

마지막 열두 번째, 리더에게 필요한 것은 '실력과 겸손'이다. 리더가 실력만 갖춘다고 리더십을 탁월하게 유지하는 것은 아니다. 대단한 능력만큼 겸손함이 없으면 오히려 팔로워의 마음에 큰 짐을 지워주는 것과 같다.

존 맥스웰은 5가지 리더십을 말할 때 실력 있는 리더십을 세 번째 단계의 리더십으로 본다. 첫째는 직위를 통해 일하는 리더십, 둘째는 관계를 통해 일하는 리더십, 세 번째가 바로 실력을 통해 일을 성취하는 리더십이라고 한다. 그런데 이 세 번째 리더십을 가진 자가 조심해야 할 것이 있다. 바로 겸손하게 일하는가이다.

자신의 능력과 재주만 믿고, 함께 하는 사람들 앞에 겸손하지 못하면 멀리 가지 못한다. 그래서 실력과 함께 겸손이 필요하다.

실력은 어떻게 극대화되는가? 주어진 달란트를 극대화할 때 일어난다. 대부분 사람들은 자신이 무엇을 잘하는지 모를 때가 있다. 다른 사람들의 장점은 잘 보지만 정작 자신의 달란트와 재능은 무엇인지 인지하지 못한다. 그래서 다른 사람들이 잘하는 것을 자신도 해 보려고 노력한다. 정작 자신의 특기는 살릴 생각을 하지 못한다.

자신의 특기를 알고, 잘 살려야 한다. 자신이 못하는 것은 분명 어느 정도 신경이 쓰인다. 그러나 거기에만 온 신경을 쏟아서는 안 된다. 정말 더 신경을 써야 할 것은 오히려 잘하는 부분을 더 가다듬고 더 영향력 있도록 준비하는 것이다. 그것을 통해 섬기며 경험을 쌓고, 전문적으로 쓰임 받도록 해야 한다. 예를 들어 음식을 잘하는 사람은 음식에 대해 배우고, 만들어 보는데 시간을 투자해야 한다. 아울러 사람들의 평가도 듣고 더 잘 만들도록 노력을 아끼지 않아야 한다. 그런데 요리사가 노래를 잘 부르기 위해 시간, 재정, 열정을 쏟느라 요리에 신경을 쓰지 못하게 되면 문제가 되지 않겠는가?

목회자 중에도 이런 경우가 있다. 목회가 주가 아니라 다른 것이 주가 되는 것이다. 목회자 이중직에 찬성이다. 바울도 텐트 메이커로 텐트를 만들어 팔고, 재정적 기반을 통해 섬겼다. 그러나 여기서 주의해야 할 것이 있다. 바울이 텐트를 만들었던 이유는 복음과 선교를 위한 것이었다. 텐트를 통한 이윤 자체가 아니었고, 텐트를 만드는 데 온 신경을 쓰지 않았다. 이중직을 할 때 조심해야 할 부분이 있다. 이 부분은 비즈니스 선교를 할 때도 주의해야 하는 부분이기도 하다. 선교를 위해 비즈니스를 하는 것인지 비즈니스를 위해 선교지에 있는 것인지 고민해야 한다.

터키에 단기선교를 간 적이 있다. 거기 선교사님 중 한 분을 만나고 싶었다. 그분은 현지에서 여행사를 운영하고 계셨는데, 너무 바쁜 나머지 단기선교팀이 갔지만 선교사님의 얼굴을 볼 수가 없었다. 그 당시 충격이었다. 선교를 위해 여행사를 하는 것인지…여행사를 운영하기 위해 선교지에 있는 것인지 의문이 들었다. 아무리 실력이 좋고, 여행사를 운영하며 이윤을 많이 남긴다 해도 무엇을 위한 이중직인지 정직하게 고민해야 한다.

실력을 키우기 위해서는 꾸준한 노력이 필요하다. 탁구는 부수가 있다. 6부에서 1부까지 실력에 따라 부수가 주어진다. 시합에 나가서 이겨야 부수를 얻게 된다. 5부에서 4부로 올라가기란 여간 어려운 것이 아니다. 보통 2-3년은 꾸준히 레슨을 받아야 부수를 올릴 수 있다. 실력을 갖추는 것은 땀을 흘리고, 때론 눈물도 흘려야 한다.

리더십의 급수를 올리는 것도 그렇다. 땀을 흘리고, 다른 사람이 모르게 눈물 흘리는 시간이 있다. 때론 공동체를 위해서 피도 흘려야 한다. 그럴 때 성숙해져 가고, 리더십이 생긴다. 리더십이 더욱 성숙해질 때 그런 리더를 따르는 성숙한 리더들이 따라서 오게 된다. 탁구 관장이 되려면 3부는 되어야 한다. 그런데 3부 정도 되는 관장이 탁구장을 오픈하면 3부, 2부, 1부가 오지 않는다. 4부, 5부, 6부 이런 사람들이 와서 배운다. 관장의 실력에 따라 배우러 오는 사람들의 수준이 다른 것은 당연하다.

탁구 관장님이 1부 혹 선수 출신이면 이야기가 다르다. 2부, 3부, 4부가 와서 한 번이라도 관장님과 치고 싶어 한다. 관장님이 치는 탁구를 보기만 해도 감탄을 하면서 즐거워한다. 리더는 단지 겸손하기만 해서는 안 된다. 자기 실력도 키우고, 다른 사람을 제대로 가르치고, 인도해 주어야 한다.

소그룹 모임에 참석하지 않는 멤버가 있는 경우가 있다. 소그룹 리더는 모임에 나오지 않는 멤버가 개인적으로 문제가 있고, 공동체에 마음이 없는 것 같다고 한다. 그러나 그런 사람을 개인적으로 만나 이야기를 들어보면 다른 것을 얘기할 때가 있다. 소그룹 리더가 리딩을 잘하지 못해서… 시간 낭비인 것 같아서… 예전에 사귀던 사람 이야기를 너무 자주 해서… 등 여러 이야기를 한다. 리더가 팔로워의 수준도 안 되면 팔로워는 고민하기 시작한다. 계속 나올 것인지 아니면 소그룹 모임은 그만 나오고 예배만 드릴 것인지 생각한다. 리더의 수준이 어느 정도 되느냐에 따라서 팔로워의 수준이 달라진다.

텐트의 모서리쪽 4개의 기둥보다 가운데 기둥은 더 높아야 한다. 그렇지 않은 텐트에 들어가게 되면 왠지 답답하다. 불편하다. 리더십도 그렇다. 리더의 수준이 높고, 성숙한 만큼 팔로워들은 안정감을 느끼고, 행복하다. 진정한 리더가 되기 원하면 자신의 수준을 올려야 한다. 한 수, 한 단계, 한 등급 올리기가 쉽다고 말하는 것이 아니다. 리더는 태어나는 것이 아니라 만들어지는 것이다. 상당한 노력을 해야 한다. 그렇지 않으면 리더십은 절대 나올 수 없다. 리더십이 주어지더라도 교만하면 안 된다. 익은 벼가 고개를 숙이듯 실력 있는 지도자일수록 겸손해야 한다.

사람들에게 더 인정을 받기 위해서 겸손한 것이 아니라 주님 앞에 인정을 받기 위해 그렇게 해야 한다.

여호와께서 겸손한 자들은 붙드시고 악인들은 땅에 엎드러뜨리시는도다

(시편 147:6)

Chapter 2

습관:
기적을 낳는 힘

???

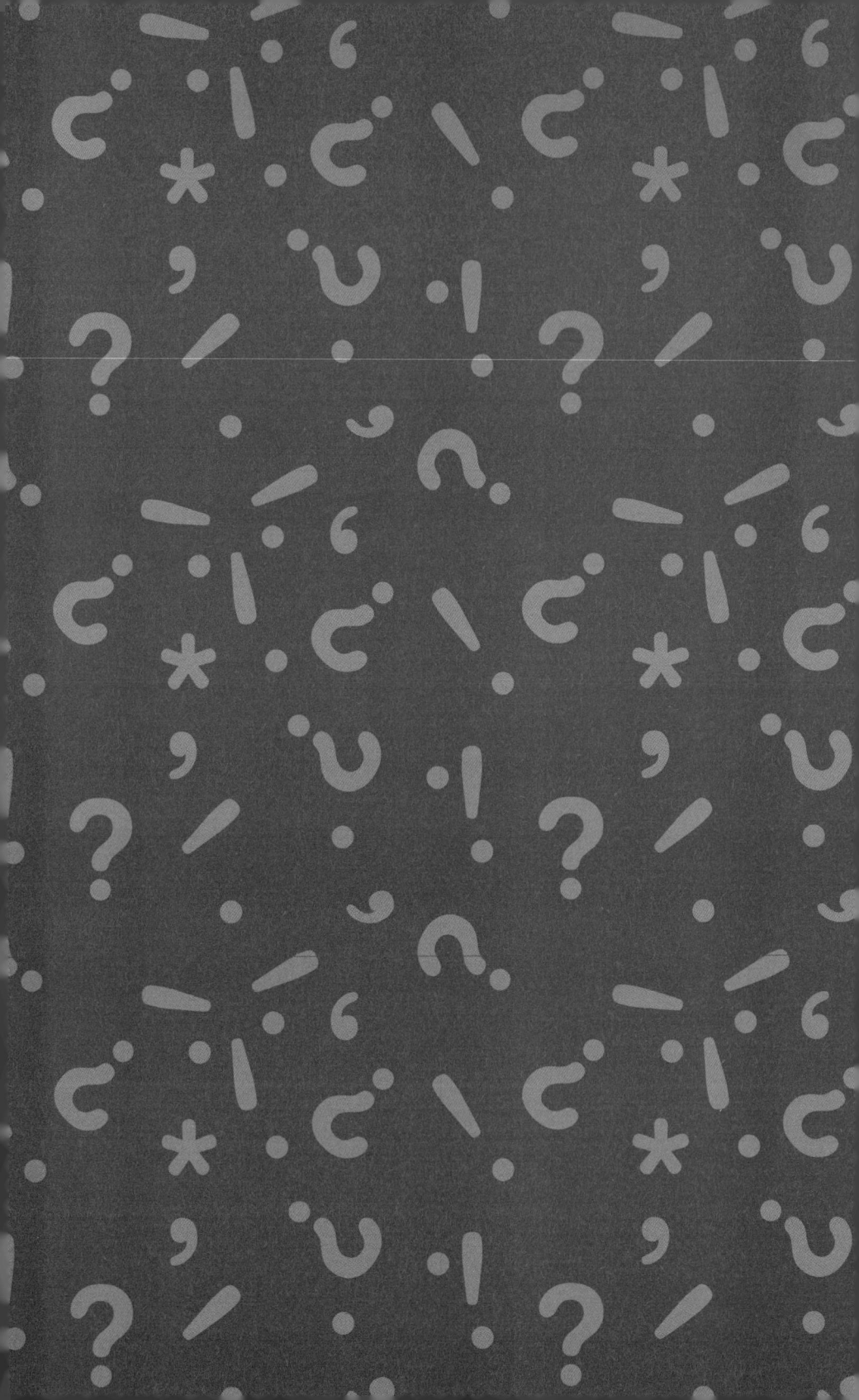

습관의 힘을 아는 리더가 되라!

기적은 멀리 있지 않다

인생에서 기적을 원하는가? 늘 그저 그런 삶에서 벗어나 남들이 부러워하는 멋진 삶을 살고 싶은가? 늘 무엇인가에 쫓기는 듯한 삶에서 벗어나 상황을 주도하는 그런 삶을 살고 싶은가? 날마다 죄를 짓고 반복하고 회개하는 그런 패배적인 삶에서 벗어나 하나님의 인정을 받고 승리하는 삶을 살고 싶은가?

그러한 삶의 모든 변화의 열쇠는 바로 개인의 습관에 달려 있다. 기적은 먼 곳에 있지 않다. 생각보다 가까운 데 있다. 바로 자신의 습관을 바꾸는 데 있다. 오비디우스는 "습관보다 더 강력한 것은 없다"고 했다. 일상적인 행동의 90퍼센트는 습관을 바탕으로 한다. 우리가 매일 행동하는 것의 대부분은 습관에서 출발한다. 모든 사람은 좋은 습관과 나쁜 습관을 갖고 있다. 따라서 우리의 삶을 효과적으로 변화시키는 유일한 방법은 나쁜 습관을 좋은 습관으로 바꾸는 것이다.

기억하라. 성공한 사람과 보통 사람의 차이는 지능이나 재능, 능력이 아니라 습관의 차이이다. 미국 시카고 대학교의 벤자민 블룸박사는 유명한 학자와 예술가, 운동선수를 대상으로 5년 동안 조사를 했다. 블룸 박사팀은 이들의 성공 요인, 즉 평범한 사람과 구분되는 특성을 찾아내고자 했다. 연구 결과에 따르면 성공을 이끈 중요한 요소는 타고난 재능이나 능력이 아니라 좌절과 실패에도 불구하고 끊임없이 노력하는 습관이었다.

좋은 소식이 있다. 우리는 나쁜 습관을 효과적으로 고칠 수 있으며, 더 나아가 성공적인 인생을 위해 좋은 습관을 길들이는 방법을 배울 수도 있다. 얼마나 좋은 소식인가! 오그 만디노는 다음과 같이 이야기했다. "진실로, 실패한 사람과 성공한 사람의 차이는 단지 그들의 습관에 있다. 좋은 습관은 모든 성공의 열쇠이다. 나쁜 습관은 실패로 가는 문이다. 그러므로 무엇보다 우리가 지켜야 할 제1 법칙은, 좋은 습관을 만들어 좋은 습관의 노예가 되는 것이다."

습관의 힘

〈성공하는 사람들의 일곱 가지 습관〉이라는 초대형 베스트셀러가 있다. 이 책의 제목이 시사하는 바가 무엇인가? 그것은 바로 성공하는 사람과 그렇지 못한 사람을 구분하는 것은 바로 습관에 달려 있다는 것이다.

잭 핫지는 그의 책 〈습관의 힘〉에서 우리의 행동은 무의식의 세계에서 이미 프로그램되어 있다고 이야기한다. 즉 우리가 무의식적으로 습관을 통해 반복적으로 하는 일이 우리 삶의 대부분을 결정한다는 것이다. 그러므로 우리가 어떤 습관을 지니고 있느냐 하는 것은 대단히 중요하다. 이규경라는 분이 〈습관〉이라는 아주 짧은 시를 썼다. 그 의미는 엄청나다.

"어떤 이가 작은 습관을 하나 만들었다. 그는 그것을 늘 끌고 다녔다. 그 습관이 자라서 큰 습관이 되었다. 그는 지금 그 큰 습관에 끌려다닌다."

위대한 사람과 평범한 사람의 차이는 결국 습관의 차이이다. 이런 말이 있다.

"생각이 바뀌면 행동이 바뀌고, 행동이 바뀌면 습관이 바뀌고, 습관이 바뀌면 성품이 바뀌고, 성품이 바뀌면 운명이 바뀐다."

모든 것은 생각으로부터 시작된다. 생각이 행동이 되어야 하고 이 행동이 습관으로 굳어져야 한다. 그리고 그 습관이 성품이 될 때 운명이 바뀌는 것이다. 그러므로 우리는 인생의 모든 성공과 실패는 습관이 결정한다는 사실을 기억해야 한다. 좋은 습관은 어렵게 형성되지만, 성공으로 이끌고, 나쁜 습관은 쉽게 형성되지만, 실패로 이끈다.

몸의 건강도 습관과 많은 영향이 있다. 몸의 건강을 유지하는 습관은 크게 보면 두 가지인데 먹는 습관과 운동습관이다. 내가 어떤 것을 먹는가 하는 것은 나의 건강과 밀접하게 관련이 있다. 그러므로 좋은 음식을 먹는 습관을 지키는 것은 수많은 질병을 예방하는 지름길이다. 많은 사람이 야식을 먹는다. 이런 사람들은 야식을 먹는 습관으로 자신도 모르게 아랫배가 나오고 살이 찐다. 몸을 망친다. 뭐 그렇다고 그 사람이 엄청나게 크게 몸을 망치는 일을 한 것이 아니다. 그저 꾸준히 야식을 먹은 것뿐이다. 그러나 이런 일이 쌓이고 쌓이면 엄청난 결과를 가져오게 된다. 습관의 무서운 힘이다.

일본의 유명한 의사 중에 신야 히로미란 분이 있다. 이분은 위장 전문의인데 이분에게 진료받은 환자들의 암 재발률이 0%가 나온 것으로 유명하다. 그만큼 대단한 명의이며 레이건 대통령 의학 고문을 지냈다. 손정의 같은 유명한 분의 주치의이기도 하다. 이분이 쓴 〈병 안 걸리고 사는 법〉이라는 책에 보면 이런 이야기가 나온다. 우리가 보통 나이가 들면 생기는 질병들을 '성인병'이라고 부르는데 이분은 성인병을 '생활습관병'으로 고쳐 부르자고 주장한다. 그 이유는 이러한 병들이 성인이 된다고 생기는 것이 아니라 잘못된 식생활 습관으로 인하여 생기는 것이기 때문이라는 것이다. 일리 있는 말이다

우리 삶에 있어서 습관은 이토록 중요하다. 습관은 결국 생활 전반에 막대한 영향을 끼친다. 우리가 평소에 어떤 음식을 먹는가? 하루 스케줄을 어떻게 잡는가? 누구를 만나고 사는가? 평소에 무슨 생각을 하고 사는가 하는 것이 그래서 굉장히 중요하다. 언젠가 인터넷에 보니까 〈남자를 망치는 10가지 습관〉이라는 내용이 있었다. 웃고 넘어갈 수 있으나 참 일리가 있는 말이라는 생각이 들어 잠시 소개한다.

남자를 망치는 10가지 습관

1. 도박하는 습관

2. 바람 피는 습관

3. 폭음하는 습관

4. 허풍 떠는 습관

5. 흡연하는 습관

6. 보증서는 습관

7. 거짓말 하는 습관

8. 쉽게 포기하는 습관

9. 입에 욕을 달고 사는 습관

10. 무분별하게 카드 사용하는 습관

새겨보면 새겨볼수록 공감이 간다. 별것 아닌 것 같지만 이러한 습관들이 쌓이면 이로 말미암아 그 사람의 인생은 내리막길을 걷게 된다. 그러므로 성공적인 인생을 살기 위해서는 좋은 습관들을 발전시켜 나의 것으로 삼고 몸에 완전히 배도록 해야 한다.

그렇다면 좋은 습관으로는 어떤 것이 있는가? 약속을 잘 지키며 약속시간에 늦지 않는 것은 좋은 습관이다. 중요한 사람과 커뮤니케이션을 효과적으로 하기 위해 상대방으로부터 카톡이나 문자를 받으면 즉시 답장을 하는 것도 이에 속한다. 과제나 일을 미루지 않는 것도 좋은 습관이고, 상대방과 눈을 마주치며 대화하는 것도 좋은 습관이다. 감사 표시를 그때그때 하는 것 또한 좋은 습관이다.

무엇보다 거짓말을 하지 않는 것은 매우 중요하다. 진실한 말과 행동을 하는 것은 인생을 성공하게 하는 중요한 습관이기 때문이다. 이러한 것들이 하나하나 쌓이고 습관이 되고 생활방식으로 굳어지면 마침내 그 사람은 자연히 좋은 평판을 얻게 되고 성공적인 인생을 살게 되는 것이다. 그러므로 우리 인생에 있어서 좋은 습관을 개발하는 것은 무엇보다 중요한 일이다.

어렵게 애굽을 탈출하게 된 이스라엘 백성들은 광야에서 다 죽었다. 왜 그랬을까? 그것은 감사하는 습관이 없었기 때문이다. 그들은 늘 하나님을 원망하고 모세에게 불평하였다. 매번 습관적으로 그렇게 하였다. 이것은 바로 그들의 노예근성에서 나온 것이다. 400년 가까이 노예 생활을 하면서 불평하고 원망하는 것이 아예 그들의 습관이 된 것이다.

습관이란 이토록 무서운 것이다. 비록 하나님께서 그들을 애굽에서 나오게 해 주었지만, 조상 대대로 굳어온 잘못된 습관을 없애는 것은 쉬운 일이 아니었다. 그 결과 그들은 약속된 가나안 땅에 가보지도 못하고 다 죽었다. 그러므로 지금 나의 입에서 어떤 언어가 나오는지를 살펴보고 부정적인 언어가 나오면 빨리 긍정적인 언어로 바꾸어 주는 것이 중요하다.

사사기에서도 습관의 중요성이 드러난다. 사사기에 나오는 이스라엘 백성들의 모습은 반복적으로 죄를 되풀이한다. 죄를 짓고 징계를 받는다. 그러면 어서 속히 도와달라고 부르짖는다. 하나님께서는 이스라엘 백성을 위해 구원자 사사들을 보내주신다. 그래서 형편이 좀 나아지면 바로 다시 죄를 짓는다. 이런 죄의 악순환 패턴이 무려 300년 가까이 지속되는 것이 사사기의 내용이다. 바로 죄의 힘, 죄를 짓는 습관이 얼마나 강력하게 영향력을 발휘하는지 보여주는 역사적인 증거이다.

당시 이스라엘 백성은 하나님을 떠나 죄를 짓는 것이 한두 번 실수하는 그런 정도가 아니라 아예 습관이 되어 생활하는 곳곳에서 나타나게 되었다. 이것이 무서운 것이다. 또한 사사기는 나의 당대에 죄 문제를 해결하지 않으면 그 죄의 패턴이 나의 후손에게까지 내려갈 수 있음을 보여준다. 사사기에 나오는 이스라엘 백성들이 죄의 습관을 극복하지 못하자 그 죄의 습관이 무려 일곱 번의 사이클을 거쳐 자손 대대로 내려갔다.

우리는 이 땅에 살면서 알게 모르게 습관의 노예가 된다. 요즘 많은 사람이 적자에 허덕이며 살고 있다. 물론 수입이 많지 않기 때문이다. 그러나 동시에 굉장히 중요하게 살펴봐야 할 것이 있다. 많은 경우에 사람들이 빚을 지는 이유는 단순히 수입이 적어서가 아니라 잘못된 재정습관을 가지고 있기 때문이다. 단순하게 생각해서 매달 들어오는 돈보다 더 많이 쓰는 재정 습관을 지니고 있다면 당연히 빚지는 인생이 되고 파산하지 않겠는가.

우리가 잘 아는 할리우드 스타 중에 카리스마 넘치는 연기력으로 할리우드 최고의 스타로 인정받는 '니콜라스 케이지'라는 배우가 있다. 그런데 몇 년 전에 그가 지나친 '낭비벽'으로 파산 위기에 몰렸다는 기사가 나왔었다. 그는 한 해 영화 출연료로만 약 400억 원을 받는 사람이다. 하지만 지나친 낭비벽 때문에 세금을 체납해서 소유 부동산을 매각하고 극심한 재정난을 겪었다고 한다.

그의 낭비벽을 보면 엄청나다. 그는 그동안 전용 제트기를 사기도 하고, 초호화 요트를 2척이나 사는가 하면 유럽 등지에 성 3개, 바하마 군도의 섬 두 개를 사기도 했다. 차량도 무려 50대나 사들였으며 그중에 가장 비싼 것은 이란 팔레비 전 국왕이 탔던 49만 5000달러를 호가하는 람보르기니로 알려졌다. 과한 예를 든 것 같지만 아무리 돈을 많이 벌어도 자신이 버는 이상으로 지출을 하면 결국 빈털터리가 된다는 것을 알려주는 것이다.

그러므로 우리가 자녀를 키울 때, 많은 유산을 물려주는 것도 중요하지만 좋은 생활 습관을 물려 주는 것이 무엇보다 중요하다. 세 살 버릇

여든까지 간다는 속담처럼 어릴 때 자녀에게 좋은 습관을 물려주면 그것이 평생 재산이 된다. 언젠가 이런 글귀를 본 적이 있다. "하버드 졸업장보다 책 읽는 습관이 더 중요하다." 개인적으로 참 감사한 것은 다른 것은 몰라도 자녀들에게 책 읽는 습관을 길러 준 것은 참 자랑스럽게 생각한다. 이 독서의 습관이 내 자녀들에게 평생 재산이 될 것이다.

〈습관의 힘〉이라는 책을 쓴 잭 핫지는 오늘날 사람들이 수많은 세미나 서적과 비디오를 통하여 자기 계발에 대하여 배우지만 이것이 실질적인 성공으로 연결되지 못하는 이유를 설명한다. 그의 주장에 따르면 이 같은 자기 계발 자료들은 단지 성공에 필요한 정보만 알려줄 뿐 정작 성공에 필요한 것을 지속하려면 어떻게 해야 하는지에 대한 방법은 없다는 것이다.

다른 말로 하면, 성공하는 방법에 대하여 일시적으로 알고 이해한다고 해서 바로 성공으로 이어지는 것은 아니라는 것이다. 자신이 깨달은 것이 진정한 성공으로 이어지기 위해서는 성공에 필요한 요소들이 삶에 녹아지도록 하는 것이 중요하다. 결국 습관의 중요성에 대하여 강조하는 말이다. "습관은 제2의 천성이다"라는 말이 있다. 처음부터가 아니더라도 반복적인 노력을 통해 좋은 습관을 자신의 타고난 천성으로 굳어지게 만드는 것이 바로 성숙한 리더의 비결이다.

영적 습관 개발하기

수련회에서 뜨겁게 은혜받고 나서 집으로 돌아가면 일주일이 지나지 않아 옛날 생활로 돌아가는 이유가 무엇인가? 바로 과거의 습관이 남아 있기 때문이다. 그러므로 받은 은혜를 감정적인 것으로 끝내면 안 된다. 습관을 하나하나씩 바꾸어 나갈 수 있도록 의지적으로 노력해야 한다. 그래야 내 삶이 주님이 기뻐하시는 삶으로 온전히 바뀔 수 있다. 특별히 좋은 영적 습관은 이 땅에서와 저세상에서의 성공을 모두 보장해 준다. 성경에 이런 말씀이 있다.

> 망령되고 허탄한 신화를 버리고 경건에 이르도록 네 자신을 연단하라
> 육체의 연단은 약간의 유익이 있으나
> 경건은 범사에 유익하니 금생과 내생에 약속이 있느니라
> (디모데전서 4:7-8)

육체를 연단하고 훈련하는 것은 이 땅에서 살 때 큰 도움이 된다. 규칙적인 운동으로 관리하면 건강하게 노후를 맞이할 수 있다. 그러나 그것보다 더 중요한 것은 경건의 훈련이다. 경건의 훈련을 하게 되면 이 땅에서 뿐만아니라 내세에서도 큰 유익이 된다. 이 땅에서는 하나님께서 기뻐하시는 승리의 삶을 살고 천국에서는 상급을 받기 때문이다. 성경에

보면 예수님도 경건의 습관이 있었다고 이야기한다. 누가복음 22:39-42절까지 말씀을 읽어보면 다음과 같다.

예수께서 나가사 습관을 따라 감람산에 가시매 제자들도 따라갔더니 그 곳에 이르러 그들에게 이르시되 유혹에 빠지지 않게 기도하라 하시고 그들을 떠나 돌 던질 만큼 가서 무릎을 꿇고 기도하여 이르시되 아버지여 만일 아버지의 뜻이거든 이 잔을 내게서 옮기시옵소서 그러나 내 원대로 마시옵고 아버지의 원대로 되기를 원하나이다 하시니

(누가복음 22:39-42)

이 내용을 보면 예수님은 기도하는 습관이 있으셨다. 예수님은 감람산으로 기도하러 가셨는데 어쩌다 한 번씩 가신 것이 아니라 습관을 따라가셨다. 이는 예수님께는 기도가 습관이었음을 의미한다. 우리도 예수님처럼 우리 삶에서 영적인 습관들을 계발해야 한다. 예수님처럼 기도하는 습관, 성경 보는 습관을 길러야 한다. 예수님께서 사탄에게 유혹을 받을 때 말씀으로 물리치신 것을 보면 평소에 하나님의 말씀을 가까이했던 것을 알 수가 있다.

우리가 계발해야 할 영적 습관으로는 또 어떤 것이 있을까? 교회에 나오는 것이다. 어떤 사람은 주일 성수를 우습게 생각하는데 단단히 잘못

된 생각이다. 주일날 교회 나오는데 목숨을 걸어야 한다. 그것이 습관이 되고 제2의 천성이 되도록 그렇게 만들어야 한다.

교회 나오는 것도 습관이 되기까지 정말 어렵다. 주일날 아침에 일어나지 못해서 교회 못 나오는 사람이 의외로 많다. 다음날이 쉬는 날이라 토요일 밤늦게까지 술 마시고 노는 습관이 몸에 배어 있어서 그런 것이다. 주일은 늦게까지 잘 수 있는 날이라고 은연중에 생각하고 그것이 습관이 된 결과이다.

그리고 할 수 있으면 새벽기도뿐만 아니라 교회의 모든 모임에 적극적으로 참여하는 습관을 길러야 한다. 성경에는 습관적으로 모이기를 피하는 사람들에 관한 이야기가 나온다.

> 모이기를 폐하는 어떤 사람들의 습관과 같이 하지 말고
> 오직 권하여 그 날이 가까움을 볼수록 더욱 그리하자
>
> (히브리서 10:25)

교회에 보면 이유 없이 자꾸 모임에 빠지는 사람들이 있다. 그런 사람들은 신앙이 성상하시 않는다. 나쁜 습관은 과감히 버리고 좋은 영적 습관을 몸에 배게 해야 한다. 빠를수록 좋다.

이런 이야기가 있다. 어린 자녀를 둔 어머니가 유명한 랍비를 찾아가 물었다.

"어떻게 하면 자녀들을 잘 키울 수 있습니까?" 랍비는 어머니를 정원으로 데려갔다. 그는 정원에 있는 네 그루의 나무를 한번 뽑아보라고 말했다. 어머니는 갓 심어놓은 첫 번째 나무를 아주 쉽게 뽑았다. 두 번째 나무는 심은 지 얼마 되지 않은 것이기 때문에 약간의 힘으로 가능했다.

세 번째는 심은 지 꽤 지난 나무였다. 어머니는 땀을 뻘뻘 흘리며 겨우 그것을 뽑았다. 그러나 네 번째 나무는 이미 견고하게 뿌리를 내리고 있었다. 어머니가 팔을 걷어붙이고 힘을 쏟았으나 나무는 꿈쩍도 하지 않았다. 그때 랍비가 어머니에게 말했다. "자녀 교육도 이 나무와 같습니다. 오랜 습관은 깊은 뿌리를 내려서 그것을 바꾸기가 어렵지요. 어린 자녀에게 좋은 습관을 갖게 하십시오!"

우리는 어릴 때부터 좋은 습관을 들이는 것에 신경을 써야 한다. 왜냐하면 나이가 들면 점점 그 습관을 바꾸기가 너무 어렵기 때문이다. 구세군의 창시자 윌리엄 부스의 인생은 스무 살을 기점으로 완전히 바뀌었다. 그는 20대에 의사로부터 자신은 30세까지 밖에 살 수 없다는 사형선고를 받았다. 의사의 말에 충격을 받은 그는 다음과 같은 습관을 갖기 시작했다. 그가 세계인의 추앙을 받는 인물이 된 것은 젊은 시절 그가 다음과 같은 '6대 생활수칙'을 정해 이를 실천했기 때문이다. 그것은 다음과 같다.

1) 아침 일찍 일어나 5분씩 기도한다. 아침 기도는 정신을 맑게 한다.

2) 불필요한 잡담을 금한다. 말이 많은 사람은 적도 많다.

3) 겸손한 태도와 열정적인 행동, 진실한 대화의 자세를 갖는다.

4) 매일 성경을 네 장씩 묵상한다. 성경은 영혼을 살찌우는 자양분이다.

5) 하나님께 나의 인생을 의탁한다. 의지할 구석이 있는 사람은 매사에 너그럽다.

6) 이 생활수칙을 하루에 두 번 이상씩 큰소리로 외친다.

그는 이와 같은 생활 습관을 만들어 벽에 붙여 놓고 매일 묵상하고 실천하기 위해 노력했다. 놀라운 사실은 그가 날마다 이렇게 하나님께 기도하고 하나님을 의지하는 생활 습관을 지니자 30세에 죽을 것이라는 사형선고가 무색하게 80세 이상 장수하는 축복을 누렸다는 것이다. 그리고 지금의 구세군이라고 하는 큰 단체를 만드는 귀한 사람이 되었다. 이같이 하나님은 오직 하나님을 의지하고 기도하는 좋은 습관을 지니고 살아가는 사람을 쓰신다.

우리가 익히 알고 있는 성경의 다니엘도 이렇게 하나님께 귀히 쓰임 받는 인생이 되었는가? 그는 이스라엘이 망해 적국의 포로 신세였다. 그러나 적국이 섬기는 우상의 부정한 것으로 자신을 더럽히지 않고 하루 세 번 기도하는 것을 습관으로 삼았다. 다니엘은 대충 지키는 것이 아니라 철저히 지켰다. 그의 이러한 철저한 기도습관은 사자 굴에 끌려가는 위기를 만들었지만, 이 습관을 원망하거나 버리지 않았다. 자기 집에서 예루살렘을 향해 하루 세 번, 창을 열고 감사 기도를 하였다. 이렇게 철저한 기도의 습관을 지니고있던 다니엘은 하나님께 너무나 아름답게 쓰임 받는 인생을 살게 되었다.

우리는 우리 인생에 "어떤 영적 습관을 지니고 있는가?"를 깊이 살펴볼 필요가 있다. 내가 무심코 듣는 음악, 습관적으로 보는 책, 습관적으로 만나는 사람, 이 모두가 인생에 있어서 중요한 영향을 미친다.

나쁜 습관은 마치 수돗물이 새는 것과 같다. 만약에 집에 수돗물이 조금씩 새고 있다고 생각해 보라! 그 자체는 양이 얼마 되지 않는다. 그러나 그것이 밤새도록 새고 있으면 어떻게 되겠는가? 심지어 아무도 알지 못하는 사이에 몇 달씩, 몇 년씩 새고 있었다면 어떻게 되겠는가? 엄청난 타격이 있을 것이다. 성경에 이런 말이 있다.

> 우리를 위하여 여우 곧 포도원을 허는 작은 여우를 잡으라
> 우리의 포도원에 꽃이 피었음이라
>
> (아가서 2:15)

포도원을 망치는 것은 엄청나게 큰 곰이나 코끼리가 아니다. 작은 여

우이다. 우리 인생에 행복의 꽃, 성공의 꽃을 피우는 것을 방해하는 것도 보잘것없어 보이는 나쁜 습관들이다. 수돗물에 흘러내리는 작은 물방울도 모이면 엄청난 양이 되듯이 작은 습관들도 모이게 되면 인생에 엄청난 손실을 가져온다. 매일 담배를 한 갑씩 피우는 사람이 만약 그 돈을 일평생 모은다면 어떻게 될까?

담배 가격은 수시로 인상이 되지만 계산하기 편하게 5,000원으로 잡아보자. 하루에 담배를 한 갑 피운다면 일 년이면 1,825,000 원이 된다. 이 사람이 20대에 담배를 배워서 80세까지 피웠다고 가정해보자. 이자를 따지지 않고 원금으로 단순 계산해도 하루에 5,000원씩 해서 60년을 하면 금액이 109,500,000 원이 된다. 1억 원이 넘는 돈이다! 그러나 이런 물질적인 금액으로 환산되지 않는 건강상의 손실은 더욱 엄청나다.

보건사회연구원의 조사 결과를 보면 흡연이 초래하는 사회적 비용은 한 해 6조가 넘고, 음주는 세 배 이상인 20조가 넘는 금액이라고 한다. 담배 한 개비에는 69종의 발암물질과 4,000여종의 화학물질 그리고 10만종 이상의 알려지지 않은 물질들이 들어있다. 통계에 따르면 매년 우리나라 사람 5만 명이 흡연과 관련 질병으로 사망하는 것으로 계산된다. 이는 매년 우리나라에서 교통사고로 숨지는 사망자의 7배가 넘는 숫자다.

나는 고등학교 때부터 교회에 다녔는데 예수님을 영접한 것은 대학교 2학년 때이다. 그전까지는 교회는 열심히 다녔지만, 전혀 신앙이 없는 상태로 다녔다. 그러다 보니 대학교에 들어가자마자 친구들의 유혹에 넘어가 담배를 배우게 되었다. 뭐든 한 번 하면 열심히 하는 성격 때문인지 담배도 하루에 두 갑씩 피웠다. 그러다가 대학교 2학년 때 예수님을 영접하게 되었다.

그리고 나니 어느 날 성경 공부 모임에 가려고 하는데 상의 윗주머니에 있는 담배가 어색하게 느껴졌다. 그래서 그것을 빼놓고 성경 공부에 갔는데 그때부터 자연히 담배를 멀리하게 되었고, 얼마 지나지 않아 끊게 되었다. 그때로부터 지금 30년이 넘었는데 만약 그때 담배 피우는 습관을 끊지 못하고 지금까지 계속 피웠다면 재산상의 손실은 물론 나의 몸이 얼마나 망가졌을까 하는 것을 생각하니, 생각만으로도 아찔하다. 젊을 때 좋지 못한 습관이 있다면 그것을 빨리 정리하는 것이 지혜이다.

성경에 잘못된 삶의 습관으로 인해 한 가문이 완전히 망한 이야기가 나온다. 구약의 엘리의 아들들 이야기이다. 엘리의 아들들은 제사장의 아들들이었다. 그들은 보통 사람들보다 더 불량하고 방탕한 삶을 선택했고 결국 망했다. 사무엘상 2:12-17을 보면 다음과 같은 내용이 나온다.

엘리의 아들들은 행실이 나빠 여호와를 알지 못하더라 그 제사장들이
백성에게 행하는 관습은 이러하니 곧 어떤 사람이 제사를 드리고 그 고
기를 삶을 때에 제사장의 사환이 손에 세 살 갈고리를 가지고 와서 그것
으로 냄비에나 솥에나 큰 솥에나 가마에 찔러 넣어 갈고리에 걸려 나오
는 것은 제사장이 자기 것으로 가지되 실로에서 그 곳에 온 모든 이스라
엘 사람에게 이같이 할 뿐 아니라 기름을 태우기 전에도 제사장의 사환
이 와서 제사 드리는 사람에게 이르기를 제사장에게 구워 드릴 고기를
내라 그가 네게 삶은 고기를 원하지 아니하고 날 것을 원하신다 하다가
그 사람이 이르기를 반드시 먼저 기름을 태운 후에 네 마음에 원하는 대
로 가지라 하면 그가 말하기를 아니라 지금 내게 내라 그렇지 아니하면
내가 억지로 빼앗으리라 하였으니 이 소년들의 죄가 여호와 앞에 심히
큼은 그들이 여호와의 제사를 멸시함이었더라

(사무엘상 2:12-17)

엘리 제사장의 아들들은 성전에서 하나님께 드리는 제물을 자기들이
먼저 가로채서 먹는 나쁜 습관에 길들여 있었다. 어느 정도였는가 하면
하나님께 먼저 드리고 나음에 먹는 것이 어떻겠냐고 아무리 시정을 해도
협박하여 빼앗을 만큼 겁이 없었다. 이러한 나쁜 영적 습관이 반복된 결
과 어떻게 되었는가? 제사장 가문이었던 엘리의 가문이 완전히 망했다.
잘못된 습관은 이토록 무서운 것이다. 반면에 여호수아는 어떤 습관이

있었는가? 그는 기도하는 습관이 있었다. 그것이 하나님께서 그를 쓰신 이유이다.

> 사람이 자기의 친구와 이야기함 같이 여호와께서는 모세와 대면하여 말씀하시며 모세는 진으로 돌아오나 눈의 아들 젊은 수종자 여호수아는 회막을 떠나지 아니하니라
>
> (출애굽기 33:11)

여기서 회막은 하나님을 만나고 기도하는 곳이다. 청년 여호수아는 젊을 때부터 늘 하나님 앞에 나와 기도하고 하나님을 만나는 습관이 있었다. 그리하여 하나님은 모세의 후계자로 그를 귀하게 사용하여 주셨다. 우리 청년들도 젊을 때부터 시간을 정해 규칙적으로 기도하는 습관을 가진다면 하나님께서 반드시 귀하게 사용하여 주실 것이다.

예수님의 열두 제자 중 하나였던 가룟 유다는 완전히 타락하여 예수님을 배신하였다. 성경에 보면 유다의 마음속에 마귀가 들어갔다고 이야기한다. 나는 과거에 이 말씀을 보면서 한 가지 의문이 생겼다. 다른 사람도 아니고 예수님을 따르는 사람이 어떻게 마귀가 들어갈 수가 있는가? 그런데 성경에 그 이유를 말해주는 구절이 있었다. 가룟 유다는 돈을 훔치는, 좋지 않은 습관이 있었다.

제자 중 하나로서 예수를 잡아 줄 가룟 유다가 말하되 이 향유를 어찌
하여 삼백 데나리온에 팔아 가난한 자들에게 주지 아니하였느냐 하니 이
렇게 말함은 가난한 자들을 생각함이 아니요 그는 도둑이라 돈궤를 맡고
거기 넣는 것을 훔쳐 감이러라

(요한복음 12:4-6)

가룟 유다는 예수님의 제자 중 하나로서 가장 중요한 돈주머니를 관리하는 직분을 맡았다. 그런데 그에게는 아주 좋지 않은 습관이 하나 있었다. 그것은 바로 돈궤에 있는 돈을 슬쩍하는 것이었다. 이러한 습관의 결과는 마음이 타락하여 마귀가 살도록 한 것이다. 반복되는 안 좋은 습관은 마귀가 틈을 탈 기회를 제공해 준다는 사실을 보여주는 말씀이다.

다윗은 찬양하는 습관이 있었다. 다윗이 남긴 수많은 시편의 시들이 그것을 보여준다. 반면에 사울은 질투하는 습관이 있었다. 가룟 유다와 마찬가지로 사울에게 마귀가 들어간 이유도 여기에 있다. 사울은 하나님의 선택 받은 왕으로서 멋있게 인생을 시작했다. 그러다가 어느 날부터인가 다윗에 대하여 질투하는 마음을 가지게 되었나. 나윗이 사기보다 인기가 많아지자 그에 대하여 시기하기 시작했다.

이것이 점점 반복되자 질투가 하나의 습관으로 굳어졌다. 더군다나 단순한 질투로 끝나는 것이 아니고, 다윗에 대한 살의로 변하게 되었다.

그러자 그의 인생은 악귀가 다스리고 지배하는 인생이 되었다. 그 결과 그는 비참한 인생의 말로를 맞이하게 되었다.

호레이스 만이 한 다음과 같은 말을 기억하라. "습관은 밧줄이다. 우리는 그 밧줄의 가닥을 매일 짜고 엮어가서 결국에는 끊을 수 없는 굵은 습관의 밧줄을 만들고 만다." 우리 기독교인들은 자신에게 있는 나쁜 습관들을 버리고 하나님이 기뻐하실 만한 좋은 영적 습관들을 계발하기 위하여 애써야 한다. 우리가 기독교인이라면 하늘의 것을 보고 하늘의 것을 구하는 습관을 길러야 한다.

그러므로 너희가 그리스도와 함께 다시 살리심을 받았으면
위의 것을 찾으라 거기는 그리스도께서 하나님 우편에 앉아 계시느니라
위의 것을 생각하고 땅의 것을 생각하지 말라

(골로새서 3:1-2)

이것이 쉽지 않은 것이 우리 자신도 예수님을 믿기 전에는 땅에 속한 사람이었다. 그리고 예수님을 믿은 지금도 우리 육신과 우리의 두 발은 이 땅에 붙어서 살아가고 있다. 본능적으로 우리는 이 땅의 것을 좋아하고, 땅의 것을 찾게 되어 있다. 그러므로 하늘의 것을 찾고 구하는 것은 우리 본성에 어긋나는 것이다. 그렇기 때문에 이것을 자꾸 습관화하여

제2의 천성으로 만들어야 한다. 그것을 위해 우리는 정기적으로 기도하고, 예배드리고, 큐티하고, 제자 훈련하고 그렇게 해야 한다.

특히 기도는 습관이 되지 않으면 더욱더 쉽지 않다. 시간에 쫓겨 살다 보면 급한 일을 먼저 하게 되고 기도와 같은 중요하지만, 급하지 않은 일은 뒤로 미루어지기 쉽다. 그래서 우리는 늘 기도했던 예수님의 습관을 배워야 한다. 우리가 잘 아는 복음성가 중에 이런 것이 있다. "기도할 수 있는데 왜 걱정하십니까?" 걱정할 일이 있으면 자동으로 기도가 나와야 한다는 것이다. 그러나 솔직히 이렇게 되기가 쉽지가 않다. 일반적으로 사람들은 그 반대이다. 기도할 일이 있어도 걱정부터 한다. 걱정할 일이 생겨도 바로 기도부터 하는 사람은 사실 대단한 사람이다. 평소에 기도하는 습관이 된 사람에게나 가능한 일이다.

교회들을 살펴보면 나름대로 체질이 있다. 어떤 교회는 싸우는 것이 습관이 되어 있는 교회가 있다. 그런 교회는 툭하면 싸운다. 특별히 목사 내쫓는 것이 습관인 교회가 있다. 이런 교회들은 늘 심각한 문제들이 끊이지 않는다. 그래서 교회가 초창기부터 좋은 습관을 붙여야 한다. 기도하는 습관, 말씀 보고 큐티 하는 습관, 서로 섬기고 사랑하는 습관, 뜨겁게 찬양하고 전도하는 습관을 교회 문화로 만들어야 한다.

순종은 하나님께서 기뻐하시는 제사이다. 이 순종 또한 습관이다. 하나님 말씀에 '무조건 Yes' 하는 습관을 신앙생활 초기부터 잘 길들여야 한다. 그래야 나중에 어떤 상황에 놓여도 순종할 수 있다. 예를 들어, 적은 금액으로도 십일조 하는 습관을 붙여 놓아야 나중에 큰 물질이 들어와도 십일조 할 수 있다. 우리 교회는 성도들에게 기도 훈련을 시키기 위해 매일 저녁 10시에 교회 전체 카톡방에 기도 제목을 올린다. 그래서 우리 교회 교인들 가운데는 10시가 되면 기도 시간으로 인식하고 기도하는 성도들이 많이 있다. 그리고 밤 12시가 되면 카톡방에 그다음 날 큐티 내용을 올린다. 이렇게 하여 젊은 청년들이 기도와 말씀이 습관이 될 수 있도록 훈련시킨다.

습관을 바꾸는 법

인생에서 습관이 얼마나 중요한 것인가 하는 것은 아무리 강조해도 지나치지 않다. 좀 과장해서 하는 말이라고 생각하는 사람도 있겠지만 인생은 습관에서 결판난다. 그렇게 볼 때 우리는 나쁜 습관을 버리고 좋은 습관을 계발하는 것이 무엇보다 중요하다. 이를 위해서는 다음과 같은 다섯 가지를 기억할 필요가 있다.

1. 변화의 의지가 필요

　나쁜 습관을 버리기 위해서는 먼저 변화에 대한 의지가 필요하다. 즉 내가 가지고 있는 습관이 잘못된 것임을 먼저 인정해야 한다. 그래야 그 다음에 변화가 따라올 수 있다. 인간은 죄인이기 때문에 생각보다 자신의 잘못을 잘 인정하지 않는 경향이 있다. 여러분들 가운데 아시는 분이 있을지도 모르지만, AA라고 하는 단주협회가 있다. 술을 끊기 위해 모인 사람들이 여러 가지 프로그램을 진행하면서 금주를 시도하는 모임인데 이 모임에서 가장 먼저 하는 것이 있다. 바로 자신이 알코올 중독자임을 시인하게 하는 것이다. 이것을 인정해야 그 다음 단계로 나아갈 수가 있다.

　어떤 사람은 자신이 잘못된 습관을 지니고 있는 것을 알면서도 버리기 싫어한다. 심지어는 그것을 은밀하게 즐기기도 한다. 그래서는 아무런 변화가 있을 수 없다. 잘못된 습관을 지니고 있는 것을 알면 과감하게 결단해야 한다. 확실히 결심하고 끊어야 한다. 즉 분명한 변화의 의지를 갖춰야 그때부터 내 삶에서 진정한 변화가 일어날 수 있다.

2. 하나님의 도우심이 필요

　나쁜 습관을 끊기 위해서는 하나님의 도우심이 필요하다. 물론 세상 사람들도 의지력을 가지고 자신의 습관을 통제하기도 한다. 그러나 우리가 그리스도인이라면 우리는 습관을 바꾸는 데 있어서 하나님의 도우심이 필요함을 인정해야 한다. 재미있는 것은 심리학자들이 이야기하기를 우리들의 습관은 무의식 깊은 곳에 자리 잡고 있는데, 이 무의식 속에 프로그램되어 있는 습관을 바꾸는 데는 21일이라는 시간이 필요하다는 것이다. 이 21일이라고 하는 숫자는 참 놀라운 숫자이다. 다니엘서에 보면 다니엘이 하나님께 기도했는데 응답이 21일이 걸려서 왔다고 되어 있다.

이때 다니엘을 찾아온 천사는 다니엘에게 말하기를 그의 기도가 첫날부터 응답되어 바로 오려고 했는데 바사국 군이 막아서 오지 못하다가 천사장 미가엘의 도움으로 21일 만에 오게 되었다고 이야기한다. 여기서 바사국 군은 사탄의 군대를 상징한다. 이 내용을 바탕으로 보면 우리가 잘 알 수 없지만, 무엇인가 영적인 변화가 일어나는 데 필요한 시간이 21일이 아닌가 하는 생각이 든다.

그래서 우리가 뿌리박힌 나쁜 습관들을 고치고자 한다면 최소한 21일은 걸린다는 사실을 생각하고 그동안 21일 작정 기도를 하던지, 21일 새벽기도를 하는 것도 도움이 될 것이다. 그래도 잘 안되면 다시 40일 기도나 100일 기도를 시도해 볼 수도 있다. 안타깝지만 죄의 습관은 그냥 단순히 참회하고 회개하는 것 만으로 되지 않는다. 정말 죄의 심각성을 처절히 깨닫고 죄의 습관에서 벗어나기 위한 무엇인가 특단의 조치가 필요하다. 그렇지 않고서는 우리가 습관적으로 짓는 죄를 벗어나기 힘들다. 그런 면에서 나는 금식기도를 권하고 싶다. 금식기도는 특단의 조치이다. 철저히 회개하고 죄의 악순환을 끊기 위해 작정해서 금식하고 기도를 해보라. 그리하면 하나님의 능력이 임하여 죄의 고리가 끊어질 것이다.

3. 주위의 도움이 필요

나쁜 습관을 없애는 또 하나의 방법은 주변의 다른 사람들에게 공개적으로 이야기하는 것이다. 자신이 지금 어떤 특정한 습관을 고치는 중이라고 주변 사람들에게 말하게 되면 다른 사람의 눈을 의식해서라도 좀 더 열심히 노력하게 된다. 기독교인인 경우에는 다른 사람들에게 중보기도를 부탁하면 그 효과는 배가 된다.

혼자 끙끙 앓으면서 나쁜 습관을 버리려고 하기보다는 다른 사람에게 공개하는 것이 훨씬 더 효과적이다. 나쁜 습관 가운데는 그 뒤에 영적인 힘이 작용하는 경우가 많이 있다. 그런데 우리가 알다시피 마귀는 정체가 폭로되면 달아나는 경향이 있다. 우리가 나쁜 습관을 공개적으로 빛 가운데 드러내면, 우리를 속박하려는 사탄의 힘이 약해진다. 그때 여러 사람이 집중적으로 같이 기도해 주면 그 나쁜 습관을 버릴 수 있게 된다. 그런 면에서 교회의 성경 공부 모임이나 셀 모임에서 자신의 기도 제목을 나누는 것도 도움이 많이 된다.

목회 초기에 고등학교 동창 하나가 예배 모임에 찾아왔다. 당시 이 친구는 알코올 중독으로 심각한 상황에 빠져 있었다. 직장은 그만두기 일보 직전이었다. 가정도 망가져 가고 있었고 본인 건강에는 심각한 문제가 발생했다. 그래서 마지막 수단으로 우리 교회 예배 모임에 찾아왔는데 그때 그 친구가 참 잘한 것이 있었다.

당시 우리 교회 셀 모임에서 자신의 알코올 중독 문제를 내어놓고 기도 부탁을 한 것이었다. 대부분 동생 같은 나이의 셀원들이었으나 부끄러움을 무릅쓰고 본인이 알코올중독자임을 고백하며 치료를 위해 간절한 기도를 부탁하였다. 그 친구가 승리할 수 있었던 이유는 매주 셀원들이 그 친구의 상태를 체크해 주었기 때문이다. 이번 한 주간도 술을 마셨는지 물어봐 주었기 때문에 그는 그것 때문에라도 그 한 주간 술의 유혹에서 벗어날 수 있었다. 이런 것이 아무것도 아닌 것 같아도 엄청난 힘을 발휘한다. 나쁜 습관을 끊기 위해서는 옆의 사람의 도움을 적극적으로 활용하자.

4. 좋은 습관으로 대치함이 필요

나쁜 습관을 끊기 위한 또 하나의 중요한 방법은 나쁜 습관을 좋은 습관으로 대치하는 것이다. 토마스 아 캠퍼스는 "하나의 습관이 다른 습관을 정복한다"는 말을 했다. 우리의 행동을 바꾸는 것은 단순히 나쁜 습관을 버리는 결심만으로 불가능한 경우가 많다. 이를 극복하기 위해서는 새로운 습관, 더 나은 습관, 거룩한 습관을 익혀야 한다.

나쁜 습관을 억지로 끊으려고 노력하는 것은 습관의 문제에 대하여 소극적으로 대처하는 것이다. 그러나 나쁜 습관을 좋은 것으로 대치하는 것은 적극적으로 대처하는 것이다. 최선의 방어는 공격이라는 말이 있듯이 나쁜 습관을 해결하는 가장 좋은 방법은 좋은 습관으로 나쁜 습관을 몰아내는 것이다.

조금 전에 이야기한 알코올 중독이었던 그 친구는 주말이 되면 술 마시는 습관을 고치기 위하여 주말마다 등산을 시작했다. 현재 이 친구는 전국적으로 안 가본 산이 없고 지금은 등산의 대가가 되어 있다. 그리고 뱃살도 다 빠지고 얼마나 건강이 좋아졌는지 모른다. 물론 등산은 토요일만 하고 주일은 교회 나가서 열심히 봉사한다. 그러니 주말 음주 문화가 발붙일 곳이 없는 것이다.

자신에게 있는 나쁜 습관을 좋은 습관으로 대치하라. 늘 입에 욕을 달고 사는 습관이 있다면 입으로 기도하고 찬양하는 습관을 붙여라. 안 좋은 음악을 듣는 습관이 있다면 그 습관을 활용하여 CCM을 듣는 습관을 붙여라. 완전히 삶이 달라질 것이다. 기억하라. 나쁜 습관은 끊는 것을 넘어서 좋은 습관으로 대치하여 해결하여야 한다.

5. 습관이 굳어질 때까지 꾸준함이 필요

무슨 일이든지 한두 번 해서는 결과가 나오지 않는다. 나쁜 습관을 버리고 좋은 습관을 지니는 것도 중요하지만, 정말 그 습관이 자동적이고 쉬운 일이 될 때까지 계속 연습해야 한다. 이때 예외를 만들어서는 안 된다. 습관이 제2의 천성으로 굳어질 때까지 계속 반복해야 한다.

'습관은 위대한 사람들의 하인이며 실패한 모든 이들의 주인이다.'라는 말이 있다. 좋은 습관을 지닌 사람은 그 습관을 잘 다스려서 자신의 하인처럼 사용하여 인생의 큰 성공을 거둔다. 이에 비해 나쁜 습관을 지닌 사람들은 그 습관의 노예가 되어 그 습관에 매여 인생을 망치게 된다. 습관은 타고나는 것이 아니다. 배워서 형성되는 것이다. 우리가 가진 실패하는 습관을, 성공하는 습관으로 바꾸는 것, 그것이 인생 역전의 지름길이다.

습관을 다스리지 못하면 습관이 당신을 지배한다

오랫동안의 반복으로 굳어진 습관의 힘은 내가 생각하는 것 이상으로 강력하다. 한번 습관으로 굳어진 것은 쉽게 바꾸기 힘들고 나의 무의식을 지배하기 때문에 무서운 것이다. 습관의 힘을 보여주는 재미있는 이야기가 있다.

미국 농구의 전설이라 불리는 래리 버드(Larry Bird)가 선수로 활약하던 당시, 그는 보스턴 셀틱스의 스타였다. 전성기 시절 버드는 한 소프트 드링크 생산업체와 고액의 광고 계약을 체결하게 되어 TV 광고를 촬영하게 되었다. 이 광고의 시나리오는 '래리 버드가 먼저 슛을 한번 던지는데 들어가지 않는다. 그러자 이 업체의 음료수를 마시고 난 다음 (활짝 웃으며) 공을 던지자 이번에는 슛이 들어간다.'는 내용이었다.

촬영이 시작되자 래리 버드가 첫 번째 공을 던졌다. 그리고 이 공은 정확하게 골대에 들어갔다. 물론 래리 버드는 골대를 벗어나게 슛을 했는데도 그렇게 되었다. 두 번째 공을 던졌지만, 또다시 골대에 들어갔다. 이렇게 해서 아홉 번의 슈팅 모두 정확하게 골대에 들어갔고, 마침내 열 번째에야 그는 골대를 피해 옆으로 공을 던지는데 성공했다.

보통 사람은 한 번 성공하기도 힘든 골인을 그는 오히려 성공하지 않도록 하는 데 어려움을 겪은 것이다. 이렇듯 무의식 속에 형성되이 있는 습관의 힘은 우리가 생각하는 것보다 훨씬 더 강력한 힘을 가지고 있다. 그러므로 우리가 평소에 어떤 습관을 지니는가 하는 것을 깊이 생각해야 한다.

이런 이야기가 있다. 중국 춘추전국 시대에 '복부제'라는 사람이 선부라는 고을의 원님으로 있을 때의 일이다. 이웃 제나라의 군사들이 쳐들어온다는 소식이 왔다. 복부제는 즉시 성문을 닫으라고 명령했다. 때마침 추수기여서 성문 밖에는 보리가 누렇게 익어 있었다. 백성들은 원님인 복부제를 찾아와 "기껏 농사지어 적병들에게 곡식을 넘겨줄 바에야 적이 도착하기 전에 모두 나가서 아무 밭에서나 자기 힘대로 거두어들이는 것이 어떻겠느냐"고 했다. 하지만 복부제는 그들의 청을 뿌리치고 성문을 닫게 했다.

복부제를 존경하던 백성들은 융통성이 없는 결정을 했다며 그를 원망하기 시작했다. 게다가 곡식을 다 수탈당한 백성들의 원성이 높아지자 적을 이롭게 했다는 죄목으로 복부제는 왕의 심문을 받게 되었다. 왕이 그에게 그렇게 한 이유를 묻자 그는 왕에게 이렇게 말했다.

"일 년 지은 곡식을 적병들에게 빼앗기는 것은 아깝기 짝이 없는 일이나, 급하고 손쉽다고 해서 남의 곡식을 마구 베어 먹는 버릇이 생기면 그것은 10년이 가도 고칠 수 없는 일입니다"

복부제의 말을 들은 왕은 멀리 내다볼 줄 아는 그의 식견에 탄복했다. 그렇다. 우리는 습관이 가지고 있는 강력한 힘을 알고 철저히 경계해야 한다.

여러분은 어떤 습관을 지니고 있는가? 습관에 관해 내가 들었던 이야기 중에 가장 무서운 이야기가 바로 다음과 같은 것이다. "습관을 다스리지 못하면 습관이 당신을 지배한다." 여러분은 어떻게 할 것인가? 습관에 의해 지배당하여 평생 고통스럽고 패배적인 인생을 살 것인가? 아니면, 습관을 다스리고 지배하여 좋은 습관을 통하여 인생의 영향력 있는 리더가 될 것인가?

가장 중요한 것은 이것을 깨우쳤으면 오늘 바로 실천해야 한다. 실천이 따르지 않는 깨달음은 소용이 없다. 무엇보다 중요한 사실은 내가 지금 가지고 있는 습관이 결국 나의 인생을 좌우할 것이라는 사실이다. 그러므로 내가 가지고 있는 습관이 문제가 되면 빨리 바꾸어야 한다.

그 누구도 습관이 없는 사람은 없다. 자신에게 있는 습관을 철저히 분석하여 조금이라도 나쁜 습관이 있다면 그것을 좋은 습관으로 하나씩 바꾸어 나가라! 그것이 바로 당신이 좋은 리더가 되는 비결이다.

디테일의 힘을 아는 리더가 되라!

디테일의 중요성

디테일이란 무엇인가? 일을 처리할 때 놓치기 쉬운 부분인 꼼꼼하고 세밀한 부분이다. 사람들은 일할 때 이 디테일한 부분은 별로 중요하게 여기지 않고 넘어가는 경우가 많다. 그러나 이럴 경우 의외로 치명적인 결과를 낳을 때가 종종 있다. 반면 놓치기 쉬운 디테일에 신경을 씀으로써 생각 이상의 좋은 결과를 얻는 경우도 있다.

그러므로 디테일의 중요성은 아무리 강조해도 지나치지 않고, 리더는 디테일의 힘을 아는 사람이어야 한다.

어떤 마을에 짚신 장사가 있었다. 그런데 그가 만든 짚신은 겉으로 보기에는 다른 사람들이 만든 짚신과 별 차이가 없었는데도 유난히 잘 팔렸다. 많은 사람이 그의 짚신이 잘 팔리게 되는 비결을 알고 싶어 했다. 그러나 그는 아무에게도 이 비밀을 가르쳐 주지 않았다. 그러다가 어느 날 그가 갑자기 병이 들어 죽게 되었다.

그러자 짚신 장사의 아들이 아버지를 붙잡고 물었다. "아버지, 아버지께서 만드신 짚신이 더 잘 팔리는 이유가 뭐예요? 말씀 좀 해주세요." 그러자 그의 아버지가 마지막 순간에 숨이 넘어가면서 큰소리로 외쳤다. "털! 털!"

무슨 뜻인가? 다른 짚신 장사들은 짚신을 만들어서 그냥 손님들에게 내어 놓았는데 그의 아버지는 마지막 끝손질을 하였다. 즉 짚신에 있는 까칠한 부분의 털을 일일이 다듬어서 손님들에게 내놓았던 것이다. 그러니 자연히 그의 아버지가 내놓은 짚신은 다른 짚신에 비해 발이 편했고, 이로 인해 손님들이 그의 짚신을 앞다투어 찾은 것이다.

이 이야기는 디테일의 힘이 얼마나 중요한지를 우리에게 가르쳐 준다. 리더는 일반적으로 큰 그림을 보는 사람이나. 남이 보지 못하는 미진을 보고 자신을 따라오는 사람을 새로운 길로 이끌어 가는 사람이다. 또한 리더는 열정의 사람이다. 다른 사람보다 빠른 속도로 달려가는 경향이 있다. 그러다 보니 주위를 잘 둘러보지 못하거나 디테일의 중요성을 놓치기 쉽다.

흔히 사용하는 말 중에 "악마는 디테일에 숨어 있다"라는 말이 있다. 이 말은 원래 독일 건축가 '루트비히 미스 반 데어 로에'가 사용한 "신은 디테일에 있다"(God is in the details)라는 말에서 나온 말이다. 그는 "아무리 규모가 크고 아름다운 건축물도 아주 사소한 곳까지 최상의 품격을 지니지 못하면 명작이 아니다"란 뜻으로 이 말을 사용하였다. 그런데 이 말이 요즘의 부정적인 세태를 반영하여 우리가 흔히 지나치기 쉬운 흠이나 실수들이 치명적인 결과로 이어지는 경우를 의미하는 말로 쓰이고 있다.

이러한 예를 몇 가지 살펴보자! 가령 어떤 사람이 아주 멋진 연설을 했다. 논리정연하고 설득력 있는 연설에 사람들은 긍정적으로 반응했다. 그런데 나중에 알고 보니 그의 연설에서 그가 인용한 통계수치가 틀린 것이 확인 되었다. 그렇게 되면 어떻게 될까? 자연히 사람들은 그의 연설 전체에 대한 신뢰성을 의심하게 된다.

나는 얼마 전에 기독교 방송국의 요청으로 리더십에 관한 인터뷰를 진행한 적이 있었다. 예상 질문을 생각하여 준비하였고 방송에 얼굴이 나온다는 생각에 평소에 안 바르던 크림도 살짝 발랐다. 방송국 기자들이 우리 교회에 찾아와서 사무실에서 영상을 찍었는데 책상도 열심히 정리하고 뒷배경에도 신경을 썼다. 양복도 그럴듯하게 입고, 차분하게 인터뷰를 진행했다. 내가 생각해도 흡족할 정도로 답변을 잘한 것 같았다. 그런데 막상 텔레비전에 나온 것을 보았을 때 '아차!'하는 생각이 들었다. 모든 것이 완벽했는데 넥타이가 조금 비뚤어져 있었던 것이다. 넥타이가 비뚤어져 있으니 전체적으로 안정적이지 못하고 뭔가 허술함이 느껴졌다. 모든 것을 신경 썼는데 마지막 순간에 아주 작은 디테일 하나를 체크하지 못하고 넘어가는 바람에 전체가 깔끔하지 못하게 되었다.

얼마 전에 우리 교회에서 성경 공부 교재를 하나 만들었다. 우리 교회는 금요성경공부 시간에 성경 한 권을 택하여 매주 마다 한 장씩 깊이 있게 내용을 분석하고 공부를 한다. 그래서 해당하는 성경 본문을 따로 적은 책자를 만들어서 사용해 왔는데 지난번 모임 때 사용해보니 성경 본문 사이에 필기할 공간이 부족하였다. 그래서 이번에는 큰맘 먹고 왼쪽에는 성경구절을 적어 넣고 오른쪽에는 빈칸을 주어 여백을 만들었다. 성경 공부 도중에 필기할 내용을 충분히 적을 수 있도록 하기 위해서였다. 인쇄소에 작업한 것을 넘기고는 다른 일로 정신이 없었다. 그래서 좀 더 자세히 설명하지 못했더니 그것이 곧장 실수로 연결되었다.

하루가 지나서 혹시나 하는 생각에 인쇄소에 전화를 걸어서 왼쪽에 본문이 있고 오른쪽에 여백이 있는 식으로 책을 만들었는지 물어보니 반대로 되어 있었다. 왼쪽에 여백이 있고 오른쪽에 본문이 있는 식으로 작업이 진행된 것이었다. 필기할 때 상당히 불편하게 되었다. 확실하게 물어보지 않고 작업을 진행한 그 사람들에게도 잘못이 있었지만, 처음부터 제대로 설명을 해주지 않은 나의 잘못이 더 크다는 생각이 들었다. 잘못 작업한 일을 제대로 처리하는데 상당한 어려움을 겪었다. 표지도 멋지게 만들었고, 내용도 정성스럽게 정리하였고, 여백도 적당히 잘 만들어 넣었는데 최종적으로 위치 설명을 제대로 해주지 못해 작업 전체를 망치게 됐다. "악마는 디테일에 있다."라는 말이 정말 실감 나는 경우였다.

생활 속에서도 이런 일을 많이 경험하곤 한다. 디테일에 신경 쓰지 못하여 열심히 했는데 그 결과가 별로 좋지 못한 경우가 의외로 많다. 일을 잘하는 것도 중요하지만 꼼꼼하게 마무리를 잘하는 것이 더 중요하다. 그래서 몇 년 전에 한동대학교의 신문사에서 리더십 교수로서 책을 한 권 추천해달라고 요청했을 때 주저하지 않고 '왕중추'라는 사람이 쓴 〈디테일의 힘〉(올림)이라는 책을 추천해 주었다. 이 책은 '디테일'이 개인과 기업과 국가의 경쟁력에서 얼마나 중요한 위치를 차지하는지를 풍부한 예화와 생생한 실천사례들을 통해 실감 나게 보여준 책이다.

이 책에 나오는 예화 중에 이런 이야기가 있다. 어떤 제약회사 공장장이 독일에서 온 대표단을 초청하여 공장 견학을 시키는 도중에 무심결에 공장 바닥에 침을 뱉었다. 그러자 그 광경을 목격한 대표단은 곧바로 공장 견학을 중단하고 그 제약회사와 맺은 제휴계획을 전면 백지화하였다. 왜냐하면 제약회사 특성상 청결이 생명인데 공장장이라는 사람이 아무 곳에나 침을 뱉는다면 그곳 근로자들의 수준은 보나 마나일 것이라는 생각이 들었기 때문이다.

나도 이와 비슷한 것을 느낀 적이 있다. 동네에 반찬 가게가 하나 생겼다. 가보니 반찬 종류는 많지 않았지만 나름대로 자부심이 대단한 반찬가게였다. 어떤 요리 장인의 요리 비법을 가지고 반찬을 만든다고 하였다. 그래서 기대감을 가지고 반찬을 몇 가지 샀는데 계산을 하고 난 뒤 그 집에서 반찬들을 비닐봉지에 넣는 모습을 보며 큰 충격을 받았다.

반찬을 파는 아주머니께서 비닐이 잘 안 벗겨지니까 손에 침을 발라서 비닐을 벌려서 그곳에 반찬을 집어넣었다. 순간 갑자기 그 반찬을 먹고 싶은 마음이 싹 가셨다. 아무리 최고의 요리사가 만든 레시피로 반찬을 만드는 가게라고 하더라도 손가락에 침을 뱉어 가면서 비닐을 관리할 정도라고 하면… 그 반찬의 청결성도 믿을 수 없는 것이라는 생각이 들었다. 그런 이유에서인지는 확인해볼 수 없지만 몇 년 안 되어 그 반찬 가게가 문을 닫았다.

왕중추의 책에는 이런 이야기도 나온다. 입사 시험에서 최고의 성적을 거두어 합격이 기정사실이 되었던 지원자가 예상을 깨고 불합격이 되는 상황이 발생했다. 알고 보니 그가 구겨진 이력서를 제출한 것이 원인이었다. 회사가 보기에는 이력서 하나도 제대로 관리하지 못하는 사람에게 일을 맡길 수는 없다는 것이 이유였다.

나도 교수로서 학생들 레포트를 받았을 때 언젠가 레포트 앞면에 담당 교수 이름을 적는 란에 '라원기' 교수가 아니라 '라운기' 교수라고 적은 것을 보았다. 학생이 너무 급하게 내는 바람에 담당 교수의 이름을 잘못 적어 제출한 것이다. 그 외에도 레포트에 철자나 받침이 틀린 경우를 많이 보게 된다. 자연히 내용을 자세히 보기 전에 레포트 전체에 대한 신뢰성에 대한 의심을 가지게 될 수밖에 없다.

이런 작은 실수는 때로 치명적이다. 그래서 나는 미국에서 박사 공부를 하면서 페이퍼나 논문을 써서 낼 때 미국인 친구를 통해 스펠링 교정을 꼼꼼하게 해서 제출을 하였다. 또한 단어뿐만 아니라 문장 전체의 문맥에 이상한 점은 없는지 철저하게 점검을 한 후에야 매번 제출하였다. 다행히 나에게 도움을 주었던 미국인 친구가 과거에 대형 출판사에서 교정하던 사람이어서 이 부분에 있어서 제대로 도움을 받았다. 당시 깐깐하기로 소문난 교수님께서 내가 낸 글이 문맥이나 철자에 오류가 없어서 읽기 편하다고 하는 칭찬을 해주셨을 정도였다. 얼마나 기분이 좋았는지 모른다.

우리는 일상생활에서 작은 일이라고 꼼꼼하게 체크 하지 않다가 의외의 실수를 저지르는 경우가 많이 있다. 예를 들면, 밤을 새우면서 열심히 공부해서 시험을 치렀는데 본인 이름을 깜빡하고 안 적었다든지, 답안지에 정답을 한 칸씩 밀려 썼다든지, 전자인식이 안 되는 필기도구를 사용해서 영점 처리를 당했다든지 하는 것이다. 또 수능을 칠 때 실수로 가방이나 옷에 휴대폰을 소지하고 와서 실격 처리가 된 안타까운 사연도 있다. 이 모두가 디테일에 신경을 쓰지 못해서 일어난 일이다.

이 같은 예를 드라마에서도 본 기억이 있다. 가령 조선 시대를 배경으로 하는 사극을 촬영하면서 주인공이 실수로 손목시계를 차고 나온 경우가 있었다. 의상을 갈아입으면서 손목시계를 풀고 나오는 것을 깜박하고 잊어버린 것이다. 이러한 단 한 번의 실수는 시청자들의 몰입을 완전히 깨뜨린다.

스코틀랜드 독립을 위해 활약한 '윌리엄 월레스'의 일대기를 그린 〈브레이브 하트〉라는 영화에도 이와 비슷한 실수가 있었다. 이 영화에서 잉글랜드군과 스코틀랜드군이 맞붙는 장면이 있는데 이때 잉글랜드 기병이 놀진하자 그들이 사라신 빈사리에 하얀 사동차 한 내가 서 있는 깃이 그대로 상영되었다. 미처 치우지 못한 것이겠지만, 아쉬운 것은 필름 편집 과정에서도 잡아내지 못했다는 점이다. 결국 13세기를 배경으로 하는 영화에 20세기 자동차가 등장하는 해프닝이 일어나게 되었다.

디테일한 부분의 실수는 스포츠 경기에서는 더욱 치명적이다. 축구 경기 때 수비수의 단 한 번의 실수는 상대편에 역습의 기회를 제공할 수 있다. 이는 실점으로 이어진다. 실수로 인한 실점은 결국 경기를 지게 한다. 그래서 15세기부터 영국에서는 다음과 같은 민요가 전해져 오고 있다고 한다. "못 하나가 없어서"라는 제목의 민요이다.

못 하나가 없어서 말편자를 버리게 되었네,
말편자가 없어서 말을 버리게 되었네.
말이 없으니 기사가 기사 노릇을 못하네.
기사가 없으니 전투에서 졌다네.
전투에서 져서 나라가 망했다네.
못 하나가 없어서 모든 것을 잃었다네.

많은 생각을 하게 하는 민요이다. "나비 효과"라는 말도 있듯이 우리가 생활할 때 무심코 한 작은 행동 하나가 때로는 생각지도 못한 결과를 가져온다. 그러므로 리더는 작은 일도 크게 생각하고 디테일한 작은 부분까지도 세심하게 관심을 기울여야 한다.

하나님은 디테일에 강하신 분

나는 우리가 믿는 하나님도 디테일에 아주 강하신 분이라고 생각한다. 우주의 천체들의 궤도를 보면 너무나 정밀하게 설계되어 있다. 아주 작은 부분에서라도 조금의 오차가 있으면 별들끼리 서로 부딪히거나 행성들이 궤도를 벗어나는 일이 발생할 것이다.

하나님이 만드신 자연 만물을 보면 하나님의 디테일한 솜씨가 여실히 드러난다. 꽃잎 하나를 보아도 너무나 정교하게 설계되어 있고 나뭇잎 하나하나도 정밀하게 설계되어 있다. 지구가 스스로 자전을 하면서 태양 주위를 도는 공전을 하는데 이 모든 일이 한 치의 오차도 없이 이루어진다. 일 년이 365일이고 하루가 24시간이라는 시간 단위가 언제나 일정하게 유지되는 것은 하나님이 천체의 움직임을 디테일 하나하나까지 세밀하게 설계해 놓으셨기 때문이다.

인간의 몸을 관찰하면 이 디테일의 중요성이 더욱 드러난다. 사람이 상처를 입으면 피가 흐르게 되어 있다. 그런데 피가 멈추지 않고 계속 흐르면 어떻게 될까? 큰 문제가 발생하게 될 것이다. 그러므로 하나님께서는 인간이 피를 흘리면 자연스럽게 응고가 되게 만드셨다. 하지만 피는 너무 응고되어도 문제가 된다. 그렇게 되면 혈관 속에서 피가 응고되는 경우가 발생할 수 있기 때문이다. 그래서 하나님께서는 피가 몸 밖으로 나올 때만 응고되도록 조정해 놓으셨다. 이 얼마나 디테일한 하나님의 배려와 사랑인가?

이외에도 하나님의 디테일한 사랑은 인간의 몸 구석구석에 숨어 있다. 인간의 몸은 근육에 의하여 움직이는데 근육은 두 종류로 나뉜다. 자신의 마음대로 조절할 수 있는 근육을 수의근이라 하고 사람의 의지와는 상관없이 움직이는 근육을 불수의근이라고 한다. 심장은 사람의 의지와는 상관없이 움직이는 불수의근으로 되어있다.

이것은 굉장히 중요하다. 만약 심장이 주먹을 폈다 오므렸다 하는 것처럼 사람이 마음대로 조절할 수 있는 수의근으로 되어 있으면, 심장이 정상적으로 뛰기 위해서는 사람이 매번 신경을 써야 한다. 상상해 보라. 사람들이 온통 심장을 뛰게 하는 데만 신경을 쓰고 다른 일은 할 엄두도 내지 못하는 모습을. 또한 만약 건망증이 있는 사람이 심장을 뛰게 하는 것을 깜빡 잊어버리게 되면 그 결과는 치명적이다. 하나님께서는 이러한 것들을 아시기 때문에 하나님이 멈추라고 명령하시는 순간까지 심장을 무의식적으로 뛰도록 만드셨다. 이 얼마나 자상한 하나님의 사랑인가?

또 인간의 머리털에 대해 생각해 보라! 일반적으로 동물들의 털은 어느 정도 길이가 되면 더는 자라지 않고 그대로 있거나 빠진 후에 다시 나거나 한다. 그런데 만일 동물들의 털이 계속 자란다면 어떤 일이 벌어지겠는가?. 동물들은 털이 이리저리 나뭇가지에 걸려 돌아다니지도 못하고, 숲속은 온통 동물들의 털로 뒤덮일 것이다.

재미있는 사실은 일반적인 동물들과는 달리 사람의 수염이나 머리칼은 계속 자란다. 이는 하나님께서 사람만을 위해서 특별히 설계한 것이다. 즉 하나님께서 사람을 만드실 때 미용상의 부분까지 고려했다는 것을 의미한다. 여러분은 옆에 있는 사람이 수염의 형태나 머리 스타일을 바꾸면 이미지가 얼마나 바뀌는지 익히 알 것이다. 이렇게 하나님께서는 미적 감각까지도 세심하게 고려해서 인간을 만드셨다. 그러므로 미용 업무나 이발 업무에 종사하는 분들은 인간의 머리털을 자라게 하신 하나님께 날마다 감사해야 한다.

디테일에 관한 하나님의 위대하심은 인간의 지문을 보면 더더욱 놀라움과 감탄을 자아내게 만든다. 지구상에 약 70억이 넘는 인구가 살고 있는데 사람마다 지문이 전부 다르다. 하나님이 인간을 얼마나 디테일하게 설계하셨으면 이렇게 작은 손가락 안에 있는 지문을 70억 개 이상의 다른 조합으로 만들 수 있었을까? 하나님은 인간의 지문을 왜 그렇게 독특하게 만드셨을까? 물론 어떤 사람은 범인을 잘 잡기 위해서라고 대답할지도 모른다.

그러나 나는 그것보다 더 큰 의미가 있다고 본다. 하나님은 우리 한 사람 한 사람이 독특하고 특별한 존재임을 말하기 위해 지문을 각각 다르게 만드신 것이다. 다른 말로 하면 인간은 공장에서 똑같이 찍어내는 제품이나 인형이 아니라는 말이다. 한 사람 한 사람이 다 디테일한 하나님의 작품이라는 것이다. 제품은 똑같은 물건이 여러 개가 나올 수 있지만 위대한 화가의 작품은 똑같은 것이 하나도 없다. 하나님은 모든 인간이 싸구려 제품이 아니라 하나님의 위대한 작품이라는 사실을 알려 주시기 원하셨다. 그래서 지문도 각기 다르고 홍채도 각각 다르게 만드셨다.

하나님은 디테일에 강하신 분이시다. 성경에 보면 하나님이 성막이나 성전을 지을 때 건축물의 구성에 대해서 얼마나 자세히 지시하는지 모른다. 등잔대 하나를 만들어도 등잔대의 모양과 등잔대 줄기의 모양, 그리고 등잔대 받침의 모양까지 너무나 자세하고 디테일하게 설명해 주신다. 이것은 인간의 생각이나 판단대로 하나님의 성전을 건축하지 못하도록 하나님께서 세세하게 영적인 의미를 담아서 지시하고 설명하신 것이다.

성경에 보면 노아의 홍수 이야기가 나온다. 여기에서도 하나님께서는 노아에게 방주를 어떻게 만들어야 할지 아주 세밀하고, 디테일하게 지시하신다. 방주의 크기와 형태는 물론, 방주에 칸들을 막고 역청을 그 안팎에 칠하라는 내용까지 나온다. 역청은 물이 방주 안으로 들어오지 못하도록 방수 역할을 한다. 디테일에 강한 하나님의 세심한 배려로 노아의 방주는 40일 동안 물에 떠 있으면서도 물속으로 잠기지 않을 수가 있었다.

리더는 디테일에 신경 써야 한다

사람들의 능력과 실력은 보통 비슷비슷하다. 그렇기 때문에 어떻게 보면 성공과 실패는 대단한 능력과 실력의 차이에서 나오는 것이 아니라 작고 미묘한 차이에서 판가름 나는 경우가 많다. 그러므로 리더는 작은 것 하나라도 꼼꼼히 살피는 섬세함이 있어야 한다.

수학에서 100-1=99이다. 그러나 음식 장사를 하는 분들은 100-1은 99가 아니라 0이라고 이야기한다. 이 말이 무슨 뜻인가? 예를 들어 맛도 좋고 영양가가 뛰어난 한 식당이 있다고 해 보자. 하지만 만약 손님상에 올라온 물컵이 불결하다고 한다면 손님은 그 한 가지 이유로 다시는 그 식당을 찾지 않을 수도 있다. 그러므로 디테일의 문제는 작은 문제가 아니라 때로는 개인이나 기업의 사활을 결정짓는 문제이다.

한번은 친구 목사님과 어떤 음식점에 들어갔다. 배가 고파 비빔밥을 주문했는데 비빔밥의 밥이 너무 차가웠다. 밥이 너무 차갑다 보니 음식이 잘 넘어가지 않았다. 속으로 '밥을 전자레인지에라도 돌려서 주지 이게 뭐 하는 것인가?' 하는 생각을 했다. 모처럼 만난 친구 목사님과의 식사 시간이라 분위기를 망치고 싶지 않아서 그냥 아무 말 없이 음식을 먹었다. 하지만 다시는 그 식당에 가지 않았다.

이와 비슷한 경험을 한 적이 또 있다. 내가 아는 후배 전도사가 결혼을 하게 되었다. 바쁜 시간을 쪼개서 신부 될 자매와 함께 인사를 하러 왔다. 결혼식 전에 꼭 인사를 드리고 싶다고 찾아왔기에 같이 식사를 하러 갔다. 모처럼 귀한 손님이 왔기에 교회 근처에 갈만한 레스토랑이 있는지 미리 인터넷으로 검색해 보았다. 나름 인기가 있는 한 레스토랑을 알게 되어 그곳으로 두 사람을 데리고 갔다. 아내도 함께 동석하게 되어 네 사람이 즐거운 마음으로 화기애애한 분위기 속에서 이야기를 나누었.

그런데 문제는 종업원들의 태도가 문제였다. 그 식당에는 여종업원이 세 명이 있었는데 하나같이 너무나 불친절했다. 메뉴는 괜찮았고 식사도 맛있었다. 또 인테리어도 그런대로 괜찮았다. 그런데 종업원들이 너무 불친절하니까 입맛이 싹 달아났다. 더군다나 모처럼 귀한 손님을 모시고 갔는데 종업원들이 함부로 대하니까 너무 미안한 마음이 들었고, 당황스러웠다. 그렇다면 내가 그 레스토랑 주인에게 찾아가서 종업원들이 불친절하다는 말을 했을까? 물론 당연히 하지 않았다. 함께 간 손님이 있었기에 아무 말 없이 그냥 식사만 하고 나왔다. 그리고 물론 그 이후로는 그 레스토랑에 가지 않았다. 아마도 그 레스토랑의 주인은 알지 못할 것이다. 위치도 좋고, 인터넷에 맛집으로 소문이 나 있고 메뉴도 좋은데 왜 손님이 적은지 말이다.

모든 것을 다 갖추었다고 하더라도 결정적으로 한 가지가 부족하면 모든 것을 다 잃을 수가 있다. 그러나 그 반대도 성립한다. 100-1=99가 될 수도 있지만 100+1=200이라는 공식도 성립할 수 있다는 의미이다. 무슨 말이냐 하면 개인의 지능이나 기업의 수준에서는 보통 큰 차이가 나지 않기 때문에 작지만, 결정적인 1%를 포착하고 그것을 체계적이고 전략적으로 잘 공략하면 의외의 결과를 얻을 수 있다는 것이다.

왕중추의 책에는 대만 최대의 갑부였던 고(故) 왕융칭(王永慶) 포모사 그룹 회장의 이야기가 나온다. 왕융칭은 16세의 나이에 쌀가게를 열었다. 그런데 이미 인근에는 30개의 쌀가게가 있었고, 그의 가게는 외진 골목에 있어서 경쟁이 되지 않았다. 하지만 그는 다른 가게와는 다른 방법으로 가게를 운영했다. 당시에는 사람들이 잘하지 않던 서비스를 추가했다. 그는 쌀을 팔기 전에 쌀에 섞인 돌을 손수 골라내어 판매하였고, 판매한 쌀을 손님의 집까지 직접 배달해주는가 하면, 쌀이 떨어질 때를 예상해서 찾아가는 등 당시로서는 획기적인 서비스를 제공하였다. 결국 이렇게 작고 세세한 부분까지 신경을 쓰는 것이 경쟁력이 되어 왕융칭은 대만 최고의 기업을 일으킬 수가 있었다. 그는 큰 기업을 이루고 난 뒤에도 세세한 것까지 챙기고 신경 쓰는 것으로 유명했다.

결국 그렇게 볼 때 성공과 능력의 차이는 큰 것에 있지 않고 작고, 미미한 부분에서 결정 된다는 사실을 알 필요가 있다. 이것은 인간관계에 적용해 보아도 알 수 있다. 보통 내가 누군가와 멀어지는 경우는 큰 실수를 저질러서라기보다는 사소한 것에서 출발한다. 사소한 약속을 계속 어긴다거나 이메일이나 문자 등에 답장을 게을리 하는 것들이 쌓여서 결국 관계의 어긋남으로 이어지는 것이다.

리더는 큰 꿈을 가지고 큰 그림을 볼 줄 알아야 한다. 그러나 동시에 작은 것도 놓치지 않는 섬세함과 예리함이 있어야 한다. 〈아이들이 교회로 몰려온다〉 라는 책이 있다. 이 책 81페이지에는 최창수 목사님이라는 분이 첫 사역지에서 경험한 내용이 나온다. 당시 첫 사역지는 최 목사님의 모 교회였다. 목사님은 함께한 교사들도 잘 아는 분들이어서 별 긴장감 없이 아이들과 함께 첫 수련회를 갔는데 담임 목사님이 격려차 방문하였다. 그리고 이것저것 살펴보시더니 몇 가지 질문을 하였다.

"애들 물은 어디서 먹니?"

"정수기는 챙겨 왔니?"

"샤워실에 뜨거운 물은 나오니?"

"세숫대야는 수량이 충분하니?"

"화장실에 휴지는 있니?"

"화장실 물은 잘 내려가니? 막힌 곳은 없니?"

"방석은 어디에 보관되어 있니?"

"비상약은 챙겨 왔니?"

이런 질문들을 받고 많이 당황했다고 한다. 노련한 목사님의 연륜이 묻어 나오는 질문들이다. 이런 것들이 수련회에서 은혜받는 일과 별로 상관없는 것으로 보여도 막상 그렇지 않다. 본인도 지금까지 교회 사역을 해 오면서 느낀 것은 전체 행사가 잘 돌아가려면 누군가는 뒤에서 꼼꼼하게 신경 쓰고 챙겨 주는 사람이 있어야 한다는 것이다. 세세한 부분에 꼼꼼하게 신경 쓰지 않으면 결국 뭔가 문제가 발생한다.

보통 교회에서 여름 수련회를 가면 선풍기를 챙겨가는 일은 드물다. 그 이유는 대부분 수련회 장소에 에어컨이 있기 때문이다. 그러나 에어컨이 있다고 밤새 에어컨을 켜놓고 잘 수는 없다. 또 때로는 에어컨을 켜도 너무 더울 때도 있다. 그럴 때 선풍기를 몇 대 교회에서 챙겨서 가면 유용하게 사용할 수 있다. 이런 부분은 보통 사람들이 잘 신경을 쓰지 않는 디테일한 부분이지만 이런 것들이 의외로 중요한 경우가 많다.

나는 책을 많이 저술한 작가이다. 그러므로 책을 쓰고 출판할 때 디테일의 중요성을 많이 느낀다. 책 한 권이 제대로 나오기 위해서는 책의 내용뿐만 아니라 목차, 표지와 제목, 오탈자 등을 세심하고 꼼꼼하게 살펴야 한다. 이 일에는 상당한 디테일한 관심과 열정이 요구된다. 특별히 교정 상의 실수를 피하기 위해서는 언제나 꼼꼼하게 살펴보고 몇 번을 확인하는 것이 필요하다. 분명 그렇게 했는데도 나중에 출판된 책을 보면 오타나 실수가 발견될 때가 많이 있다. 출판을 오래 한 분이 이런 상황에 대해 "활자가 마법을 부리는 것 같다"라고 표현하는 것을 들었다. 분명히 출판 전에 교정하면서 살펴보았을 때는 보이지 않던 실수들이 책이 만들어져 나오면 보이게 되는 경우가 많아서이다. 그래서 책을 실수 없이 만들기 위해서는 평소에 디테일한 부분에 신경 쓰는 훈련이 되어 있어야 한다.

디테일에 신경 쓰라고 하는 말을 성경에서는 이렇게 표현한다. "작은 일에 충성하라!" 일반적으로 사람들은 화려한 일, 자신을 크게 드러낼 수 있는 일, 남들이 다 알아주는 일에는 충성한다. 그러나 남들이 잘 알아주지 않는 일, 열심히 해도 표시가 잘 나지 않는 일, 그리고 화려하거나 멋있게 보이지 않는 일들은 대충 한다. 꼼꼼하게 챙기며 심혈을 기울이기가 쉽지 않다.

그러나 그리스도인들이 주님께서 명령하신 섬기는 리더가 되려고 한다면 반드시 작은 일에 충성해야 한다. 주님을 위한 일이라면 그 어떤 일이라도 작은 일이 될 수 없다. 모두 소중하고 귀중한 일이다. 주일 학교에서 학생들을 가르치는 일도 중요한 일이지만, 학생들의 간식을 챙겨주고 신발 정리를 해 주는 것도 그에 못지않게 중요한 일이다.

교회 성가대에서 찬양을 부르고 목소리로 하나님께 영광을 올려 드리는 일도 중요한 일이지만 주일 준비를 위해 토요일 저녁에 나와서 교회 청소를 하고 의자를 세팅하는 것도 그 못지않게 중요하다. 주일날 성도들이 교회로 들어올 때 주보를 나누어 주고 안내를 서는 것도 중요한 일이지만 식사를 마친 후 음식 정리를 하고 설거지를 하는 일도 무척 중요하다. 결국 주님 앞에서는 모든 일이 다 중요한 일이다. 작은 일은 누구나 할 수 있는 일이지만 또한 그것은 아무나 할 수 없는 일이다. 그 이유는 작은 일이기 때문에 사람들이 무시하거나 시시하게 여겨서 놓쳐 버리기 쉽기 때문이다.

성경에 나오는 오병이어 기적을 생각해 보라! 예수님은 빈들에 모인 수많은 군중에게 열심히 말씀 강론을 하셨다. 강론이 끝나고 나니 이미 날이 저물어 가고 있었다. 사람들에게 먹을 것을 주어야 하는데 5,000명의 군중에게 줄 식량이 없었다. 그때 예수님의 제자 중 하나인 안드레가 예수님께 한 어린아이를 데려왔다. 그 아이는 작은 도시락을 가지고 있었다. 너무나 작은 아이였고 군중의 숫자에 비해 너무나 적은 양의 음식이었기에 다른 제자들은 무관심하게 쳐다보았을 것이다. 그러나 안드레는 반신반의하면서도 그 소년을 예수님에게 데리고 갔다. 그날 이 작은 도시락을 통해 오병이어의 기적이 일어났다.

이것은 긍정적인 경우의 이야기이다. 그러나 반대로 우리 일상에서 작은 일이 안 좋은 큰일로 확대되는 경우는 너무나 많다. 불씨가 아직 남아 있는 담배꽁초를 아무 데나 버린 단 한 번의 사건이 산 전체를 태워 버리는 일도 있고, 단 한 사람의 질병 감염이 나라 전체에 영향을 끼치기도 한다.

한 예로 2015년 5월 국내에 메르스 환자가 발생하였다. 이 질병은 중동을 방문했던 한 사람이 메르스에 감염되어 와서 발생한 전염병이었다. 그런데 놀랍게도 이 한 사람으로 인해 입은 국가적인 손실은 무려 6조 3,600억 원이다. 단 한 사람이 끼치는 영향력이 이렇게 큰 것이다. 그러므로 리더는 작은 일, 작은 사건도 쉽게 여겨서는 안 된다.

여호수아서에 보면 이스라엘 백성들이 여리고 성을 점령했을 때 아간이라는 사람이 물건을 훔쳐서 숨겨둔 사건이 나온다. 여리고 성은 가나안 정복의 첫 성으로 하나님께는 첫 열매가 된다. 그러므로 하나님께서는 첫 열매이자 하나님께 모두 바치는 상징으로 은금과 동철 기구 외에는 단 하나도 남김없이 태워버리라고 명령하셨다. 그러나 아간은 욕심이 생겨서 외투와 은과 금덩어리를 몰래 숨겼다. 이로 인해 그다음 전투인 아이성 전투에서 이스라엘 백성들이 크게 패하고 36명이나 죽임을 당하는 사건이 일어났다. 이 모든 일은 아간 한 사람의 범죄로 인해 일어난 일이었다.

교회 안에서도 이러한 일들은 얼마든지 일어날 수 있다. 단 한 사람의 잘못이나 단 한 사람의 범죄로 교회 전체가 큰 어려움을 당하거나, 교회에 임할 하나님의 은혜의 통로가 막히는 수가 있다. 그러므로 리더는 언제나 공동체를 세심하게 관찰하면서 그 안에서 영적으로 어긋나는 부분이 없는지를 잘 살펴보아야 한다.

왕중추(汪中求) 소장은 중국이 디테일에 약한 이유를 중국은 큰 것만 중시하고 작은 것은 가볍게 여기는 문화가 오래도록 전해져 왔기 때문이라고 지적한다. 즉 "대장부는 사소한 일에 신경 쓰지 않는다"는 식의 중국인의 전통적인 사고방식이 디테일한 부분을 놓치게 만든다는 것이다.

우리나라의 경우도 이와 비슷하게 큰 것만을 좋아하고 선호하는 경향이 있다. 나라 이름도 그냥 한국이 아니라 대한민국이다. 교회도 대형교회를 좋아하고 회사도 대기업을 선호한다. 그러다 보니 작은 것은 시시하게 여기고 무시하는 경향이 있다.

여기에다가 우리나라 문화에는 "빨리빨리" 문화가 자리 잡고 있다. 그러다 보니 음식을 시켜도 빨리 배달해서 가져와야 하고, 인터넷 속도가 조금만 늦어도 짜증 나서 견디지 못한다. 이런 신속성의 문화가 일을 빨리 처리한다는 면에서는 좋은 것이나, 일을 제대로 처리하는 부분에서는 많은 실수를 유발한다. 우리가 이런 것을 극복하기 위해서는 작은 것의 중요성을 인정하고 작은 부분에서도 꼼꼼하게 살피고 신경 쓰는 그런 습관을 길러야 한다.

어떤 분은 우리 동양문화는 보따리 문화이고 서양문화는 007가방 문화라는 말을 했다. 보따리는 대충대충 짐을 꾸릴 때 유용하다. 그냥 일단 다 뭉뚱그려 한꺼번에 넣으면 끝난다. 그러나 그만큼 보따리에 들어간 물건들은 서로 뒤엉켜 엉망이 되고 만다. 007가방에는 물건이 차곡차곡 순서대로 들어간다. 하지만 들어간 물건은 뒤엉키지 않는다. 있던 자리에 그대로 질서정연하게 있다. 이처럼 서양 사람들은 일할 때 하나하나씩 질서정연하고 치밀하게 일을 하는 것을 좋아한다.

그러다 보니 때로는 융통성이 부족하다는 단점이 있기도 하지만, 일반적으로 일이 빈틈없이 완벽하게 처리되는 경우가 많다. 디테일에 강한 사람이 되기 위해서는 모든 일을 꼼꼼하게 처리하는 이러한 서양적 사고방식을 배울 필요가 있다. 이와 함께 디테일에 신경 쓰는 사람이 되기 위해서는 태도가 중요하다. 작은 것도 귀하게 여기는 겸손한 태도, 대충대충 얼렁뚱땅하려고 하지 않고, 치밀하고 정확하게 하려고 하는 꼼꼼한 태도가 필요하다. 성경에는 일하는 사람의 태도에 대해 다음과 같이 말한다.

종들아 두려워하고 떨며 성실한 마음으로 육체의 상전에게 순종하기를 그리스도께 하듯 하라 눈가림만 하여 사람을 기쁘게 하는 자처럼 하지 말고 그리스도의 종들처럼 마음으로 하나님의 뜻을 행하고 기쁜 마음으로 섬기기를 주께 하듯 하고 사람들에게 하듯 하지 말라 이는 각 사람이 무슨 선을 행하든지 종이나 자유인이나 주께로부터 그대로 받을 줄을 앎이라

(에베소서 6:5-8)

여기서 "육체의 상전에게 순종하기를 그리스도께 하듯 하라"는 말은, 일하는 자들이 이 땅에서 주인을 섬기지만, 사실은 "그리스도 예수"를 섬기는 마음과 자세로 일을 하라는 것이다. 즉, 일할 때 "사람의 눈치를 보며, 주인의 비위를 맞추기 위해, 주인이 지켜볼 때만 일하는 척하는 자세를 가지지 말라"는 의미이다. 우리는 사람의 눈은 속일 수 있지만, 하나님의 눈은 속일 수 없음을 기억해야 한다. 그러므로 디테일에 신경을 쓴다는 것은 모든 일을 세밀하고, 꼼꼼하게 처리하고자 하는 마음 자세이다. 이와 함께 작은 일에도 최선을 다하고자 하는 충성의 자세와 보잘것

어 보이는 일도 크고 중요한 일로 생각하는 겸손의 자세를 의미한다.

도산 안창호 선생님은 24살에 미국으로 유학 가서 청소 아르바이트를 하였다. 그런데 그가 청소하면서 얼마나 꼼꼼하고 성실하게 일을 하였던지, 그에게 일을 시킨 미국 사람이 약속된 것보다 훨씬 더 많은 돈을 주면서 "당신은 청소부가 아니라 신사입니다"라고 말했다고 한다. 못 하나를 박더라도 그 목수의 실력을 알 수 있듯이 청소하는 태도 하나만 보더라도 그 사람의 됨됨이를 알 수가 있다. 그러므로 우리는 자신에게 맡겨진 모든 일에 최선을 다하고 충성하는 자세를 늘 가져야 한다.

성경에 보면 가끔 우리가 잘 알지도 못하는 사람들의 이름이 꼼꼼하게 기록되어 있는 것을 볼 수 있다. 가령 다윗과 함께 전쟁터에서 열심히 싸웠던 부하들의 이름들이나, 느헤미야가 성벽을 건축했을 때 그를 도와 함께 일했던 사람들의 이름, 그리고 바울이 쓴 로마서에 그와 함께 동역했던 사람들의 이름이 꼼꼼하게 나열되어 있다. 이런 이름을 읽다가 보면 이런 생각이 든다. 하나님께서는 왜 이렇게 이름들을 지루하게 다 기록해 놓으셨을까? 여기에는 하나님의 깊은 뜻이 있다. 곧, 하나님 나라와 의를 위해 희생하고 헌신한 사람들의 이름을 일일이 다 기억하시겠다는 뜻이 담겨 있는 것이다. 예수님은 언젠가 제자들에게 이런 말씀을 하셨다.

누구든지 너희가 그리스도에게 속한 자라 하여 물 한 그릇이라도 주면 내가 진실로 너희에게 이르노니 그가 결코 상을 잃지 않으리라

(마가복음 9:41)

이 얼마나 감동적인 말씀인가! 물 한 그릇은 보잘것없어 보인다. 그러나 주님을 사랑하는 마음으로 베푼 그 작은 친절까지도 하나님은 절대 잊지 않으신다. 그뿐만 아니라 세밀하게 챙겨서 상급으로 갚아 주시겠다고 약속 하시는 것이다. 하나님은 우리가 주님을 위해 헌신하고 수고한 모든 부분을 디테일하게 기억하시고 천국 상급으로 하나하나 다 갚아 주실 것이다. 그러므로 이를 기억하며 우리 모두는 주님께서 맡겨주신 일을 할 때 최선을 다해 꼼꼼하고 정성스럽게 하는 습관을 길러야 할 것이다.

질문의 힘을 아는 리더가 되라

질문의 중요성

한 미국 고등학생이 교환학생 신분으로 한국에 왔다. 그 학생이 한 학기를 마치고 다시 돌아갈 때, 어떤 기자가 질문했다. 한국에 와서 가장 놀란 것이 무엇인가? 이 질문에 학생은 두 가지를 말했다. 첫째는 학생들이 공부를 그렇게 열심히 하는 것을 보고 놀랐다고 했다. 이른 아침부터 밤늦게까지 그렇게 목숨 걸고 공부하더라는 것이다.

두 번째로 놀란 것은 그렇게 열심히 공부하는데도 노벨상 수상자가 안 나오는 것을 보고 놀랐다고 했다. 그 이유가 무엇인가? 우리는 공부는 열심히 하기는 하지만 정해진 해답을 찾는 공부만 한다. 질문하고 고민하면서 공부하는 방법을 가르치지 않는다.

우리가 잘 알듯이 유대인들은 수많은 노벨상 수상자를 배출한 탁월한 민족이다. 그런데 그들이 이 같은 놀라운 업적을 이루게 된 데에는 평소에 질문하기를 즐겨하는 그들의 교육습관이 큰 영향을 끼쳤다. 우리나라 부모들은 아이들이 학교에서 돌아오면 "오늘은 무엇을 배웠니?" 하고 물어본다. 하지만 유대인 부모들은 "오늘은 선생님께 무엇을 물어보았니?"라고 질문한다. 이러한 방식으로 유대인들은 어려서부터 자녀에게 질문의 중요성을 알고, 익히게 한다.

한마디로 말해 우리의 교육 방법은 "듣고, 외우고, 시험 보고, 잊어버리고"의 교육이라면, 유대인의 교육은 '질문과 토론의 교육'이다. 이것을 유대인들은 〈하브루타〉라고 한다. 이 단어의 의미는 "짝을 지어 질문하고 대화하고 토론하고 논쟁한다."는 뜻이다. 유대인의 이런 공부 방법은 그들을 세계 최고의 민족으로 만들었다.

역사상 위대한 발견은 대부분 위대한 질문으로부터 시작되었다. 우리가 알듯 뉴턴은 사과나무에서 사과가 떨어지는 것을 보고, '만유인력의 법칙'을 발견하였다. 여기서 우리가 중요하게 생각해야 할 것은 뉴턴 이전에도 수없이 많은 사과가 사과나무에서 떨어졌을 것이라는 사실이다. 그러나 떨어지는 사과를 보고 '만유인력의 법칙'을 발견한 사람은 오직 뉴턴밖에 없다. 그 이유가 무엇인가? 그것은 오로지 뉴턴만이 "사과가 왜 떨어질까?"하고 질문했기 때문이다.

사실상 인류의 발전은 수없이 많은 사람의 지적 호기심의 결과이다. 그것이 모여 이 거대한 문명사회를 형성하였다. 이 호기심을 활활 지피는 연료의 역할을 한 것이 바로 질문이다. 가령 "왜 인간은 새처럼 날 수 없을까?", "물고기는 어떻게 해서 물속에서 살 수 있는 것일까?", "왜 밤하늘의 별들은 떨어지지 않고 매달려 있을까?", "인간이 좀 더 빨리 달릴 방법은 없는 것일까?" 이 같은 사소한 호기심에서 시작된 질문들이 오늘날과 같은 발전을 이루게 한 원동력이다.

그래서 앤서니 라빈스는 다음과 같이 말했다.

"질문은 우리가 상상하는 것 이상으로 강력한 도미노 효과를 유발한다. 우리가 부딪히는 한계에 대해 제기하는 질문은 삶의 장벽들을 무너뜨린다. 나는 모든 인간의 진보가 새로운 질문에서 비롯된다고 믿는다."

이처럼 호기심이야말로 하나님께서 우리 인간에게 주신 가장 귀중한 선물 중의 하나라고 해도 과언이 아니다.

하나님께서 인간에게 공중의 새와 바다의 물고기와 땅에 움직이는 모든 생물을 다스리고 정복하라고 하셨지만 새와 같은 날개나, 물고기와 같은 부레나, 사자와 같은 날카로운 이빨을 주시지는 않으셨다. 그러나 생각할 수 있는 머리와 엄청난 지적 호기심을 주셨다. 인간은 이성을 통해 질문하고 답을 찾아가는 과정을 통해 이 모든 것을 정복하고 다스릴 수 있게 되었다. 날개는 없지만, 새처럼 날아다닐 수 있게 되었으며 부레나 지느러미는 없지만, 물속을 헤엄쳐 다닐 수 있게 되었다. 또한 치타처럼 빠른 발은 없지만, 자동차나 기차의 발명으로, 이 세상의 그 어떤 동물보다 빠른 속도로 달릴 수 있게 되었다. 이것이 바로 하나님께서 인간에게 주신 놀라운 축복이다.

문제는 오늘날의 교육은 언제부터인가 인간의 왕성한 호기심을 자극하기보다는, 질문을 억누르고 획일적인 답을 찾도록 하는 데 초점을 맞추고 있다는 것이다. 특히 우리나라 교육은 학생들에게 왕성하게 사고하고 질문하는 훈련을 시키기보다는, 해답을 찾는 능력을 기르는데 더 많은 시간을 들인다. 그러다 보니 어릴 때는 활발하게 질문을 던지던 아이들도 조금씩 나이가 들면서 점차 질문하지 않게 된다.

한국이 낳은 석학인 이어령 교수는 어릴 때 별명이 '질문 대장'이었다고 한다. 그의 왕성한 호기심은 심지어 물음표에 대해 질문까지 하게 했다. 선생님께 사람들이 질문하고 마지막에 붙이는 물음표는 어디에서 유래한 것이며 왜 그렇게 생겼느냐고 물었다. 물론 선생님은 이 질문에 대하여 노여워하고 쓸데없는 생각하지 말고, 공부나 열심히 하라고 꾸짖었다. 그러나 이어령 교수의 생각은 달랐다. 그는 궁금한 것을 풀어나가는 것이 진짜 공부라고 생각했다. 그래서 그의 질문하는 버릇은 계속되었고 그것이 오늘날 그를 한국 최고의 석학이 되게 만든 원동력이 되었다.

이어령 교수는 이런 이야기를 한 적이 있다. 어릴 때 학교 선생님께서 이순신 장군이 거북선을 만들어 왜구를 물리쳤다고 하면서 거북선의 모양을 설명하셨다. 대부분의 아이들이 고개를 끄덕였는데, 자신은 손을 들고 당시 상대편 왜구의 배는 어떻게 생겼는지 질문했다고 한다. 선생님이 쓸데없는 질문을 한다고 꾸중을 하였지만, 그는 왜구의 배가 어떻게 생겼는지 그렇게 궁금했다고 한다. 왜냐하면 전쟁은 상대적이기 때문에 왜구 군대의 배 모양이 중요하다고 생각했기 때문이다. 거북선같이 생긴 배가 유리할 수 있었던 것은 상대의 배 모양도 중요한 결정적 요인이라고 생각했다.

우리나라의 교육에서는 대부분 질문을 인정하지 않는다. 내 기억에도 중학교 때 국어 시간에 어떤 친구가 평범한 질문인데도 질문을 했다가 불려 나가서 엄청나게 얻어맞았다. 수업 시간에 쓸데없는 질문을 했다는 것이 그 이유였다. 이처럼 우리나라는 질문을 하면 안 되는 교육 분위기이다. 그래서 아이들의 한없는 호기심이 학교를 들어가면 전부 죽어 버린다. 레리 올슨은 다음과 같이 말했다.

"네 살배기 아이는 보통 하루에 300번 질문을 한다. 대학 졸업자는 보통 20번 질문을 한다. 어릴 때 눈을 반짝이면서 그렇게 많은 질문을 하던 총명한 그 아이는 어디로 갔는가?"

인류 역사상 위대한 발명은 사소한 질문을 무시하지 않은 데서 비롯되었다. 아서 프라이드는 예배 시간에 성가대원들이 찬송가에 표시해 놓은 종잇조각이 책장을 넘길 때마다 떨어지는 것을 보고 스스로에게 질문했다. "책갈피에 종이를 붙여 두었다가 찢어내지 않고 다른 페이지에 다시 붙일 방법이 없을까?" 아서 프라이더의 이 단순한 질문에서 탄생한 것이 포스트잇 메모지이다. 포스트잇은 사무실이나 가정에서, 없어서는 안 될 중요한 물품이 되었다.

질문은 생각을 자극한다. 오늘날 사람들이 질문을 많이 하지 않는 이유는 게을러졌기 때문이다. 이미 모든 것이 맞춤 서비스처럼 제공되는 세상에서 깊이 생각하고 사색하는 것은 익숙하지 않다. 더군다나 텔레비전이나 인터넷을 통해 수많은 영상과 게임 등이 우리의 정신을 빼놓는다. 사람들은 더 이상 사색이나 고민에서 나오는 질문은 필요 없다고 여긴다.

질문은 사실 우리의 정신 근육을 단련시키는 행위이다. 질문하고 답하는 과정에서 우리도 모르는 사이에 정신 근육이 단련된다. 〈The 7

Powers of Questions〉이라는 책을 쓴 도로시 리즈는 질문이 가지고 있는 힘에 대하여 다음과 같이 말하였다.

"분명하고 독창적인 사고는 안팎으로 생활을 풍요롭게 해주고 세상을 개선한다. 당신은 얼마나 많은 시간을 생각하며 보내는가? 다른 사람들에게 생각을 하도록 격려를 해주고 있는가? 생각을 하면 인생은 보다 흥미진진해진다. 질문은 자기 자신이나 사람들로 하여금 생각을 하게 만들고 창의성을 샘솟게 한다."

질문하는 사람이 지혜로운 사람이다

질문을 잘하는 사람이 지혜로운 사람이다. 사실상 질문하는 것을 보면 그 사람의 수준을 알 수 있다. 아무나 질문을 잘할 수 있는 것은 아니다. 질문을 잘하기 위해서는 많은 것을 알아야 하고, 그렇게 질문을 하는 가운데 더 많은 것을 알게 된다. 이것이 질문의 힘이다. 그러므로 좋은 질문을 하는 사람은 지혜로운 사람이다. 그 사람은 더 알고, 더 배우고자 하는 마음 자세가 되어 있는 사람이다. 그러한 사람은 계속 성장하게 된다. 하루아침에 대가가 된 사람은 없다. 계속되는 궁금증과 끊임없는 탐구의 자세가 그 사람을 대가로 만드는 것이다.

그러므로 자신보다 뛰어난 사람을 만났을 때 자기 말을 많이 하는 사람은 어리석은 사람이다. 대가에게 배우기를 원하는가? 그렇다면 그에게 많은 질문을 하고 그만큼 많이 들어야 한다. 어떤 사람은 평생 만나보기 힘든 대가를 만났는데도 멍하게 앉아 있거나 자기 이야기만 하는 경우가 있다. 이러한 사람은 어리석은 사람이다. 대가들은 물어보지 않으면 자신이 깨달은 정보를 나누어 주지 않는다. 그러나 자신을 대가로 인정하고 자꾸 물어본다면 자신이 가지고 있는 귀중한 자원을 아낌없이 나누어 준다. 물론 질문을 할 때 요령이 있다.

첫째, 질문에도 매너가 있다는 사실을 알아야 한다. 남을 비판하거나 책망하기 위한 질문은 하지 않는 것이 예의이다. 특별히 상대방의 약점이나 단점을 건드리는 질문을 하는 것은 큰 실례이다. 상대방이 수치감을 느끼게 만드는 질문을 하면 안 된다.

둘째, 자신을 드러내기 위한 질문은 하지 않는 것이 좋다. 어떤 사람은 자신이 얼마나 많이 알고 있는가를 과시하기 위해 쓸데없는 질문을 한다. 그것만큼 추한 것은 없다. 질문은 짧고 간결하게 해야 하며 최대한 부드럽고 겸손하게 해야 한다.

셋째로, 질문할 때는 미리 준비해야 한다. 내가 하고자 하는 질문에 대한 충분한 사전 지식을 가지고 준비된 질문을 해야 한다. 어떤 저자와 이야기를 한다면 최소한 그의 글을 한 번쯤은 읽어보고 질문을 해야 한다. 그렇게 해야 많은 배움이 있다.

중요한 것은 적절하고 지혜로운 질문은 상대방의 마음을 열게 한다는 것이다. 일반적으로 사람들은 자신의 전문 분야에 대한 질문을 받으면 관심과 존중을 받고 있다고 느끼게 된다. 그리고 그렇게 느끼게 되면 기꺼이 마음을 연다. 마음 문을 열면 자신이 가진 정보를 기쁜 마음으로 나누어 준다.

나는 영어 공부를 하면서도 질문의 힘을 느꼈다. 나는 영어 공부를 다른 사람에 비해 좀 늦게 시작한 편이다. 물론 중학교 때부터 교과과목으로 영어를 접했다. 그러나 제대로 공부하기 시작한 것은 대학 때부터이다. 영어성경공부 모임에서 영어 실력이 뛰어난 선배들을 만나게 되면서 영어에 눈을 뜨게 되었다. 뒤늦게 영어 공부를 시작해서 어려움이 많았지만, 나중에 유학 가서 박사학위를 받을 수 있었던 비결이 있다. 나보다 조금이라도 영어를 잘하는 사람을 만나면 끊임없이 어떻게 하면 영어를 잘할 수 있는지 물어보았다. 그때 선배들이 해 준 대답이 영어 공부하는 데 많은 도움이 되었고, 나의 영어공부 비결이 되었다.

지금도 기억나는데 당시 토익을 쳐서 전국 일등을 한 선배는 영어 공부를 잘하기 위해서 다독의 중요성을 강조했다. 그 선배는 늘 영어로 된 리더스 다이제스트를 읽으며 영어 공부를 했다. 한번은 아침에 학교 도서관에 갔다가 리더스 다이제스트 읽는 재미에 빠져 점심, 저녁을 거르고 결국 한 권을 다 떼고 그날 저녁 눈이 퀭하니 들어간 채로 도서관에서 나오기도 했다고 말해 주었다.

또 한 선배는 타의 추종을 불허하는 단어와 독해 실력을 갖추고 있었는데, 영어 공부에 있어서 단어의 중요성을 강조했다. 이 선배는 처음부터 아예 노트에 2만 단어를 정리해서 외웠다고 한다. 그리고 영어 소설 200권을 읽고 영어공부를 시작했다. 그래서 어느 정도로 열심히 했는지 물어보니, 삼일에 한번 햇빛을 볼 정도로 했다고 했다. 지금은 미국 유학을 다녀온 후, 자기 이름으로 된 유명 어학원 원장이 되었다.

또 한 선배는 끝내주는 영어 발음을 자랑하는 선배인데 이분은 영어 발음을 잘하기 위해서 쇠꼬챙이를 구부려서 거기에 혀를 끼워 넣어서 발음 연습을 했다. 나는 아직까지 한국인이 그분처럼 영어 발음이 좋은 분은 보지 못했다. 외국인이 깜짝 놀라서 벌떡 일어설 정도의 발음이었다. 몇 년 전 서울의 대형 교회에 갔다가 우연히 이 분을 다시 만나게 되었는데 외국 유학 마치고 와서 영어 예배를 인도하며 영어로 설교하는 목사님이 되어 있었다.

어쨌든 중요한 것은 내가 성장하기 위해서는 끊임없이 질문하는 습관을 길러야 한다는 것이다. 독자 중 앞으로 대학원을 가고 박사 학위를 하고 논문을 쓸 사람이 있을 것이다. 그런데 좋은 논문을 쓰기 위한 비결이 무엇인가? 내가 신학대학원 다닐 때 지도교수였던 박용규 교수님께서는 모든 논문은 한 가지 질문으로부터 시작해야 한다고 말씀해 주셨다. 좋은 질문을 하고 거기에 대한 해답을 찾아가는 과정이 논문을 쓰는 과정이라는 것이다. 이는 내가 공부를 계속하면서 논문을 쓸 때 많은 도움이 되었다.

논문도 그렇지만 인생에서도 좋은 질문의 중요성은 새삼 강조할 필요가 없다. 질문이 없는 사람은 참 답답한 사람이다. 질문할 줄 모르는 인생은 발전이 없다. 그러나 끊임없이 고민하고 질문하는 사람은 자신의 울타리를 훌쩍 뛰어넘어 새로운 차원의 삶을 살게 된다. 탁월한 리더들의 특징은 질문의 달인이라는 사실이다. 질문하는 사람은 지혜로운 사람이다. 그 사람은 더 알고, 더 배우고자 하는 마음 자세가 되어 있는 사람이다. 그러한 사람은 계속 성장하게 된다. 하루아침에 대가가 된 사람은 없다. 계속되는 궁금증과 끊임없는 탐구의 자세가 결국 그 사람을 대가로 만든다.

또한 우리는 적절한 질문은 위험을 방지해 준다는 사실을 알아야 한다. 미 국방성의 국토방위사업부 책임자인 수잔 미클링은 "묻지 않는 질문이 문제를 일으킨다."라는 말을 했다. 마이클 J 마퀴트 교수도 그의 책 〈질문 리더십〉에서 1986년 일어난 챌린저호 폭발 사건도 질문하지 않았기에 일어난 사건이라고 주장한다. 당시 발사대를 떠난 우주왕복선 챌린저호는 불과 73초 만에 공중에서 폭발했다. 이 폭발의 원인을 NASA에서 조사해 보니 챌린저호에 들어가는 오링(O-ring)에 문제가 있었다. 그런데 놀라운 것은 이 오링(O-ring)을 공급한 MTI는 문제가 있다는 사실을 이미 알고 있었다는 사실이다. 그리고 이들이 여기에 대하여 문제를 제기했지만 정작 NASA에서는 그대로 우주선을 발사했다는 것이다. 왜냐하면 막상 문제를 제기해야 할 상황에서는 프로젝트에 참가한 NASA 직원들 가운데 아무도 여기에 대하여 의문을 제기할 용기를 가지지 못했기 때문이다.

질문에는 용기가 필요하다. 더구나 그것이 중요 사안일 때는 더더욱 그러하다. 질문을 잘못했다가 자칫하면 왕따가 될 수도 있기 때문이다. 모두가 조용히 있을 때 손을 들고 "이건 아니지 않습니까?" 하고 소리치려면 많은 용기가 필요하다. 그러나 그렇게 질문하는 사람들이 이상한 사람이 되지 않게 만드는 것이 바로 리더가 해야 할 일이다. 리더는 언제나 질문하고 대답하고 고민하는 분위기가 형성될 수 있도록 조직을 유연하게 만들어야 한다.

말콤 글래드웰은 그의 책 〈아웃 라이어〉에서 비행기 추락 사고를 유발하는 실수들의 원인은 주로 팀워크나 의사소통의 문제라는 것을 지적했다. 그는 기상과 부기상이 같이 협동하여 비행기를 몰 때 부기장이 아닌 기장이 조종석에 앉아 있는 경우에 훨씬 더 많은 추락 사고가 발생한다는 사실을 말했다. 이것이 무슨 뜻인가? 기장이 조종간을 잡고 있으면 부기장은 문제가 발생해도 그것에 대하여 강하게 의문을 제기하지 못하는 경향이 있음을 시사하는 것이다. 반대로 부기장이 조종간을 잡고 있으면 기장은 문제가 있을 때 좀 더 직설적이고 명확하게 의문을 제기할 수 있다.

필요할 때 적절한 의문을 제기하는 것은 다가오는 위험을 대비하기 위해서 필요하다. 그러므로 리더는 조직원들이 적절한 질문을 하게 하고 이를 통하여 개인이 성장할 뿐만 아니라 자칫 잘못하면 발생할 수도 있는 위험을 미연에 방지하게 해 주어야 한다. 이것이 바로 지혜로운 리더의 자질이다.

리더는 현상 유지하는 관리자와 다르다. 리더는 변화를 가져오는 사람이다. 변화를 가져오려면 적절한 질문은 반드시 필요하다. 언젠가 나는 마이클 에브라소프(D. Michael Abrashoff) 라는 분이 쓴 〈네 자신 속의 또 다른 너를 깨워라〉 라는 책을 읽고 큰 감동을 한 적이 있다. 이분은 미국 해군사관학교 출신으로 미 해군 소속 전체 구축함 중에서 가장 나쁜 평가를 받던 USS Benfold호의 사령관으로 부임하게 되었다. 그는 부임한 지 불과 1년 만에 이 배를 전 세계에서 가장 막강한 화력을 지닌 군함으로 변화시키는 탁월한 리더십을 선보였다.

그가 이런 놀라운 결과를 얻은 것은 그 배의 지휘관으로 부임하면서 한 질문들이 효과를 발휘했기 때문이다. 그는 사령관으로 부임하자마자 승무원 300명 전원과 빠짐없이 개인 면담을 했다. 그 면담에서 그가 물어본 질문은 다음과 같은 3가지였다. "어떤 점이 만족스러운가?", "불만 사항은 무엇인가?", "권한이 주어지면 무엇을 고치고 싶은가?" 이와 같은 질문을 통해 그는 부하들에게 지금보다 더 나은 방법은 없는지 스스로 질문해 보라고 계속 도전했다. 그 결과 놀라운 변화가 일어난 것이었다.

질문하시는 하나님

성경을 보면 하나님께서도 질문하신다. 하나님은 죄를 지은 아담에게 찾아오셔서 물으셨다. "네가 어디 있느냐?" 또한, 아우 아벨을 죽이고 뻔뻔스럽게 고개를 쳐들고 있는 가인에게 찾아오셔서 물으셨다. "네 아우 아벨이 어디 있느냐?" 이 두 질문은 아무것도 아닌 것 같지만 우리 인간에게 있어서 대단히 중요한 질문이다. 먼저 아담에게 한 "네가 어디 있느냐?" 하는 질문을 생각해 보자! 해당하는 본문은 창세기 3:9절이다.

여호와 하나님이 아담을 부르시며 그에게 이르시되 네가 어디 있느냐

(창세기 3:9)

이 질문은 에덴동산에서 죄를 범한 아담에게 하나님께서 찾아와서 하

시는 질문이다. 천지를 만드시고 전지전능하신 하나님께서 동산 안에 숨어 있는 아담이 어디 있는지 모르실 리 없다. 그러므로 이 질문은 아담의 위치를 묻는 말이 아니다. 관계에 대한 질문이다. 즉 "아담아, 너와 내가 지금까지 좋은 관계로 함께 동산을 거닐고 다녔는데, 너는 지금 어디 있느냐? 왜 우리들의 관계가 이렇게 깨어져 있느냐"하는 질문이다.

아담의 죄와 타락 이래로 인간은 계속 하나님의 낯을 피했다. 그러면 그럴수록 하나님께서는 집요하게 사람에게 찾아오셔서 물으셨다. "네가 어디 있느냐?" 우리는 하나님의 이와 같은 질문에 대답할 수 있어야 한다. 각자의 일생을 마치게 되면 모든 사람은 각각 하나님 앞에 단독자로 서야 한다. 따라서 인생은 그 전에 하나님과의 관계에 대하여 분명히 대답할 수 있어야 한다.

또한 하나님은 가인에게 "네 아우 아벨이 어디 있느냐"고 물으셨다. 창세기 4장 9절은 이렇게 말한다.

> 여호와께서 가인에게 이르시되 네 아우 아벨이 어디 있느냐
>
> (창세기 4:9)

이 구절은 하나님께서 범죄한 가인에게 찾아와서 하신 질문이다. 우리가 알다시피 아벨은 이 질문이 나오기 바로 전에 가인의 손에 죽임을

당했다. 과연 하나님께서 이 사실을 모르셨을까? 이미 아심에도 하나님께서는 가인에게 "네 아우 아벨이 어디 있느냐?" 물으셨다. 아벨의 시체를 찾기 위한 질문이 아니다. 가인과 아벨과의 관계를 물으신 것이다.

"너는 네 아우 아벨을 어떻게 대하였느냐? 아벨은 너의 동생이다. 아벨에게 너는 형으로서 바른 관계를 맺고 있었느냐?"고 질문하신 것이다. 하나님께서는 지금도 우리 모든 사람에게 물으신다. "너는 너의 가족을 어떻게 대하고 있느냐? 너의 주위 사람들을 어떻게 대하고 있느냐?"

성경에 하박국이라는 선지자가 있다. 하박국은 성루에 올라가 하나님께 질문했다. 그냥 막연히 기도한 것이 아니다. 구체적으로 질문하면서 기도했다. 왜 하나님께서 이스라엘 백성들에게 고난을 허락하시는지를 구체적으로 질문하면서 기도했다. 하나님께서는 그의 질문에 응답해 주셨다.

우리도 기도할 때 하나님께 질문하면서 기도해야 한다. 다윗은 어떤 사람이었기에 그토록 하나님께 사랑을 받았는가? 다윗은 거의 모든 경우에 하나님께 물어보고, 행동했다. 특별히 치열한 전쟁터에서도 다윗은 꼭 하나님께 물어보고 작선을 썼다.

우리도 사귀고 싶은 사람이 나타나면 꼭 하나님께 물어봐야 한다. "하나님, 이 사람하고 사귀어도 될까요?", "하나님 뜻이라면 잘되게 해 주시고 하나님 뜻이 아니면 제 마음이 정리되게 해 주세요." 이렇게 기도해야 한다. 이때 중요한 것은 마음을 비우는 것이다. 내가 답을 미리 다 정해 놓고 기도하면 안 된다. 오직 하나님께서 원하시는 대로만 하겠다는 마음을 가져야 한다. 그러면 이상하게 하나님께서 내 마음을 주관해 주신다. 필요하면 좋아하는 마음도 정리해 주신다.

우리의 인생에는 힘들 때가 많다. 그때마다 하나님께 물어보면서 한 걸음 한 걸음 움직여야 한다. 성경을 읽을 때도 질문하면서 읽어야 한다. 이 부분은 하나님에 대해 무엇을 가르치고 있는가? 이 부분은 인간에 대해 무엇을 말하고 있는가? 오늘 말씀에서 내가 피해야 할 죄가 있는가? 내가 배워야 할 교훈이 있는가? 내가 붙잡아야 할 하나님의 약속이 있는가? 잘 이해가 되지 않는 부분이 있으면 질문해 봐야 한다. 이 말씀은 무슨 뜻인가? 이 말씀은 나에게 어떻게 적용되는가? 이런 것을 물어보면서 읽어야 한다. 아무 생각 없이 성경을 읽는 것하고는 하늘과 땅 차이이다.

인생의 세 가지 질문

우르술라 K. 르긴 이라는 작가는 다음과 같이 말했다. "정말 중요한 질문은 자기 자신에게 하는 질문이다." 그렇다. 우리가 인생을 살면서 여러 가지 질문을 하지만, 정말 중요한 것은 나 자신에게 하는 질문이다. "나는 왜 사는가?", "나는 왜 공부하는가?", "나는 무엇을 하며 살아야 하는가?" 이런 질문을 하면서 살아야 한다.

여러분은 어떤 것이 성공적인 인생이라고 생각하는가? 돈을 많이 버는 것? 유명해지고 인기를 누리는 것? 높은 명예나 지위를 차지하는 것? 물론 성공이라고 할 수 있다. 그 위치에 서기까지 많은 어려움을 극복했을 것이다. 그러나 하나님 앞에서의 진정한 성공이라고 말하기는 어렵다. 왜냐하면 이 모든 것들은 우리의 죽음과 함께 끝이 나기 때문이다. 우리가 하나님 앞에서 진정으로 성공적인 인생을 살기 위해서는 다음과 같이 우리 자신에 대해 질문을 해야 한다. 본질적인 세 가지 질문에 자신 있게 답할 수 있어야 한다.

이 질문은 우리의 실존에 관한 질문이며 내가 왜 존재하는가 하는 나의 정체성에 관한 질문이다. 여기에 대해 어떻게 대답하느냐에 따라 우리 인생의 방향은 완전히 달라진다. 분명하고 확신 있게 대답할 수 있는 사람은 행복한 인생을 살 수 있다. 그러나 이 세 가지 질문에 분명한 답을 가지고 있지 못한 사람은 불행하다. 우리가 스스로에게 물어보아야 할 가장 중요한 인생의 세 가지 질문은 다음과 같다.

1. 나는 어디에서 왔는가?

"나는 어디에서 왔는가?" 첫 번째 질문이다. 이것은 우리 존재의 근원에 관한 질문이다. 결혼해서 아기를 낳게 되면 생명이라는 것이 참 신비스럽다는 생각을 하게 된다. 나는 우리 큰아이가 태어나서 방긋방긋 웃는 얼굴을 보면서 이 아이가 얼마 전에는 어디에 있었을까 하는 생각을 해본 적이 있다.

여러분은 이 질문에 대한 답을 아는가? "내가 어디서 왔는가?" 하는 질문에 대한 답을 알고 있는가? 이 질문에 대한 대답은 하나님을 아는 사람에게는 너무나 쉬운 질문이다. 하지만 하나님을 알지 못하는 사람에게는 너무나 어려운 질문이다. 역사상 수없이 많은 철학자와 과학자들이 이 질문에 답하고자 노력해 왔다. 그러나 하나님을 알지 못하는 상태로는 이 질문에 대하여 바른 답을 제시할 수 없다. 하이데거 같은 철학자는 우리 인간을 그냥 "던져진 존재"라고 이야기한다. 즉 어디에서 왔는지 모르지만, 그냥 누군가에 의해서 영문도 모르는 채 이 세상에 내던져진 존재라는 것이다. 참 답답한 대답이 아닐 수 없다.

우리는 성경이 있음을 인하여 하나님께 감사해야 한다. 왜냐하면 성경은 인간이 어디에서 왔는지를 분명히 가르쳐 주고 있기 때문이다. 성경에 따르면 우리는 하나님으로부터 창조함을 받은 존재이다. 그리고 성경에 따르면 하나님의 사랑의 대상이며 그분의 형상대로 지음 받은 존재이다. 시편 100:3을 보면 시인은 이렇게 노래한다.

여호와가 우리 하나님이신 줄 너희는 알지어다 그는 우리를 지으신이요 우리는 그의 것이니 그의 백성이요 그의 기르시는 양이로다

(시편 100:3)

이것을 분명히 알고 사는 사람은 그렇지 않은 사람에 비해서 확실히 다른 인생관을 가지고 살게 된다. 우리는 칼빈이 이야기 한 것처럼 하나님의 존재를 알게 될 때에만 비로소 우리 자신에 대하여 올바르게 알 수 있다. 불교와 여타 철학처럼 하나님의 존재를 무시한 상태에서의 인간 탐구는 인간이 어디에서 왔는지에 대한 올바른 해답을 주지 못한다. 그러므로 성경을 통하여 내가 어디에서 온 것인가에 대한 질문에 분명하게 대답할 수 있는 사람은 참으로 행복한 사람이다.

2. 나는 어디로 가고 있는가?

우리가 두 번째로 스스로에게 물어보아야 할 질문은 "나는 어디로 가고 있는가?" 이다. 세상에서 똑똑하다고 자랑히는 사람들도 지금 자신이 어디로 가고 있는지 알지 못한다. 공자가 말년에 죽음을 앞두고 있는데 어느 제자가 물었다. "선생님 앞으로 죽고 난 뒤에 어떻게 되시는 것입니까?" 그러자 공자가 대답하기를 "이 사람아, 살아서의 일도 알지 못하는

데 죽어서의 일을 어떻게 알겠는가?"라고 했다.

사실 인간은 내일 일도 잘 알지 못하는 존재이다. 그러므로 자신이 어디로 가는지 어떻게 알 수 있겠는가? 그러나 감사하게도 성경은 우리가 어디에서 왔는지, 어디로 가는지 가르쳐 준다. 성경은 우리 인간은 하나님을 떠나 근본적으로 죄인이 되었기 때문에 우리가 가야 할 곳은 지옥이라고 분명히 말씀하고 있다.

혹시 여러분 중에 지옥 가는 방법을 알고 있는 사람이 있는가? 지옥을 가려면 어떻게 해야 하는가? 사람을 죽이거나 지독하게 악한 짓을 해야 하는가? 아니다! 지옥은 가만히 있어도 간다. 법없이 살 사람이라고 칭찬을 받아도, 열심히 살아도 인간은 자동으로 지옥으로 가게 되어 있다. 왜냐하면 이것이 하나님을 떠나 죄에 빠진 인간의 자연스러운 운명이기 때문이다.

그러나 절망하지 않아도 된다. 지옥에 대하여 말하고 있는 성경은 동시에 우리가 그 정반대의 장소인 천국으로 갈 수 있는 방법이 있다고 가르쳐 준다. 하나님은 사랑이 많으신 분이시기에 우리에게 천국으로 갈 수 있는 방법을 마련해 놓으셨다. 바로 예수 그리스도를 통한 구원이다. 우리가 예수 그리스도가 하나님의 아들인 것과 그분이 나의 죄를 위하여 돌아가신 것을 믿으면, 구원을 얻고 천국에 들어갈 수 있다고 성경은 분명히 말씀하고 있다.

한국 사람이 미국에 이민을 가려면, 기본적으로 영어와 비자 등 많은 준비를 해야 한다. 그런데 이상하게도 사람들은 죽음 이후의 삶에 대해서는 전혀 알려고 하지 않는다. 그러다 보니 준비는 아예 생각조차 하지 않는다. 아이러니한 것은 죽고 나서 어떻게 되겠지 생각한다. 인간이 지혜로운 것 같으나 영적인 일에서는 참으로 무지하다. 이 세상의 지혜로는, 우리 인간은 자신이 어디로 향해 가고 있는지 절대로 알지 못한다.

독일의 염세주의 철학자 중에 쇼펜하우어라는 사람이 있다. 그는 의심이 많은 사람이었다. 금화를 가지고 있을 때는 그것을 잃을까 봐 잉크병 속에 감췄다고 한다. 지폐는 침대 밑에다 두었다. 편지를 받으면 무슨 불행한 소식이라도 있을까 봐 뜯기를 주저한 적이 한두 번이 아니었다. 밤에는 실탄을 장전한 권총을 가까이 두었다. 그렇지 않으면 잠을 이루지 못했다고 한다.

하루는 쇼펜하우어가 어느 공원 벤치에 앉아서 지는 해를 바라보고 있었다. 해는 뉘엿뉘엿 서산을 넘어가고 땅거미가 지고 있었다. 그는 자리에서 일어날 줄을 모른 채 한없이 깊은 사색에 빠져 있었다. 공원지기가 문을 닫기 위해 경내를 둘러보다가 웬 할아버지가 날이 저무는 줄도 모르고 석상처럼 앉아 있는 것을 보았다.

"할아버지, 해가 저물었습니다. 아, 할아버지, 가셔야 할 시간이 되었어요. 일어나세요!" 대답이 없는 쇼펜하우어를 향하여 공원지기가 다시 물었다. "할아버지, 이제 가실 때가 되었다니까요. 어디로 가실 거에요?" 그제야 쇼펜하우어는 꿈에서 깨어난 것처럼 고개를 들고 멀거니 눈을 떴다. 그리고 이런 유명한 대답을 했다고 한다. "내가 어디로 가느냐고요? 내가 그걸 몰라서 이러고 있는 거예요. 내가 어디로 가는지 알 수만 있다면……" 쇼펜하우어는 깊이 탄식하며 공원을 나섰다고 한다.

이같이 하나님을 모르는 사람은 자신이 어디로 가는 운명인지 알 길이 없다. 자신이 어디로 향해 가고 있는지 모르면 그는 불행한 사람에 불과하다. 아무리 훌륭한 철학자나 아무리 대단한 부자라도 해도 말이다.

쇼펜하우어의 경우와는 반대로 매튜 헨리라는 사람이 있다. 그는 유명한 성경 주석가이다. 매튜 헨리는 청년기에 유명한 귀족의 무남독녀와 사랑에 빠졌다. 그런데 그녀의 아버지는 헨리의 인품에는 만족했으나 그의 성장배경을 잘 알 수 없었기 때문에 반대했다. "어디서 왔는지도 알 수 없는 남자에게 우리 외동딸을 줄 수는 없다." 그 말을 들은 딸은 이렇게 말했다. "아버지, 그가 어디서 왔는지는 알 수 없지만 어디로 갈지는 분명하지 않습니까?" 이 말에 감동된 부모는 결혼을 허락했다고 한다.

사람이 이 세상에 태어난 이상 어디로 갈지 분명히 알아야 한다. 쇼펜하우어와 매튜 헨리의 예를 보면 두 사람의 인식의 차이가 분명히 다르다는 것을 알 수가 있다. 이것이 하나님을 믿는 사람과 믿지 않는 사람의 차이이다. 사람이 많이 배웠다고 자신이 어디서 와서 어디로 가는 존재인지 아는 것이 아니다. 오직 하나님의 말씀인 성경을 알아야 그 사실을 알 수 있다. 그러므로 우리가 인생에서 예수님을 만나고 자신이 지금 천국을 향하여 가고 있다는 확신을 가질 수 있다면, 이것만큼 큰 축복은 없다.

3. 나는 무엇을 하며 살아야 하는가?

만약에 내가 "나는 어디에서 왔는가?" 그리고 "나는 어디로 가고 있는가?" 하는 것을 분명히 알게 되었다면, 이제 마지막으로 물어 보아야 할 질문이 있다. 그것은 "나는 무엇을 하며 살아야 하는가?" 라는 질문이다. 내가 어디에서 와서 어디로 가는지 알게 된 사람이라면, 내가 하나님으로부터 와서 하나님께로 가는 그사이에 하나님을 위하여 무엇을 하며 살아야 하는가 하는 질문을 반드시 해야 한다.

하나님은 우리가 그저 아무 의미 없이 살다가 가게 만들지 않으셨다. 하나님께서는 당신의 선한 목적을 이루기 위해서 우리 한 사람 한 사람을 기쁘게 사용하기를 원하신다. 그러므로 우리는 각자기 "나는 이 땅에서 무엇을 하며 인생을 보내다가 하나님 앞에 갈 것인가?" 하는 질문을 해야 한다.

하나님을 붙들고 기도하고 씨름하면 이 부분에 대한 질문도 해결할 수 있다. 살아계신 하나님께서 나의 인생길을 인도해 주실 것이기 때문이다. 정리해보면 우리 인생에 중요한 세 가지 질문은 모두 하나님과 관계가 있다. 하나님이 살아계시고, 예수 그리스도가 우리를 구원하셨고, 성경이 정말 하나님의 말씀이라는 사실을 확신하면 다 풀린다.

오늘날 수많은 사람들이 사는 것이 답답하다고 이야기한다. 그러나 나는 인생에 대한 확실한 답이 있다고 믿는 사람이다. 그리고 이 답은 기독교에서 주장하는 가르침들이 진리인 것을 알게 될 때 발견할 수 있다. S. 토빈 웹스터 목사는 다음과 같은 말을 했다. "정확한 답을 찾으려면 우선 정확한 질문을 해야 한다." 그렇다! 우리는 살면서 인생의 여러 문제에 대해 고민할 수 있다. 하지만 올바른 답을 찾으려면 우선, 인생의 가장 근본적인 문제에 대해 올바른 질문을 할 줄 알아야 한다.

나는 고등학교 때부터 교회를 다녔다. 그때는 기독교 신앙에 대한 확신이 없었다. 그래서인지 열심히 다니기는 했지만 답답한 것은 마찬가지였다. 그러다가 대학교 올라와서 영어 성경 공부 모임에 갔다가 하나님이 있을 수도 있다는 생각을 하게 되었다. 그래서 이 부분에 대하여 치열하게 고민했다. 진리를 깨닫고 나니 내가 힘들게 고민했을 때 이런 질문에 대한 답을 누군가가 주었더라면 하는 생각이 간절했다. 그래서 쓴 책이 〈기독교를 알아야 인생의 답이 보인다〉라는 책이다. 이 책을 통하여 기독교 진리 안에서 인생의 답을 제시하려고 노력을 많이 했고 다행히 도움을 받았다는 사람들이 꽤 많이 있다.

아무 생각 없이 인생을 살지 마라! 고민하고 생각하면서 살라! 인생을 살면서 여러 가지 질문들이 있겠지만, 나의 영원한 운명을 좌우하는 그런 문제에 대하여 구체적으로 질문하고 답을 찾고자 노력하라! 하나님 안에는 분명한 해답이 있다.

예일대 법대를 졸업한 수재이자 미국 시카고 트리뷴(Chicago Tribune)이라고 하는 저명한 신문사의 리 스트로벨이라는 탁월한 기자가 있었다. 그는 냉소주의자에 교회에 대해서는 적대감을 가지고 있었던 무신론자였다. 그러던 그가 어느 날 자신의 아내가 기독교인이 되면서부터 기독교 신앙에 대하여 새로운 의문을 가지게 되었다. 아내가 신앙을 가지고 난 뒤부터 너무나 멋있게 변화되었기 때문이다.

그래서 그동안 부정적으로 보아왔던 기독교를 다시 새롭게 조사해 보기로 마음먹었다. 그는 기사의 감각을 살려 기독교에 대한 도전적인 많은 질문들을 정리하였다. 그리고 그 분야의 최고의 학자들을 만나러 미국 전역을 돌아다녔다. 그 과정에서 그는 기독교가 절대로 부인할 수 없는 절대 진리임을 확신하게 되었고, 그 결과 기독교인이 되었다. 그뿐 아니라 그는 자신이 깨달은 진리를 책으로 펴내게 되는데, 그가 펴낸 책마다 베스트셀러가 되었다. 기회가 있으면 그의 책들을 읽어 보라. 여러분의 신앙 기초를 쌓는 데 큰 도움이 될 것이다.

우리가 주목해서 생각해야 할 것은 리 스트로벨이 멍청한 사람이 아니라는 것이다. 그는 예일대 법대를 졸업한 수재이고, 시카고의 알아주는 신문사의 최고 기자 중의 한 사람이었다. 그가 어수룩해서 기독교를 진리로 받아들인 것이 아니라는 사실이다. 예일대 법대생다운 최고의 논리와 신문기자다운 냉정한 관찰력으로 기독교의 진리성에 대하여 조사한 뒤에 마침내 기독교가 진리라고 하는 결론을 내렸다. 그러므로 누구나 열린 마음으로 기독교를 조사하면 진리에 대해 부인할 수 없는 순간이 올 것이다.

질문하면서 성장하라

사람은 태어날 때부터 대가가 되어 태어나는 사람은 없다. 인생을 살면서 필요한 질문을 적절히 하고 답을 찾아 나가는 가운데 대가가 되는 것이다. 신앙 생활하면서도 질문 없이 사는 사람은 문제가 있다. 질문이 없다는 것은 생각이 없다는 것이기도 하기 때문이다. 생각이 게으른 것이 죄이다. 성경에 보면 예수님께서도 제자들에게 질문하셨다. "너희는 나를 누구라 하느냐"(마태복음 16:15)고 물으셨고 또한 "나는 부활이요 생명이니 나를 믿는 자는 죽어도 살겠고 무릇 살아서 나를 믿는 자는 영원히 죽지 아니하리니 이것을 네가 믿느냐"(요한복음 11:25-26) 하고 물어보셨다.

예수님이 이와 같은 질문을 한 것은 예수 그리스도가 누군지 분명히 인식시키기 위함이었다. 또한 영원히 멸망 받을 운명에서 벗어나 영생과 부활을 누리게 하기 위한 것이다. 예수님의 이 같은 질문에 대답할 준비가 되어 있는가? 예수님의 이러한 대담한 주장이 진실인지 아닌지 한번 고민해 봐야 하지 않겠는가?

우리가 잘 아는 프란시스 쉐퍼 같은 분은 '라브리'라고 하는 신앙공동체를 세워 그곳을 찾아오는 사람들에게 인생에 대한 정직한 질문을 하도록 유도했다. 그리고 거기에 대한 명쾌한 해답을 제시해 줌으로 많은 사람이 인생의 참된 길을 찾도록 도와주었다. 여러분도 하나님 앞에서 여러분의 실존에 관한 정직한 질문을 던져 본다면 인생의 참된 답을 찾을 수 있다.

이어령 교수가 대학생들에게 이런 말을 한 적이 있다. "여러분들은 묻는 말에 잘 대답한 덕분에, 그러니까 시험을 잘 치른 덕분에 대학 입시에 합격했습니다. 그런데 이제부터는 여러분들이 물을 차례입니다. 그래야 참된 대학생이 되는 것입니다. 누구도 물어보지 않았던 본질적인 문제를 찾아 물음을 던지는 것, 이것이 대학 생활과 그 연구의 성패를 가르는 요인입니다."

그렇다! 지금까지의 학교 공부가 질문에 대한 답을 찾는 방법을 배우는 과정이었다면, 스스로에게 좀 더 많은 질문을 하는 훈련을 해야 한다. 이러한 과정을 통해 영적으로도 성숙하고 세상을 향해서 더 열린 자세로 나아가고 자신의 발전을 꾀해야 한다.

미래학자들이 말하기를 앞으로 인공지능이 발달하여 500만 개의 일자리가 사라진다고 한다. 그러므로 이러한 때일수록 질문하는 법을 아는 사람만이 창의적인 인재가 되어 살아남을 수 있을 것이다.

스토리의 힘을 아는 리더가 되라!

스펙과 스토리

대학생들 사이에서 스펙의 중요성은 두말하면 잔소리 격이다. 스펙은 취직할 때 기업들이 구직자들을 평가하기 위해 살펴보는 여러 가지 자격 요건들을 말한다. 그래서 요즘 대학생들은 대학 생활의 거의 전부를 스펙을 쌓기 위해 투자한다고 해도 과언이 아니다. 종류도 한 가지가 아니라 많다. 취업 준비생들 사이에서 널리 쓰이는 말로 '스펙 6종 세트'가 있다고 한다. "학벌, 학점, 토익, 인턴십, 자격증, 봉사활동" 등이 취업에 필수적인 가장 기본적인 6가지 스펙이다. 이것을 쌓기 위해 고3 때보다 더 치열하게 공부한다.

하지만 이렇게 중요한 스펙을 쌓는다고 무조건 취업이 보장되는 것은 아니다. 왜냐하면 기업체는 단순히 성적이 좋은 사람을 뽑는 것이 아니라, 뽑으려는 자리에 맞는 사람을 채용하기 때문이다. 그래서 사실상 기업이 대졸 신입사원에게 기대하는 스펙은 그렇게 대단하지 않은 경우도 많다.

온라인 취업포털 '사람인'이 기업 인사담당자 204명을 대상으로 '기대하는 대졸 신입 스펙'에 대해서 조사했다. 그 결과, 일반적으로 기업이 요구하는 것은 '학점 3.54, 토익 731점, 보유 자격증 2개, 의사 전달이 가능한 정도의 영어 회화 실력을 갖춘 인턴 경험자'인 것으로 조사되었다.

이 정도 스펙은 대학 생활을 성실하게 보낸 사람이라면 어느 정도 갖출 수 있다. 문제는 이 정도 수준의 사람들이 너무 많다는 것이다. 그래서 현재 기업들 사이에서는 이른바 '스펙 무용론'이 퍼지고 있다. 즉 스펙만으로는 그들이 원하는 사람을 뽑을 수 없는 것이 현실이라는 것이다. 그러므로 취업을 원하는 사람은 스펙 이상의 그 무엇이 필요함을 반드시 깨달아야 한다. 그것이 바로 스토리이다. 우리는 천편일률적인 스펙으로만 승부를 걸 것이 아니라, 다른 사람과 차별되는 자신만의 스토리를 가져야 한다.

몇 년 전 김정태 씨가 쓴 〈스토리가 스펙을 이긴다〉(갤리온)라고 하는 책이 나와서 많은 사람에게 관심을 받았다. 이 책에서는 스펙보다 스토리가 중요한 이유를 다음과 같은 몇 가지 이유로 설명한다.

먼저 스펙이 최고(the best)를 지향하는 것이라면, 스토리는 유일함(the only)을 추구한다. 최고를 추구하면 우리는 무한 경쟁에 돌입해야 하고 어떻게든 다른 사람을 이겨야 한다. 그러나 나만이 가진 독특한 스토리는 나를 수많은 경쟁자 중의 한 명이 아니라 유일한 사람이 되게 한다. 왜냐하면 스토리는 스펙과 달리 자신만이 가지고 있는 고유한 것이기 때문이다.

또한 스펙은 사람을 밀어내고 스토리는 사람을 끌어당긴다. 가령 우리가 친구들과 만나 이야기할 때 자신의 잘난 스펙에 대해서 계속 이야기하면 어떻게 될까? 관계가 어색해지고 멀어질 수 있다. 그러나 반면에 자기의 스토리를 나누면 다른 결과가 나온다. 자신이 힘들었던 일, 역경을 극복한 과정 같은 것을 이야기하면 감동이 된다. 스토리를 나눈다는 의미는 자신의 삶을 오픈하는 것이기 때문이다. 그렇게 볼 때 사람을 끌어당기는 힘은 스펙이 아닌 스토리에 있다는 것을 알 수 있다.

마지막 세 번째로 사람들은 스펙보다 스토리를 더 잘 기억한다. 어렸을 적 누군가에게 들은 정보나 소식은 거의 기억하지 못하지만, 누군가에게 들은 재미난 일화나 사례는 생생하게 기억하곤 한다. 그래서 공부 잘하는 비결도 공부할 내용을 스토리화 하는 것이다. 일반적으로 사람들은 의미 없는 것을 외울 때는, 의미 있는 것을 외울 때보다 10배의 시간이 더 필요하고 그것을 잊어버리는 속도는 10배나 더 빠르다. 그래서 공부의 고수들은 의미 없이 흩어진 정보를 하나의 스토리로 연결해서 외운다.

따라서 입사 지원서를 쓸 때도 자신만의 분명한 스토리가 있는 자기소개서를 작성하는 것이 중요하다는 것을 알 수 있다. 남들과 구별되는 그 무엇인가가 있어야 인사 담당관의 눈에 그 사람이 들어오게 되고 그 사람이 "한번 만나보고 싶은 사람"으로 기억되게 된다.

나에게는 딸 셋이 있는데 딸들이 중학생 나이가 될 때까지는 모두 홈스쿨링을 했다. 그런데 나중에 큰딸을 용인외국어고등학교에 보내기 위해 입학 준비를 하면서 고민이 생겼다. 고입 검정고시는 학교에서 원하는 수준의 성적을 받아서 문제가 되지 않았다. 하지만 아이가 들어가고자 하는 학교의 전형 서류에 자신의 성장 과정 중 리더십, 도전정신, 또는 자신만의 재능을 바탕으로 한 잠재력을 발휘한 경험을 구체적 예를 들어서 기술하라는 부분이 있었다.

그런데 이게 결코 쉬운 이야기가 아니었다. 아직도 아이들이 어리기에 그런 경험을 한 것이 많지 않았다. 더군다나 아이들이 홈스쿨을 하면서 자랐기 때문에 특별한 경험이 없었다. 그래서 아무리 생각해 봐도 쓸 만한 것이 하나도 없는 것이었다. 그래서 아이와 엄마가 어떻게 해야 할지 고민하였고, 아이 아빠로서 다시 한번 가만히 생각해 보았다. 우리 아이가 남에게 이야기해 줄 수 있는 특별한 스토리가 그렇게 없단 말인가?

그때 문득 우리 첫째 아이가 가지고 있는 기가 막힌 스토리를 하나 생각해 냈다. 그것이 무엇이냐 하면 '위키피디아'였다. 위키피디아는 일종의 인터넷 백과사전이다. 그런데 위키피디아 가운데 약간 쉽게 되어 있는 '심플 위키피디아'라는 것이 있다. 우리 아이들이 이걸 무척 좋아해서 자주 들어가는 것을 보았다. 아이들이 이 위키피디아를 통해 온갖 자료를 얻고 또 심지어는 전 세계적으로 이 위키피디아를 사용하는 아이들과 연결해서 세계적인 네트워크를 형성하는 것도 보았다.

위키피디아를 통해 '메건'이라고 하는 미국에 사는 여자아이를 친구로 사귀어서 서로 생일 선물을 주고받기도 하였다. 싱가포르에 사는 '탕팅젱'이라고 하는 아이는 우리 아이들을 만나기 위해 한국에 오기도 했다. 그래서 우리 교회에 와서 예배를 드리고 가기도 했다.

그뿐 아니라 우리 아이들이 위키피디아에 올린 여러 글이 정식으로 자료로 채택되어서 위키피디아에 수백 편이 올라가 있었다. 그리고 무엇보다 더 놀라운 사실은 위키피디아 관리자들이 투표해서 우리 첫째 아이를 위키피디아 관리자로 임명한 것이다.

사실 아이들에게서 이 이야기를 우연히 듣게 되었을 때 정말 깜짝 놀랐다. 나는 아이들이 홈스쿨 한다고 집안에만 박혀 있어서 인생을 너무 좁게 살아가고 있는 것이 아닌가 하고 걱정했었다. 하지만 반대로 위키피디아를 통해 이미 글로벌 리더로 성장하고 있었다. 이 얼마나 대단한 이야기인가? 그래서 아이에게 이 이야기를 쓰라고 했다. 거기에다가 아이가 영어에 관심이 많아 중학교 때 이미 영어로 소설을 1,000페이지 쓴 것을 추가하니 금상첨화가 되었다. 그 결과 아이는 학교에 무사히 입학할 수 있었고 지금은 용인외고를 졸업하고 미국 대학교에서 장학생으로 학교에 다니고 있다.

우리는 이처럼 스토리의 중요성을 곳곳에서 발견할 수 있다. 특히 광고를 보면 그 중요성은 더욱 커진다. 광고업계에 종사하는 사람들의 이야기를 들어보면 사람들이 하루에 접하는 광고의 양이 1,000개에서 많게는 3,000개라고 한다. 그런데 그중에 기억하는 광고는 3개 미만이라는 것이다. 그러므로 스토리가 있는 광고여야 사람들의 머릿속에 각인되고 남을 수 있는 것이다. 그래서 요즘은 티브이에서 제품을 소개할 때도 그 제품의 효능이나 성능 혹은 독특함에 대한 정보를 나열하지 않는다. 오히려 잘된 CF는 제품에 스토리를 입힌다. 그러면 사람들은 마음이 움직이고 그 제품을 잘 기억하게 된다.

가령 우유의 경우를 예로 들어 보자! 우유라고 하면 일반적으로 어떤 느낌이 드는가? 별로 와 닿는 것이 없을 수 있다. 보통 우유는 냉장 보관 하니까 차가운 느낌이 들기도 한다. 그러나 우유에 효심(孝心)을 입히면 어떻게 될까? 〈서울 우유〉 CF 중 〈엄마의 잔소리〉 편을 보면 어릴 때 모습을 회상하는 한 여인이 나온다. 그녀는 자신이 어릴 때 급하게 가방을 메고 나가면 엄마가 붙잡고 우유라도 먹고 가라고 하던 것을 기억하며 추억에 잠긴다. 그리고 장면이 바뀌며 이 소녀는 이제 어른이 되었고, 이 소녀의 옆에는 나이든 어머니가 있다. 이 여인은 이제 자신의 어머니에게 우유를 갖다 준다. 그리고 마시라고 권하는 가운데 광고 카피가 이렇게 나온다. "엄마의 잔소리 엄마에게 돌려드려요. 행복은 돌고 돕니다. 서울 우유" 이런 식이다. 평범하고, 차갑게 느껴지는 우유가 엄마의 사랑을 상징하는 따뜻한 매개체가 된 것이다. 이것이 바로 스토리의 힘이다.

우리가 잘 아는 오리온 초코파이도 마찬가지이다. 오리온 초코파이는 1970년대 출시되어서 제과업계의 최고의 히트 상품으로 자리 잡았다. 그러나 1980년대 들어서자 유사 제품들이 속속 나오기 시작했다. 그래서 1990년대에는 매출이 뚝 떨어지면서 위기 상황이 닥쳐왔다. 그렇다면 오리온은 이 상황을 어떻게 극복했을까? 이른바 "정(情) 캠페인"이라고 해서 한국인의 감성에 호소하는 스토리를 만들었다. 이러한 감성 마케팅으로 오리온 초코파이에 새로운 이미지를 심었다. 이를 위해 다양한 CF가

나왔다. 가령 어떤 여선생님이 남자아이를 꾸중하고 벌을 세웠는데 나중에 보니까 그 아이가 반성문과 함께 선생님 책상에 초코파이를 넣어 놓은 CF. 이사를 하는 어린 여자아이가 경비원 아저씨 사무실에 "아저씨 안녕히 계세요. 다음에 놀러 올게요"라고 하는 쪽지와 함께 초코파이를 놓아두고 가는 CF도 있다. 또한 다양한 상황극을 사용해서 초코파이가 곤란한 상황을 극복해 나가는 도구로 쓰일 수도 있다는 사실을 은근히 암시하기도 한다.

이런 식으로 해서 오리온 제과는 초코파이가 단순한 과자가 아니라 마음과 정을 전달하는 매개체라는 이미지를 심는 데 성공했다. 이것이 바로 스토리의 힘이다. 이 결과 2003년 오리온 초코파이의 누적 매출액이 과자 역사상 처음으로 1조 원을 돌파했다. 지금도 오리온 초코파이는 국내뿐만 아니라 해외에서도 한국을 소개하는 대표적인 과자로 자리 잡고 있다.

국가에서 관광 상품 개발하는 것도 스토리의 힘을 이용해야 한다. 사실상 관광객들을 끌어들이려면 스토리가 있어야 한다. 독일 라인 강변에 가면 관광객들에게 가장 유명한 것이 무엇일까? 운하를 다니는 배일까? 아니면 중세시대의 성일까? 사람들이 가장 많이 관심을 가지고 찾아가는 곳은 바로 '로렐라이 언덕'이다. 로렐라이 언덕에는 슬픈 전설이 전해져 내려온다. 어떤 남자에게 배신당한 여자가 절벽에 몸을 던져 죽은 후 나중에 요정이 되어 아름다운 노랫소리로 뱃사람들을 유혹하여 근처를 지나는 배들을 침몰시킨다는 그런 스토리이다. 이게 시와 노래로 나와서 크게 유명해졌다.

1990년도에 독일에 갔을 때 이 로렐라이 언덕을 보고 큰 충격을 받았다. 실제로 가서 보니 정말 아무것도 없었다. 그저 젊은 여인의 조각상 하나만 있고 별로 대단한 것이 없었다. 경치가 그렇게 뛰어난 것도 아니었다. 그저 어디서나 흔히 볼 수 있는 경치였다. 그런데도 수없이 많은 관광객이 이곳을 찾아오고 있었다.

그 이유가 무엇인가? 바로 스토리의 힘이다. 평범한 장소인데 그곳에 스토리를 입히니까 아주 특별한 장소가 되어 버렸다. 거기에다가 아름다운 노랫말에 멋진 곡까지 붙여 놓으니까 금상첨화가 된 것이다. 이것이 바로 사람의 마음을 움직이는 스토리의 힘이다. 단순히 상품을 구매하거나 관광하는 것이 아니라 그 안에 담긴 이야기를 함께 공유하고 경험하는 것이다.

오늘날 인터넷이 보급되고 정보가 폭발적으로 늘어나면서 현대인들은 정보의 홍수에 휩싸여 버렸다. 이런 상황에서 정보는 오히려 공해가 되기 시작하였다. 그러다 보니 현대인들은 인터넷에 떠돌아다니는 온갖 쓰레기 같은 정보들 가운데 옳은 정보를 선별해야 하는 처지에 놓이게 되었다. 이런 상황에서 사람들은 더욱더 이야기에 매료되기 시작한 것이다. 스토리텔링 기법이야말로 사람들이 전달하고자 하는 콘텐츠를 가장 거부감 없이 받아들이고, 가장 오랫동안 기억하게 하는 방법이기 때문이다.

기독교인들 가운데 한동대학교를 모르는 사람들은 거의 없다. 그렇다면 한동대가 언제부터 알려지기 시작했을까? 물론 초대 총장이신 김영길 총장님이 여러 곳으로 강의를 다니시며 한동대를 소개했고, 그 이후 한동대가 매스컴을 타게 되면서 유명해지기 시작했다. 그러나 사실상 한동대가 믿는 사람들에게 본격적으로 알려지게 된 것은 "갈대 상자" 덕분이었다. 이 갈대 상자는 한동대의 장점을 소개하며 정보를 제공하는 책이 아니었다.

이 갈대 상자는 한동대에 얽힌 스토리이다. 그리고 이 학교를 통해 하나님이 하실 일을 보기 위해 생명을 건 사람들의 이야기이다. 바로 이것 때문에 한동대가 알려진 것이다.

우리 개인의 인생에도 스토리가 있어야 한다. 공부만 잘하면 성공하는 시대는 끝났다. 이제는 자기만의 고유한 색깔이 있어야 한다. 우리의 인생은 유한하다. 그러므로 우리가 다른 사람과 똑같아지기 위하여 동일한 스펙만 추구하다가 자신의 고유한 스토리를 만들어 갈 수 있는 시간적인 여유를 잃어버리면 오히려 불행해진다는 사실을 기억해야 한다. 스펙만 추구하는 사람은 자신을 인격적인 존재로 대하지 않고 스스로 상품화시킨다는 것을 알아야 한다.

스펙은 영어단어 'Specification'(제품 명세서)의 준말이다. 그러므로 사실 사람에게 스펙이라는 단어를 쓰는 것 자체가 인간에 대한 모독이다. 인간은 상품이 아니기 때문이다. 따라서 스펙으로는 사람을 제대로 평가할 수 없다. 가령 어떤 능력이 있는 여자가 결혼 소개소에서 스펙을 보고 어떤 능력 있는 남자를 선택했다고 하자! 키는 180센티에 명문대 출신, 그리고 얼굴은 호남 형의 미남에다가 연봉은 1억, 이런 남자를 선택했다고 해 보자! 과연 그 사람이 행복한 결혼 생활을 할 것이라는 보장이 있을까? 전혀 보장할 수가 없다. 이런 것을 보면 스펙은 그 사람을 획일화시켜서 일반적인 정보만 제공해줄 뿐이다. 그 사람이 진짜 어떤 사람인지는 보여줄 수 없다.

그러므로 취업을 준비하는 사람도 어느 정도의 스펙은 준비해야겠지만, 너무 스펙에 목숨 걸면 안 된다. 오히려 자신을 다른 사람과 차별성을 가지게 하는 자신만의 고유한 스토리를 만들어야 한다. 다른 말로 하면 '개인의 역량'이라고 할 수 있을 것이다. 오늘날은 다른 무엇보다 나 자신이 마케팅 대상이 된다. 그러므로 나를 팔 수 있어야 한다. 즉 사람들에게 나의 필요성을 어필할 수 있어야 한다. 이를 위해서는 자기만의 고유한 스토리가 중요하다. 그런데 이 이야기는 취업 시장뿐만 아니라 영적 신앙생활에도 적용된다.

신앙생활에도 스토리가 있어야 한다

우리는 하나님과의 관계에서도 이것이 동일하게 적용된다는 사실을 알아야 한다. 하나님은 우리와 스펙을 쌓기를 원하시는 것이 아니라, 스토리를 만들기를 원하신다. 스펙이 형식이라고 한다면 스토리는 본질이고, 형식 속에 담긴 실제적인 내용이라고 볼 수 있다. 예수님 당시에 바리새인들이 왜 책망을 받았는가? 그들에게는 화려한 스펙만 있었지 하나님과의 실제적인 스토리가 없었기 때문이다.

지금도 마찬가지이다. 우리가 "신앙생활을 몇 년을 했다", "십일조를 얼마를 했다", "교회 봉사를 얼마를 했다", "내가 몇 대째 예수님을 믿고 있다." 이런 자랑을 해도 하나님과의 깊은 교제가 없으면 그 사람의 신앙은 헛된 것이다.

하나님과의 스토리가 많아야 한다는 것은 결국 하나님 앞에서 간증 거리가 많은 것이다. "하나님께서 내 인생에 이렇게 개입하셨다." "나는 하나님의 살아계심을 이렇게 체험했다." "내 인생이 힘들 때 하나님께서 이렇게 도와주셨다"라고 하는 그런 간증 거리가 많아야 하는 것이다.

성경에 보면 "여호와께서 자기를 위하여 야곱 곧 이스라엘을 자기의 특별한 소유로 택하셨음이로다"(시편 135:4)라는 말씀이 나온다. 하나님께서는 우리 한 사람 한 사람을 '특별한 사람'으로 보신다. 그러므로 우리가 신앙인이라면 하나님과의 독특한 사랑의 이야기가 있어야 한다. 하나님과 소중한 추억이 있어야 한다. 이것을 다른 말로 하면 우리가 신앙인이라면 언제 어디서나 누구에게든지 2-3시간은 거뜬히 이야기할 수 있는 자기 자신만의 간증 거리가 있어야 한다는 것이다.

사람에게 감동을 주는 것도 스토리이고, 하나님을 감동시키는 것도 스토리이다. 스펙이 아니다. 얼마 동안 신앙생활 했는가 하는 것이 중요한 것이 아니다. 여러분들이 지금 하나님과 사람 앞에서 내어놓을 수 있는 스토리가 얼마나 있느냐 하는 것이 중요한 것이다.

나는 개척 교회를 하면서 힘든 시간을 많이 보냈다. 그때는 너무 힘들다고 생각했는데 지나고 보니 그 덕분에 남들에게 이야기해 줄 수 있는 스토리가 많이 생겨났다. 처음 개척 때 삼(3)무(無)라고 해서 돈 없고, 사람 없고, 건물 없는 상태로 국민대학교 강의실을 빌려 교회를 개척했다. 이렇게 개척하는 가운데 체험한 기적들이 많이 있다.

사실 개척은 국민대가 아니라 신도시가 형성되는 파주 쪽에서 시작하려고 했다. 그런데 교회를 얻기 위해 일곱 번이나 계약 직전까지 갔는데 결국 다 계약이 깨지는 것을 경험했다. 처음에는 교회를 준다고 했다가 막상 계약하려고 하면 주인이 마음이 바뀐다던가, 건물주가 허락을 안 한다던가, 다른 교회가 들어오게 되었다든가 하는 이유로 인해서 결국 계약을 하지 못하게 되는 상황이 발생했다. 심지어는 마지막 계약에서는 300만 원이나 하는 계약금도 떼였다. 그래서 너무 답답해서 작정하여 기도했는데 신기한 경험을 하게 되었다.

어느 날 잠을 자는데 꿈에서 내가 기차를 타고 있었다. 그런데 흔들리는 열차 안에서 내가 호박엿을 나눠주고 있는데 갑자기 어떤 얼굴도 모르는 여자분이 호주머니에 뭔가를 넣어주고 내리는 것이었다. 그래서 꿈에서 깨서 하나님께 물어보았다. "이 꿈이 무슨 뜻입니까?" 그러자 하나님께서 바로 해석을 해주셨다. "호박엿은 달고 오묘한 하나님의 말씀을 뜻한다. 비록 네가 지금은 교회가 없지만, 한동대에서 하나님의 말씀을 가르치고 있지 않니. 그렇게 열심히 하다 보면 얼굴도 모르는 여자가 너에게 돈을 줄 것이다." 그렇게 말씀하셨는데 진짜로 그대로 이루어졌다.

며칠 후 얼굴도 모르는 어떤 여자분에게서 전화가 왔다. 이분은 잘사는 분도 아니었다. 그런데 이분이 곗돈을 타게 되었다. 보통 사람들은 곗

돈을 타게 되면 평소에 가고 싶었던 여행을 가거나 원하는 물건을 사는데 이분은 다음날 새벽 기도 가서 "하나님 이 돈을 어디에 쓸까요?"라고 기도했다고 한다. 그런데 하나님께서 "라원기 목사에게 그 돈을 보내라"고 말씀하셨다고 했다. 나는 이분을 평생 만난 적이 없었다. 일전에 이분 아들이 내가 교회 개척한다고 어머니에게 이야기한 적이 있었던 모양이었다. 그래서 어쨌든 통장 번호를 불러 달라고 해서 불러 주었더니 2,000만 원을 보내 주셨다. 하나님의 살아계심을 체험하는 순간이었다. 나는 지금도 그분의 얼굴을 모른다.

그 후 국민대에서 교회를 개척한 뒤 길음동으로 교회를 옮기게 되었다. 그때도 놀라운 기적을 경험했다. 처음 국민대에서 목회를 할 때 너무 힘들었다. 강의실을 안 빌려주어서 매주 동아리 회의실을 빌렸는데 창문도 없는 지하 3층 방이었다. 그것도 매주 세 번이나 사인을 받아야 빌릴 수 있었고 밤새 술 파티를 했는지 주일날 아침에 들어가 보면 술 냄새가 진동할 때도 많았다.

너무 힘들어서 장소를 달라고 만 번의 기도를 했다. 교인들하고 숫자를 세어가며 작정해서 기도했나. 그런데 9,997번째 되었을 때 기적적으로 길음역 근처에 장소가 나온 것이다. 우리 집이 길음동이고 국민대에 가려면 길음역을 거쳐야 했다. 그래서 길음역 근처에 장소를 달라고 기도했는데, 놀랍게도 어떤 분이 교회를 하다가 내 놓은 장소를 알게 된 것이다. 그것도 누구 소개로 알게 된 것이 아니라 그냥 인터넷에서 기독교 신문을 읽다가 교회 자리가 있다는 광고를 보고 우연히 클릭을 해서 알게 되었다. 그 때의 감동을 지금도 잊을 수가 없다. 호기심에 클릭을 했는데 놀랍게도 주소가 내가 사는 길음동이 아닌가? 그래서 알아보니 집에서 10분 거리이고 길음역까지도 10분 거리에 있는 교회였다. 참으로 신기했다. 이외에도 개척 교회를 하면서 경험한 신기한 스토리들이 너무도 많이 있다.

여러분은 어떤 스토리가 있는가? 하나님 앞에 내어놓을 스토리를 만들어가고 있는가? 혹시 이 세상에서 성공하고 출세하기 위한 스펙을 쌓는데만 급급하지 않은가? 하나님과의 스토리를 만드는데 소홀히 하고 있지는 않은가? 혹은 자신이 모태 신앙이고 예수 믿은 지 오래되었다고 해서 그것을 대단한 스펙으로 생각하지는 않는가? 그래서 하나님과의 스토리 만드는 것에는 관심이 없지 않은가?

교회에서 청년들을 데리고 목회를 하다 보면 그들의 삶에 하나님의 스토리가 펼쳐지는 것을 자주 보게 된다. 뺀질뺀질하게 교회 다니는 사람은 좀체 스토리가 없다. 그러나 정말 순수하게 하나님을 사랑하고 섬기는 사람들에게는 하나님께서 놀라운 스토리를 많이 주시는 것을 본다.

우리 교회에 은수라는 지체가 있다. 정말 열심히 교회를 섬긴 사람이다. 국민대 시각디자인과를 나온 학생인데, 1학년 때부터 우리 교회에 나오면서 동생과 친구도 전도하고 우리 교회 행사 디자인은 은수가 다 했다. 학교 공부도 많았는데, 한 주도 예배 빠지지 않고 양육까지 다 받고 셀 리더로 헌신하며 정말 열심히 교회를 섬겼다.

그러다가 몇 년 전에 졸업을 앞두고 졸업 전시회를 했는데 내가 〈창조론〉 강의하는 것을 듣고, 감동을 하여 졸업 작품을 창조론을 주제로 정했다. 하지만 그 이유로 졸업을 못 할 뻔했다. 국민대 시각디자인과 교수님들 가운데 크리스천이 별로 없었기 때문이었다. 특별히 지도 교수가 은수 자매를 엄청나게 핍박하면서 눈물 나게 했다. 할 수 없이 이 자매가 막판에 〈김치〉로 주제를 바꾸어서 겨우 통과했다. 그런데 놀라운 일이 일어났다. 졸업식 때 가보니까 과 전체 수석을 한 것이다. 원래 공부를 잘하기는 했지만, 중간에 성적이 좀 떨어져서 예상하지 않았다. 하지만 하나님께서 여러 교수님들 앞에서 자매를 높여 주셨다.

은수가 졸업하자마자 취식이 되었는데 그 어렵다는 삼성 신라호텔에 디자이너로 취직이 되었다. 재미있는 것은 신라 호텔에서 마지막 최종 면접을 하면서 면접관이 "대학 생활을 하면서 가장 기억에 남는 일이 무엇인가요?" 하니까 "네, 교회 생활을 한 거에요!"라고 대답했다고 한다.

그래서 면접관이 "그러면 인생에서 가장 존경하는 인물은 누구입니까?" 하니까 "사모님이요."라고 대답했단다. 면접관이 놀라서 "사모님이 누구인가요?"하니까 "네, 목사님의 부인입니다." 하고 대답했다는 것이다.

그 이야기를 듣고 우리는 은수가 떨어졌다고 생각했는데 놀랍게도 합격이 되었다. 하나님이 은혜를 베풀어주셨음이 틀림없다. 그다음 해부터는 이 자리를 공채로 뽑았는데 경쟁률이 장난이 아니었다. 은수는 공채가 아니고 교수님 추천으로 지원해서 합격을 하였다. 그런데 추천을 해주신 분은 담당 교수님이 아니라 졸업 작품이 문제가 되어 새로 배정 받은 교수님이 추천해 주신 것이었다. 첫 번째 심사에서 떨어지지 않았다면 만나지 못했을 교수님이었다.

이런 것들이 하나님과의 스토리이다. 다른 누구도 가지고 있지 못한 자신만의 스토리인 것이다. 우리는 인생에서 이런 스토리가 많아야 한다. 이런 스토리가 다 간증 거리가 되는 것이다. 누구 말처럼 "역경"이 지나고 보면 "경력"이 되는 것이다. 당신은 하나님과의 관계에서 어떤 스토리가 있는가? 꼭 성공한 스토리만 있어야 한다는 말은 아니다. 내가 고난 가운데, 어려움 가운데 하나님께서 도와주신 경험이 있다면, 그것이 모두 스토리인 것이다. 혹시 내가 내세울 스토리가 전혀 없다면, 나의 신앙생활에 왜 스토리가 없는지 고민해봐야 한다. 혹시 내가 너무 편하게, 좋게만 신앙생활 하려고 해서 그런 것이 아닌지 반성해 야 한다. 우리는 주님 때문에 고난당했던 사도 바울의 삶에 왜 그렇게 수많은 스토리와 간증이 넘치는 지를 생각해 볼 필요가 있다.

선교사들은 유독 스토리가 많다. 그들은 하나님을 위해 자신의 삶을 올인하기 때문이다. 본인의 동생은 현재 어린이 전도협회 아시아태평양 지역 대표로 선교 활동을 하고 있는데, 선교사가 되기 전에 동생의 부인 되는 제수씨에게 이런 일이 있었다. 제수씨는 동생과 결혼하기 전에 스튜어디스로 홍콩에서 비행사에 근무하고 있었다. 그런데 당시 홍콩은 공산화된 베트남을 탈출하여 무작정 바다로 나온 보트피플이 많이 있었다. 그런데 홍콩 정부가 이들에게 상륙 허가를 내주지 않아서 그들은 홍콩섬의 한 지역에 집결하여 배를 맞붙여놓고 선상에서 살아가야 했다.

여러 해를 그렇게 살다 보니 그들의 삶은 곤고하기 짝이 없었다. 육지에 일체 발을 들여놓을 수 없었기 때문에 그들은 배 위를 벗어나지 못하는 비참한 삶을 살아야 했다. 특히 어린이들의 고통이 컸다. 학교에 다닐 수 없는 것은 물론이고, 마음껏 뛰어놀 놀이 공간마저 박탈당한 채 그저 하루하루를 연명하는 것 뿐이기 때문이다. TV를 통해 이들의 안다까운 소식을 접한 제수씨는 하나님께 물질의 축복을 주시면 이들을 꼭 돕겠다고 기도하였다.

그로부터 며칠이 지난 어느 날 제수씨는 HSBC(홍콩-상하이 은행)로부터 편지를 받게 되었다. 그 편지에는 이런 내용이 적혀 있었다. "축하합니다, 귀하께서 우리 은행의 100만 번 째 카드 사용 고객이 되셨습니다. 오셔서 상품을 받아 가시기 바랍니다." 알고 보니 그 상품은 놀랍게도 당시 돈으로 1억 원이 넘는 고가의 포르쉐 스포츠카였다. 제수씨는 직감적으로 이 차는 하나님이 주신 기도 응답이라는 생각이 들었다. 그래서 바로 은행에 전화를 걸어 베트남 보트 피플들에게 이 상품 차량을 돈으로 바꾸어서 기증하고 싶다는 의사를 밝혔다. 동생은 지금도 물가가 비싸다고 하는 호주에서 오직 후원에 의존하여 선교사로 살아가고 있다. 하지만 지금까지 선교사의 삶을 살기 시작한 이래 단 한 번도 물질 때문에 사역에 지장을 받은 적이 없다. 나는 그 이유가 이러한 선행을 기억하고 계시는 하나님의 은혜 때문이라고 믿는다.

신앙생활을 하다 보면 이런 체험들을 많이 하게 된다. 그러나 우리가 안일하게 살다 보면 우리 삶에는 기적도, 은혜의 체험도, 기도 응답의 간증도 없다. 우리가 오직 주님의 영광만을 위해 살고자 몸부림치다 보면, 그 가운데서 놀라운 기도의 응답을 받게 되는 것이다. 흥미로운 것은 때로는 하나님께서 일부러 우리 인생에 고난을 허락하신다는 것이다. 이것은 우리 가운데 기억에 남을 하나님과의 스토리를 만들어나가기 위해서이다.

그런데 이런 하나님의 뜻을 분별하지 못하는 사람은 고난 가운데서도 여전히 인간적인 방법으로 그 고난을 벗어나기 위해 애를 쓴다. 그러면 고생은 고생대로 하고 하나님과의 스토리도 남는 것이 없다. 그러므로 고난을 겪으면 하나님 앞에 엎드려 기도해야 한다. 하나님을 더 찾고 하나님 뜻대로 살기 위해 더욱 몸부림쳐야 한다. 그러다 보면 하나님과 아름다운 스토리가 만들어진다.

성경에 나오는 다윗이 어떻게 해서 그런 아름다운 시들을 쓸 수가 있었는가? 사울에게 쫓기고 고난당하는 가운데, 하나님께 매달리며 몸부림치는 가운데 그런 시들이 나온 것이다. 인생에서 고생한 스토리가 많아도 하나님을 만나지 못하고 고생하면, 그것은 한으로 남는다. 그러나 고난 가운데 하나님을 만나고 하나님의 위로하심을 체험하면, 그것은 아름다운 스토리가 된다. 우리는 신앙의 화려한 스펙을 자랑할 것이 아니라 하나님과 러브 스토리가 있는 인생이 되기 위해 애써야 한다.

나는 언젠가 류태영 박사님의 이야기를 읽고 정말 많은 감동을 하였다. 이분은 건국대학교 부총장을 역임한 분이신데 너무나 가난하게 자랐다. 그래서 간신히 초등학교를 졸업하고 열여덟 살에 중학교에 들어갔다. 그리고 나이가 스무 살이 되었는데도 돈이 없어 신문팔이 등을 하며 야간고등학교를 거쳐 대학을 다녔다. 그러는 가운데 정말 밥 사 먹을 돈이 없어 쓰레기통에 버려진 밥을 주워 먹었다고 한다. 심지어는 곰팡이가 핀 빵을 주워 먹다가 쓰러진 적도 있었다. 그런데 놀라운 것은 우리 같으면 수백 번도 더 절망했을 것인데 류태영 학생은 절대 절망하지 않았다는 것이다. 오히려 그는 그 어려운 과정 가운데서도 단 한 번도 빠지지 않고 새벽기도를 나가면서 하나님께 이렇게 기도했다.

"하나님, 저를 더 크게 쓰시려고 이렇게 연단하시는 것이지요? 괜찮습니다. 더 연단시키셔도 됩니다." 이렇게 하면서 그는 하나님을 의지하고 하나님의 은혜를 구했다. 그러는 가운데 그는 외국에 나가 앞선 농업을 공부하여 우리나라의 낙후된 농업을 끌어올리고자 하는 마음을 가지게 되었다. 하지만 유학할 돈이 없었다. 그런데 새벽에 기도하는데 지혜가 떠올랐다. "덴마크 국왕에게 편지를 써야겠다"는 생각이 든 것이다. 그래서 그는 덴마크 국왕에게 편지를 썼다. 자신은 한국 사람인데 앞선 선진국의 농업 기술을 배워 꼭 국가에 이바지하는 사람이 되고 싶다고 썼다.

그런데 막상 쓰고 나니 덴마크 국왕 주소를 알 길이 없어서 당황스러웠다. 그런데 하나님이 또다시 지혜를 주셨다. 덴마크 우체부 중에 국왕 주소를 모르는 사람이 어디 있겠는가? 그냥 덴마크 국왕 앞으로 보내면 된다는 깨달음이 왔다. 그래서 그렇게 편지를 보내고 몇 달을 간절히 기도했는데 국왕에게서 답장이 왔다. 비행기 값을 포함해서 전액 장학생으로 초청해서 무료로 공부를 시켜 주겠다는 것이었다. 그래서 그는 공부를 무사히 잘 마치고 건국대 부총장까지 역임하게 되었다.

이 얼마나 놀라운 이야기인가? 요즘 우리 그리스도인들은 많이 연약하다. 그래서 조금만 어려운 일이 닥쳐도 쉽게 좌절하고 불안해한다. 우리는 영적인 배짱이 있어야 한다. 고난 앞에서 믿음으로 돌파하는 능력이 있어야 한다. 그때 하나님의 놀라운 스토리가 우리의 삶 가운데 만들어지는 것이다. 기억하라! 인생의 고난은 누구에게나 온다. 그러나 인생의 고난이 닥칠 때 그 고난으로 인하여 괴로워하고 절망하는 사람이 있다. 반면 그것을 가지고 하나님 앞에서 기도하고 몸부림쳐서 그것을 아름다운 스토리로 만드는 사람이 있다.

유명한 찬송가 작사자 중에 '화니 제인 크로스비'라는 분이 있다. 이분은 어릴 때 시력을 잃어 평생을 어둠 가운데 살아야 했다. 그러나 그녀는 그 고통과 어려움의 시간을 하나님을 원망하는 데 쓰지 않고 신앙으로 승화시켜 9,000곡 이상의 찬송 시를 썼다. 그 가운데 우리나라에 소개된 곡들도 많다. 〈나의 영원하신 기업〉, 〈나의 갈 길 다 가도록〉 등등 수많은 찬송이 있다.

그 분이 쓴 찬송 가운데 〈예수로 나의 구주 삼고〉라는 찬송이 있다. 그 찬송 후렴부에 "이것이 나의 간증이요, 이것이 나의 찬송이라"라는 가사가 있다. 이것을 영어로 옮기면 "This is my story, this is my song" 이다. "이것이 나의 스토리이고, 이것이 나의 노래"라는 뜻이다. 그녀는 남들이 보기에는 눈이 보이지 않는 불행한 사람이었지만 하나님과 아름다운 스토리가 있었기에 날마다 은혜와 찬송이 넘치는 삶을 살 수가 있었다.

여러분은 어떤 사람이 되기 원하는가? 그저 신앙의 연륜만 자랑하고 스펙만 쌓아가는 사람이 되고 싶은가? 아니면 누구에게나 자랑할 수 있는 하나님과의 아름다운 스토리가 있는 사람이 되고 싶은가? 반드시 기억하라! 하나님께서는 여러분이 하는 그 어떤 일보다 여러분 자신을 먼저 원하신다. 여러분이 하나님의 이름으로 이루는 그 어떤 업적보다 여러분 자신과의 친밀한 관계를 원하신다.

찬송가 중에 〈저 장미꽃 위에 이슬〉이라는 곡이 있다. 이 찬송가 후렴 부분에 이런 가사가 있다. "주님 나와 동행을 하면서 나를 친구 삼으셨네. 우리 서로 받은 그 기쁨은 알 사람이 없도다." 그렇다! 우리에게도 이런 고백이 있어야 한다. 그 누구도 알 수 없는 하나님과의 개인적인 러브 스토리가 있어야 한다. 하나님은 예수 그리스도의 십자가의 사랑을 통하여 이 세상 그 무엇과도 비교할 수 없는 가장 위대한 러브 스토리를 만드셨다. 하나님은 이 위대하고 아름다운 러브 스토리에 당신을 참여시키기를 원하신다. 그러므로 여러분은 이 하나님의 초청에 응답하는 사람이 되어야 한다.

하나님께 가치 있는 인생이 되라

오늘날은 과거 그 어느 때보다 스토리의 힘이 강력한 시대가 되었다. 스토리를 만들어 돈을 벌어 먹고사는 월트 디즈니사의 2006년 한 해 수입은 34억 달러였다. 이것은 인텔의 30억 달러, 도요타의 18억 달러보다 앞서는 수입이었다. 영국의 소설가 조앤 롤링은 "해리포터"라는 이야기 하나로 단 10년 동안에만 300조 원이 넘는 매출을 올렸다. 그녀의 소설을 바탕으로 영화가 제작되었으며, 게임 타이틀과 캐릭터들이 개발되어 전 세계적으로 큰 인기를 얻고 있다.

이것이 바로 스토리의 힘이다. 그렇다면 나 자신도 사람들 앞에서 내놓을 스토리가 있는지를 생각해 봐야 한다. 공부 잘한다고 알아주던 시대는 이제 사라졌다. 이제는 나 자신을 다른 사람과 차별화할 수 있는 자신만의 스토리가 있어야 한다. 이것을 소위 말해서 '퍼스널 브랜딩'(Personal Branding)이라고 한다. 즉 퍼스널 브랜딩은 "자신만이 가지고 있는 독특한 매력과 가치를 발굴해 그것을 모든 사람에게 알리는 것"이다. 그러므로 오늘날 같은 시대에서는 이 사회에서 성공하기 위해서는 자신만의 퍼스널 브랜딩에 성공해야 한다. 이를 위해 자기만의 고유한 스토리가 있어야 한다.

그런데 이것은 영적인 세계에서도 마찬가지이다. 우리는 하나님 앞에서 '나'라는 존재가 어떤 브랜드 가치를 지닐 것인가 하는 것을 깊이 고민해야 한다. 하나님 앞에서 여러분들의 브랜드 가치는 어떻게 되는가?

성경에 보면 하나님께서 너무나 존귀하게 보시는 사람이 있다. 바로 다니엘이다. 성경에 보면 하나님께서 다니엘에게 반복적으로 쓰시는 단어가 있다. "은총을 받은 사람 다니엘아"라는 말이다. 이런 표현이 무려 3번이나 나온다.

　　너는 크게 은총을 입은 자라 (다니엘 9:23)
　　큰 은총을 받은 사람 다니엘아 (다니엘 10:11)
　　큰 은총을 받은 사람이여 (다니엘 10:19)

하나님께서는 다니엘을 부를 때 그냥 부르기가 아까워서 "큰 은총을 받은 사람 다니엘아"라고 부르신다. 이 말을 영어로 보니까 "Daniel!, you who are highly esteemed" 즉 "대단히 높이 평가를 받는 다니엘아!"라는 뜻이다. 이것을 다른 말로 하면 그는 하나님 앞에서 엄청나게 높은 브랜드 가치를 지니고 있다는 의미이기도 하다. 그 이유는 그는 하나님과 아름다운 스토리를 많이 만들었기 때문이다.

그는 젊을 때부터 하나님 앞에서 뜻을 정했다. 그 이후부터 그는 흔들리지 않고 하나님 중심으로 살았다. 그것 때문에 목숨이 위험한 적도 있었고 사자 굴에 들어간 적도 있다. 그러나 그는 하나님 중심으로 살았다. 그래서 하나님께서는 그를 높여 주신 것이다.

성경에 다니엘의 브랜드 가치를 한마디로 표현해주는 말씀이 있다.

> 지혜 있는 자는 궁창의 빛과 같이 빛날 것이요
> 많은 사람을 옳은 데로 돌아오게 한 자는 별과 같이 영원토록 빛나리라
> (다니엘서 12:3)

왜 하필이면 다니엘에게 이 말씀을 하셨을까? 그것은 이 말씀이 다니엘에게 해당한다는 것을 말하고자 하신 것이다. 다니엘의 가치가 하나님 앞에서는 이렇게 하늘나라의 별과 같이 영원토록 반짝인다는 뜻이다. 별은 영어로 '스타'이다. 진짜 가치 있는 스타는 이 땅의 스타가 아니라 하늘나라 스타이다. 그 반짝임은 영원하기 때문이다. 성경은 하나님 보시기에 다니엘이 하나님 나라에서 스타라고 이야기하신다. 이것이 다니엘이 하나님 앞에서 가지는 영적 가치이다.

우리도 다니엘처럼 이렇게 하나님께서 인정해 주시는 존귀한 존재가 되기 위해 노력해야한다. 그러기 위해서는 날마다 하나님과 아름다운 러

브 스토리를 많이 만들어야 한다. 여러분들의 인생이 젊을 때부터 하나님과 멋진 스토리를 많이 만드는 인생이 되기를 축복한다.

Chapter 3

느헤미야 실전 리더십

느헤미야 실전 리더십

리더십, 길을 찾아서

"나는 누구인가? 나는 어디에 서 있는가? 나는 어디로 가고 있는가?" 누군가는 이 질문에 대해 답을 해야 한다. 하지만 요즘은 이런 본질적인 질문을 던지는 사람을 찾기 어렵다. 그리고 막상 이런 질문을 던져도 속 시원하게 답을 해주지 못한다. 그렇다면 어떻게 찾아야 하는 것일까?

길은 여러 갈래다. 그래서 길을 찾아 떠날 때는 항상 조심해야 한다. 본보기나 모델을 잘못 설정하면 큰 피해를 입는다. 어떤 모델을 선택하고 따르는지에 따라 삶의 방향이 크게 달라진다. 그릇된 사람을 모델로 삼으면 그릇된 길을 가게 된다.

우리 시대는 리더십을 발휘하는 사람 중에 오답(잘못된 답)을 가지고 살아가는 사람이 많다. 게다가 노답(답이 없는) 인생도 너무 많다. 리더십들이 제시하는 답이 틀리고 또 답이 없는 시대에 답을 찾는다는 것은 그야말로 답답한 일이다. 우리가 모델처럼 생각했던 인물들이 어느 날 알고 보니 부정, 부패의 상징이 되어 있다. 알고 보니 불의와 불법을 자행한 인물이다. 그때 우리는 실망한다.

탁월하게 말씀을 선포하는 설교자로 알았는데 모두 표절 설교인 경우가 있다. 과거에 큰 교회를 섬기는 큰 영적 지도자인 줄 알았는데 오랜 시간이 흐르고 막상 그의 주위를 살펴보니 가정이 엉망이다. 부인이나 자녀들이 하나님을 경외하는 삶과는 너무 다른 길을 가고 있다. 자신의 사리사욕을 채우는데 교회를 도구 삼고, 수단으로 여긴다. 사회의 적폐 대상으로 추락했다. 한때 존경했던 인물이었는데 부, 명예, 권력을 대물림하는 추악한 탐욕으로 한국교회를 망치는 주범이 됐다. 한국교회가 망가져도 내 자식만 잘되면 된다는 추악한 탐욕의 노예가 된 그들을 지켜보는 것은 괴로운 일이다.

개인적으로는 대학교 1학년 때 이런 질문을 많이 던졌다. "**하나님을 잘 믿는다고 하면서 왜 삶은 엉망진창일까?**" 이 질문에 대한 것은 목회를 하면서 깨닫게 된 것이 있다. 대부분 사람들은 입술만 성화 되었다. 삶과 인격은 예수님을 닮아가는 성화와 거리가 멀다. 하지만 말뿐인 신앙은 진짜가 아니다. 그러므로 '믿음'은 깊이 살펴보아야 한다. 믿는다는 것은 말이 아니다. 인격적 변화가 있어야 한다. 삶의 선명한 변화가 있어야 한다. 믿음이 행함으로 이어지지 않는다면 그것은 죽은 믿음이 분명하다. 생명력 있는 믿음은 행함으로 반드시 이어진다.

오늘날 한국교회의 문제는 죽은 믿음에서 출발한다. 죽은 믿음은 말과 삶이 다르다. 죽은 믿음의 특징은 말만 잘한다. 말로 수많은 이들을 감동을 준다. 그런데 삶은 엉망이다. 인격은 엉망이다. 일터와 일상에서 그들은 제멋대로 살아간다. 속이고 감춘다. 죽은 믿음에 머물면 삶의 변화를 기대할 수 없다. 생명력 있는 믿음만이 한국교회를 새롭게 하고 우리 시대를 새롭게 할 수 있다.

할 수만 있거든 더 늦기 전에 바른길을 찾아서 가라! 그리고 지신이 간 흔적이 또 하나의 길이 되게 하라!

리더십, 그러면 어떻게 할 것인가?

비전의 씨앗은 무엇인가? 비전을 지닌 이들이 꼭 붙들어야 하는 것은 무엇인가? 그것은 하나님의 말씀이다. 비전의 사람은 그 비전을 주신 이가 하나님이심을 반드시 기억해야 한다. 그리고 그 말씀을 따라가야 한다.

나 또한 청년의 시절을 지났다. 청년 시절, 비전을 찾아가는 과정에서 생명력 있는 믿음, 행동하는 믿음, 일터와 일상으로 연결되는 믿음을 찾기 위해 성경을 펼쳤다. 그리고 성경을 곱씹듯이 읽기 시작했다. 그때 성경이 새롭게 보이기 시작했다. 성경은 고리타분한 이야기가 아니었다. 오히려 삶의 변화를 다루는 이야기로 가득했다. 성경은 틀에 박힌 종교에 관해 서술한 책이 아니다. 그보다는 삶을 변화시키고 세상을 변화시키는 이야기를 다루고 있었다.

어느 날 느헤미야서를 읽게 되었다. 한참을 읽고 멈춰서 묵상하고 또 다시 읽었다. 그만큼 강렬했기 때문이다. 느헤미야서는 인간의 놀라운 변화를 다루고 있었다. 느헤미야서에는 변화된 한 사람을 통해서 일어나는 거대한 사회적 변화의 움직임이 보였다. 바로 이것이구나. 한 사람이 말씀과 기도로 변화되는 것이 얼마나 중요한지 알게 되었다. 그 변화된 사람으로 이 세상이 어떻게 새로워지는지 깨달았기 때문이다. 깨달은 순간, 느헤미야서의 내용을 품고 도서관에서 바로 기도실로 갔다. 그리고 기도하는 가운데 뜨겁게 하나님을 갈망하고 나 자신이 변화되기를 갈망하였다. 하나님 앞에서 무릎을 꿇고서 어느 날엔가 세상을 변화시키는 그 한 사람이 되게 해 달라고 간절히 기도했다. 그날부터였던 것 같다. 리더의 길을 찾아서 떠나는 여정의 시작이 말이다.

느헤미야는 내 삶의 리더십 모델이 되었다. 느헤미야서 말씀 안에서 나는 인생의 답을 찾았다. 내가 살아가야 하는 삶의 방향을 찾았다. 리더십이 얼마나 아름답고 놀라운 선한 영향력인지 배운 것도 느헤미야서를 통해서였다. 느헤미야서를 읽어가면서 하나님의 말씀은 살아 운동력이 있었고 좌우에 어떤 검보다도 예리하여 혼과 영과 관절과 골수를 찔러 쪼개는 경험이 내 속에서 지속적으로 반복되었다. 느헤미야서를 통해서 점점 현실과 이상 사이에 다리 놓기 작업을 시작하였다. 현실에만 주저앉아 머물면 꿈이 사라지고 방자하게 살게 된다.

> 묵시가 없으면 백성이 방자히 행하거니와
> 율법을 지키는 자는 복이 있느니라
>
> (잠언 29:18)

그러나 하나님의 말씀을 묵상하고 기도하는 가운데, 하나님의 임재 속으로 들어가면, 그 시대를 위한 꿈을 주신다. 그 백성을 위한 하늘의 꿈을 주신다. 그 꿈을 땅에 펼치는 놀라운 꿈을 주신다. 리더는 하늘의 꿈을 땅에 이루는 사람이다. 다시 말하면, 하늘의 꿈을 꾸면서 현실이라는 척박한 토양에서 씨앗을 뿌리고 꽃을 피우는 사람이다. 그리스도인이라면 누구나 이 길을 간다. 이 길의 인도자는 하나님이시다. 이 길의 지도는 말씀이다. 이 길의 에너지원은 기도이다.

리더십, 무엇이고 왜 필요한가?

직장 생활을 시작으로 사회생활을 하게 되면 우리는 혼돈과 혼란을 경험한다. 왜냐하면 우리가 만나는 대부분의 리더는 세상적 리더십을 가진 사람들이기 때문이다. 교회 안에서 지내다가 세상으로 나아가면 마치 온실에서 광야의 거친 땅에 심겨진 나무처럼 외롭고 힘들다. 그때부터 수많은 질문을 던지기 시작한다. 그중의 하나가 자기 자신이 모델로 삼을 만한 리더와 리더십의 문제일 것이다. 그때부터 고민이 이어진다. 리더십이 중요한 것 같은데 진정한 리더십이 뭘까?

세상의 리더들은 거의 피라미드의 꼭짓점을 추구한다. 더 높이 올라가는 것을 목표로 삼는다. 더 많은 사람위에 군림하기 원한다. 그래서 더 많은 돈을 벌고 더 많은 사람의 섬김을 받고 싶어 한다. 이것이 리더십일까? 분명한 것은 성경이 말하는 리더는 그것과는 거리가 있다. 예수님은 리더와 리더십에 대해서 마가복음 10:42-45절은 이렇게 말씀하신다.

⁴² 예수께서 불러다가 이르시되 이방인의 집권자들이 그들을 임의로 주관하고 그 고관들이 그들에게 권세를 부리는 줄을 너희가 알거니와

⁴³ 너희 중에는 그렇지 않을지니 너희 중에 누구든지 크고자 하는 자는 너희를 섬기는 자가 되고

⁴⁴ 너희 중에 누구든지 으뜸이 되고자 하는 자는 모든 사람의 종이 되어야 하리라

⁴⁵ 인자가 온 것은 섬김을 받으려 함이 아니라 도리어 섬기려 하고 자기 목숨을 많은 사람의 대속물로 주려 함이니라

세상에서 만나는 리더와 성경이 말하는 리더는 정반대의 모습이다. 예수님이 알려주시는 리더와 리더십의 모습은 세상과 대치된다. 주관하고 부리는 것이 세상의 리더와 리더십의 모습이라면 예수님이 가르치시는 리더와 리더십은 '섬김'이다. 무엇보다 예수님 자신이 바로 그 모델이시다. 예수님은 이 땅의 권세자들과는 달랐다. 예수님은 언제나 가난한 자, 연약한 자, 소외된 자들을 긍휼히 여기며 섬기셨다. 방황하는 무리들

을 불쌍히 여기셨다. 이것이 리더십의 출발점이다. 그리고 기회가 주어지는 대로 무리들 속에서 섬기는 일을 계속하셨다.

세속적 리더십은 군림하고, 주관한다. 사람은 부리고, 섬김을 받으려 한다. 으뜸이 되고자 하고, 철저히 자기 이익을 추구한다. 권세를 사용해서 어떻게 해서든 자기 욕심을 채우고자 한다. 그런데 예수님은 그 반대의 길을 걸으셨다. 왕궁으로 향하지 않고 고통과 고난의 현장 속으로 들어가셨다. 높은 곳을 향하지 않고 낮은 곳으로 가셨다. 말씀을 이해하기 쉽게 가르치시고 직접 본이 되셨다. 섬기라고 말만 하지 않고 직접 섬김의 본이 되셨다. 목자 없는 양같이 방황하고 있는 양 떼를 위하여 기꺼이 대속 제물이 되셨다. 결국 십자가에서 목숨을 내어놓으셨다. 이것이 예수님의 리더십이다.

오늘날 교회가 위험하게 된 것은 그 안에 세속적 리더십이 가득하기 때문이다. 교회가 무너지는 것은 섬기려 하지 않고 섬김을 받으려고 하기 때문이다. 한국 교회가 위기를 경험하는 것은 낮은 곳으로 향하지 않고 높은 곳으로 향하기 때문이다. 하나님의 영광을 외치지만 사람의 영광을 추구하기 때문에 무너지는 것이다. 오직 예수를 노래하지만, 예수님을 사랑하지 않고 이용하기 때문에 세상을 변화시키지 못하는 것이다.

만일 우리가 성경적인 리더와 리더십을 배우고자 한다면 성경을 읽어야 한다. 성경은 그리스도인의 정체성에 대해서 창세기 1:26-28절에서 이렇게 답한다.

²⁶ 하나님이 이르시되 우리의 형상을 따라 우리의 모양대로 우리가 사람을 만들고 그들로 바다의 물고기와 하늘의 새와 가축과 온 땅과 땅에 기는 모든 것을 다스리게 하자 하시고
²⁷ 하나님이 자기 형상 곧 하나님의 형상대로 사람을 창조하시되 남자와 여자를 창조하시고
²⁸ 하나님이 그들에게 복을 주시며 하나님이 그들에게 이르시되 생육하고 번성하여 땅에 충만하라, 땅을 정복하라, 바다의 물고기와 하늘의 새와 땅에 움직이는 모든 생물을 다스리라 하시니라

우리는 하나님의 형상이고, 모든 그리스도인은 자기가 머무는 영역에서 리더이다. 특정한 위치에 있는 사람만이 아니라 모든 그리스도인이 리더라는 것에 주목해야 한다. 리더는 하나님의 형상을 따라 지음을 받았으므로, 하나님의 선한 영향력을 가지고, **"충만하라, 정복하라, 다스리라"**는 말씀대로 살아가야 한다. 이것이 리더십이다. 리더십의 관심과 초점은 **"하나님이 보시기에"** 바로 이 말씀에 주목되어 있어야 한다.

리더는 하나님 보시기에 어떠한가를 고민해야 한다. 세우신 자리에서

주변에 선한 영향력을 발휘하고, "**하나님이 보시기에 좋았더라! 하나님이 보시기에 심히 좋았더라!**"고 말할 수 있어야 한다. 이것이야말로 최고의 리더십이다.

리더십은 '하나님의 뜻'을 땅에 이루는 과정이다. 이 과정의 하나하나에서 선한 영향을 주는 것이다. 이러한 리더십과 관련하여 모든 그리스도인들을 그리스도의 대사라고 한다.

> 그러므로 우리가 그리스도를 대신하여 사신이 되어
> 하나님이 우리를 통하여 너희를 권면하시는 것 같이
> 그리스도를 대신하여 간청하노니 너희는 하나님과 화목하라
> (고린도후서 5:20)

우리가 예수 그리스도를 믿고 따르고 있다면, 우리는 그리스도를 대신하는 사람들이다. 주위의 모든 사람이 우리를 본다. 우리는 성경을 읽지만, 세상 사람들은 우리를 읽는다. 우리의 말과 행동이 그리스도의 편지로 세상에 읽혀지고 있다. 우리 자신이 하나님과 먼저 화목함을 경험하고, 세상 속에서 세상과 하나님 사이에 서서 화목하게 하는 일을 감당해야 한다. 이것이 모든 그리스도인에게 주어진 소명이다. 세상 속에서 그리스도의 사신이 되어 사는 것이 성경적 리더의 모습이다.

리더가 세상을 향한 선한 영향을 끼친다는 면에서 모든 그리스도인들을 세상의 소금과 빛이라고 한다. 마태복음 5:13-16절은 이렇게 말씀한다.

[13] 너희는 세상의 소금이니 소금이 만일 그 맛을 잃으면 무엇으로 짜게 하리오 후에는 아무 쓸 데 없어 다만 밖에 버려져 사람에게 밟힐 뿐이니라
[14] 너희는 세상의 빛이라 산 위에 있는 동네가 숨겨지지 못할 것이요
[15] 사람이 등불을 켜서 말 아래에 두지 아니하고 등경 위에 두나니 이러므로 집 안 모든 사람에게 비치느니라
[16] 이같이 너희 빛이 사람 앞에 비치게 하여 그들로 너희 착한 행실을 보고 하늘에 계신 너희 아버지께 영광을 돌리게 하라

리더의 자리는 누군가에게 끊임없이 보이는 자리이다. 그뿐만 아니라 들려지고, 읽히는 자리이기도 하다. 리더는 세상의 부패를 방지하는 소금이다. 세상의 불의와 불법의 어둠을 밀어내는 빛의 역할을 담당하는 존재이다. 그런데 지금 우리는 어디에 서 있는가? 근본적으로 적나라하게 우리 자신이 노출되는 하나님 앞에 날마다 머물고 있는가? 우리가 녹아서 맛을 내는 수준만큼 세상은 바뀐다. 우리기 가진 빛이 밝기만큼 세상의 암흑은 밀려날 것이다.

우리 시대의 많은 청년들은 대부분의 사람들이 우르르 몰려가는 성공이라는 고속도로를 향해 질주하려고 한다. 그것은 넓은 길이다. 하지만 고속도로를 진입하기 전에 꼭 정체 현상이 일어난다. 극소수만이 전용 차선을 타고 질주할 뿐이다. 이때 질문해야 한다. **"나는 어디로 가고 있는가?"**

우리는 지금 가고 있는 길의 방향표지판을 확인해야 한다. 세상과 다른 길을 선택해야 한다. 성공이라는 고속도로가 아니라 성경이 가리키고, 지시하고, 인도하는 길로 가야 한다. 국도여도 좋다. 울퉁불퉁해도 좋다. 성경대로 살기로 작정하고 좁은 길로 가는 청년에게 새로운 길이 보일 것이다. 성경 말씀을 따라간다면 어느 날엔가 광야에 길을 내시는 하나님을 만날 것이다.

리더는 개인적인 영역에만 머무는 사람이 아니다. 리더는 원하지 않더라도 공인이다. 그렇기 때문에 개인적 차원에서만 머물러서는 안 된다. 자기만 생각하는 좁은 시야를 가져서는 안 된다. 리더가 자기 자신만을 위하여 살아가는 순간 그가 속한 공동체는 불행해진다. 그러므로 리더는 공동체적인 영역의 고민을 가지고 씨름해야 한다. 나 혼자 성공하고 나만 잘살고자 하는 욕망으로 출세하는 것이 리더의 자리가 아니다. 이런 생각은 세상의 넓은 길을 선택하는 리더십이다. 자신만 생각하는 사람도 고지를 점령할 수 있다. 하지만 세상이 달라지지는 않는다. 오히려 세상을 더 파괴하고 어지럽힐 뿐이다.

한때 한국 사회에는 고지론 열풍이 불었다. 고지에 올라가서 하나님께 영광을 돌리자고 했다. 그런데 시간이 흐르면서 하나님을 경외하는 마음 없이 고지에 오른 이들이 하나님 중심성, 하나님 우선성이 아니라 맘몬이라는 우상을 숭배하는 이들임을 각 영역에서 보았다. 결국 고지론은 한국 사회와 한국교회가 만든 성공이란 우상의 다른 이름이다. 세상은 자기 자신만 생각하는 거짓의 사람들이 고지를 점령하면서 더 구부러지고 더 어그러졌다. 나만을 위해 사는 사람은 리더가 아니다. 그런 면에서 리더에 대해서 더 깊은 성찰이 필요하다.

오늘 한국 교회의 정체와 쇠퇴는 무엇이 원인일까? 앞에서는 비전을 말하지만, 실상은 욕망을 추구한 리더들의 죄와 영향력 때문일 것이다. 그들은 성도들을 이용하는 사람들이지 섬기는 사람들이 아니었다. 그들은 자기 왕국을 건설한 사람들이지 하나님의 나라를 건설한 사람들은 아니었다. 그들의 열매는 부와 명예, 권력의 대물림인 세습이다. 성적인 방종이다. 재정의 불투명한 사용이다. 리더라고 일컫는 많은 이들이 교회와 공동체를 세우는 것이 아니라 파괴하고 무너뜨렸다. 아니, 이미 세워진 것도 허물어뜨렸다. 한국교회는 어느 순간 금이 가고 무너져 가고 있었다.

교회 공동체도 예외는 아니다. 청년들과 함께 유럽의 교회를 방문하면서 텅 빈 교회와 성도라고는 노인들만 남아 있는 모습을 보면서 고민하고 고뇌했었다. 수많은 교회들을 둘러보면서 계속 괴롭혔던 질문이 있다. "한국교회는 과연 이대로 좋은가? 한국교회는 과연 안전한가?" 이 질문에 대한 정직한 답은 한국교회도 이미 빨간 불이 켜진 지 오래라는 자각이다. 계속 여기저기서 균열이 생기고 있음을 부정할 수 없다. 다양한 영역에서 무너짐이 심하다. 이대로 간다면 아마도 상당수 교회에서 고령화 현상을 심각하게 직면할 것이다. 다음세대의 웃음소리가 들리지 않게 될 것이다.

리더는 광야에 나무를 심는 사람이다. 사막화 되어가는 한국교회의 모습을 아파하는데서 그치지 않고 사막에 나아가 비바람을 맞으면 나무를 심어야 한다. 추위와 더위를 견디면서 나무를 심어야 한다. 벌레와 싸우면서 나무를 심어야 한다. 지금 당장 바뀌지 않아도 반드시 바뀔 것을 믿으면서 가정, 교회, 일터에서 의의 나무를 심어야 한다. 꿈의 나무를 심어야 한다. 어느 날엔가 열매를 맺고 그 열매로 아낌없이 주는 인생이 그리스도인이 가야 할 길이다.

리더십, 리더를 고민하다

젊은이들은 학교라는 울타리를 벗어나 세상 속으로 들어간다. 그리고 그곳에서 신앙과 삶의 균형과 조화를 이루지 못하고 방황한다. 자신들의 모델을 찾지만 잘 보이지 않는다. 교회라는 영적 온실에서 광야로 나가는 순간 얼어 죽는다. 말라비틀어지는 신앙의 실존에 몹시 혼란스러워한다. 그때부터 심각하게 고민한다. "신앙과 삶을 어떻게 조화 시킬 것인가?"

모든 것의 중심부는 결국 사람이다. 사람이 문제다. 탐욕의 사람들은 탐욕의 열매를 맺고 하나님을 경외하는 사람들은 하나님을 경외하는 열매를 맺는다. 한국 교회와 사회 구석구석에 균열이 가고 있는 상당수 원인은 사람이다. 특히 리더의 문제이다. 공동체의 리더가 어떠한가에 따라서 공동체의 미래는 달라진다. 우리가 주목해야 하는 것은 '리더가 누구인가?'이다.

성경적인 리더는 그 시대의 문제 앞에서 고민하고 고뇌하면서 하나님의 마음을 담아내는 사람이다. 그 시대의 가장 긴급하고 절박한 문제 앞에서 울며 기도하면서 하나님의 생각을 담아내는 사람이다.

느헤미야를 주목하는 것은 느헤미야의 리더십이 그 시대의 절박한 문제를 보고 하나님의 마음과 생각을 담아내는 리더였기 때문이다. 느헤미야는 자신의 시대적 상황과 문제를 보고 들었다.

> 그들이 내게 이르되 사로잡힘을 면하고 남아 있는 자들이
> 그 지방 거기에서 큰 환난을 당하고 능욕을 받으며
> 예루살렘 성은 허물어지고 성문들은 불탔다 하는지라
> (느헤미야 1:3)

느헤미야는 시대적 상황과 문제를 직시했다.

그 이후에 느헤미야가 했던 가장 첫 번째 행동은 기도의 자리로 가는 것이었다. 문제를 가지고 하나님 앞에 나아갔던 것이다.

> 내가 이 말을 듣고 앉아서 울고 수일 동안 슬퍼하며 하늘의 하나님 앞에 금식하며 기도하여 이르되 하늘의 하나님 여호와 크고 두려우신 하나님이여 주를 사랑하고 주의 계명을 지키는 자에게 언약을 지키시며 긍휼을 베푸시는 주여 간구하나이다
> (느헤미야1:4,5)

느헤미야는 하나님 앞에서 우는 사람이었다. 그는 금식하며 기도하였

다. 시대적 문제를 가지고 하나님 앞에 정직하게 나아가 슬퍼하고 아파했다. 하나님께 어떻게 해야 할 것인가를 묻고 듣는 경청의 시간을 가졌다. 바로 이러한 사람이 리더이다. 리더는 하나님을 두렵고 떨림으로 사랑하는 사람이다. 사랑과 공의가 그 인격 안에 공존한다. 무엇보다 하나님을 아는 지식에 기초하여 하나님의 은혜와 긍휼을 구한다. 그러한 사람이 리더다. 그러한 리더가 있는 공동체는 살아난다. 하나님이 함께하시기 때문이다.

리더는 성공이 아니라 성경을 따라가는 사람이다. 안타깝게도 오늘날에는 많은 이들이 강단에서 성공에 대한 메시지만 외치지 성경을 외치지 않는다. 성경은 성공학 교과서가 아니다. 성경은 구원의 표지판과 같다. 성경은 성공하라고 주신 책이 아니라 구원에 이르도록 하는 지혜가 담긴 책이다. 그런데 왜 성공만을 외치는가? 아마도 두려움 때문일 것이다. 사람들이 듣고 싶어 하는 소리를 외쳐야 계속 교회로 모여들 것이고 듣기 싫은 소리를 하면 교회를 떠날지도 모른다는 생각이 은연중에 마음의 중심부에 자리 잡고 있는지도 모른다.

리더라면 알아야 하는 것이 있다. 성도는 본질을 원한다. 영적 기초와 기본을 제대로 배우고 싶어 한다. 그럼에도 많은 성도들이 성경의 좁은 길이 아니라 성공이라는 넓은 길에서 무너지고 쓰러진다. 이런 면에서 본다면 넓은 길에서 무감각하고 무감동, 무책임으로 살아가는 것은 리더와 리더십의 영적 장치가 고장이 났기 때문일 것이다. 여기에 리더십에 대한 고민이 있다.

우리 시대는 공동체적으로도 위기를 경험하고 있다. 공동체를 허무는 상당수의 여우는 자기 욕망을 위하여 기독교를 이용하는 지도자들이다. 자칭 타칭 지도자라는 이들이 돈과 이성, 권력에 대한 욕망으로 성도를 이용하고 하나님의 이름을 더럽힌다. 그들은 가는 곳마다 자기 이익을 위하여 그리스도의 공동체를 무너뜨린다. 그리고 아무도 책임을 지지 않는다. 상처받은 숱한 성도들만 유리하고 방황하다가 공동체를 떠나고 파편처럼 산산조각이 나서 흩어지기를 반복할 뿐이다.

우리는 리더가 누구인지를 기억해야 한다. 진정한 리더는 하나님의 마음을 담아내는 사람들이지 욕망을 추구하는 이들이 아니다. 리더는 하늘의 뜻을 땅에 이루어지게 하는 축복의 통로이다. 진짜 리더는 섬기는 자이지 성도들 위에 군림하고 이용하면서 자기 탐심을 채우는 자가 아니다. 이런 선명한 리더의 자기 정체성이 필요한 때다.

리더십, 왜 리더십을 고민해야만 할까?

곳곳에서 청년과 다음 세대가 보이지 않는다는 소리가 들린다. 위기라는 소리만 요란하지 대안이 보이지 않는다. 말만 무성하지 구체적으로 살려내기 위한 실제적인 수고와 실천이 너무 미약하다. 한국교회의 고령화는 급물살을 타고 있다. 급속도로 고령화가 진행되어서 점점 많은 교회들이 청년과 다음 세대가 희귀해지는 현상을 경험하고 있다. 더 늦기 전에 허물어진 청년과 다음 세대의 침몰을 심각하게 조사하고 성찰하면서 구체적인 대안을 깊이 생각해 보아야 한다.

"우리 시대 청년과 다음 세대들이 왜 보이지 않을까?" 그것은 리더다운 리더가 부족하기 때문이다. 한국교회를 대표하는 기관의 리더들을 살펴보면 내면이 참 초라하다. 겉으로는 신앙과 삶의 거룩을 외치지만, 말뿐이지 거룩의 실제와 능력을 발견하기가 어렵다. 오히려 성경적인 그리스도인으로 양육하고 훈련해야 할 리더들이 거짓 뉴스를 유포하고 전파한다. 순수한 그리스도인들을 선동하여 정치적으로 이용한다. 구약의 여러 거짓 선지자들과 같은 일을 하는 것이다. 그들로 인해서 숱한 그리스도인들이 실망하고 실족해서 교회를 떠나는 경우가 허다하다.

리더가 부패하고 타락하면 어떤 증상이 나타나는가? 기득권을 지키려고 한다. 기득권의 수호를 위해서 일한다. 거짓된 리더는 하나님의 백성들을 생각하지 않는다. 왜냐하면 그들은 하나님의 나라를 위해서 일하는 것이 아니기 때문이다. 따라서 하나님의 영광을 위해서 일하는 모습을 발견할 수 없다. 거짓된 소리를 듣는 수많은 성도들은 점점 혼돈하고 공허함을 느낀다. 리더가 하나님이 지시하시는 바른 방향을 잡아주지 않으니까 백성(청년)들이 인생의 광야를 방황하는 것이다.

영적 리더십이 고장 나면 청년들은 캠퍼스에서 허송세월을 보낸다. 영적 리더십이 타락하면 청년들은 직장과 진로 문제로 갈피를 잡지 못한다. 계속해서 쳇바퀴를 돌아 결국 늘 제자리에 머문다. 더 늦기 전에 교회 공동체가 리더십의 문제를 고민해야 한다. 그리고 리더다운 리더가 없다고 생각한다면 내가 바로 그 리더로 세워져 가야 한다는 책임 의식을 가져야 한다.

이러한 리더 부재의 시대에는 하나님의 손에 의해 빚어진 하나님의 사람들, 리더십의 현장 이야기를 경청해 보는 것이 꼭 필요하다.

개인적으로 청년의 때에 나는 이분에게 많은 빚을 졌다. 그는 광야와 같은 곳에서 길을 내시는 하나님을 만났고, 사막에서 강을 내시는 하나님을 깊이 만난 믿음의 선진이었다. 그의 이름은 느헤미야이다. 느헤미야는 믿음의 대선배님이자 영적 리더십의 거장으로 현장에서 삶이 곧 메시지가 된 분이다. 그는 신앙과 인격을 연결하였고, 신앙과 일을 연결하였고, 신앙과 소명을 연결하였고, 신앙과 삶을 연결하였다.

그런 까닭에 느헤미야의 리더십을 소개하면서 청년 사역자들과 청년 리더십들, 그리고 이 땅의 수많은 영적 지도자들이 느헤미야의 탁월한 영적 리더십의 바통을 이어가는 은혜를 기대해 본다. 또한 무너진 이 땅의 공동체들이 느헤미야의 리더십을 배우고 실천함으로 다시 회복되는 은혜를 경험하기를 기대해 본다.

시대를 변화시키는 실전 리더십, 느헤미야를 통해 만나다

종종 우리 시대에 꼭 필요한 리더의 모습 중 성경에서 배울 수 있는 모델을 추천해 달라는 부탁을 받는다. 성경에 기록된 인물 가운데 오늘 우리 시대에 접목해도 현장에서 되살아날 수 있는 리더십의 대가를 말해 달라고 요청을 한다. 그때마다 나는 주저함 없이 느헤미야를 추천한다.

왜냐하면 느헤미야를 묵상하고 그의 리더십을 배운다면 놀라운 선한 영향력이 흘러갈 것이 분명하기 때문이다. 우선 그는 제사장 출신이 아니다. 즉, 느헤미야는 제사장이 아니었음에도 불구하고 자기 삶의 영역에서, 자신의 일터에서 제사장적인 삶을 살아냈다. 그는 선한 영향력을 끼친 인물이다.

느헤미야의 리더십은 지루하고 고루한 이론이 아니다. 실전이다. 다른 말로 하면 책상에서 연구하면서 나온 리더십이 아니라는 말이다. 황폐하고 무너진 현장에서 기도하면서 일하고, 일하면서 기도하며 나온 실천형 리더십이다. 단지 직책이 만들어 준 리더십이 아니라 치열한 현장에서 고군분투하면서 발휘된 실전 리더십이다.

틈나는 대로 느헤미야서를 묵상하라. 그러면 무너진 공동체를 재건하는 리더로 세워져 갈 것이다.

느헤미야에게는 하나님을 사랑하는 마음이 있다. 하나님의 백성들을 아끼고 사랑하는 마음이 있다. 무너진 성벽 재건을 통해서 민족을 재건하려는 민족을 사랑하는 마음이 있다. 느헤미야를 묵상하면서 그 마음을 느낄 수 있다면 삶이 달라지기 시작할 것이다. 그 마음이 하나님의 마음이기 때문이다.

느헤미야는 신앙을 삶의 자리로 연결한다. 느헤미야의 신앙은 삶으로 녹아들어 간다. 아주 구체적이다. 너무나 실제적이다. 실천적이다. 더군다나 누구나 실천 가능하다. 신앙을 두리뭉실하게 말하는 것이 아니라 성경을 기준으로 삼고 성경을 방향으로 하기에 아주 선명하다.

그렇다면 우리는 느헤미야에게서 어떤 리더십을 배울 수 있는가? 느헤미야의 리더십은 바로 현장에 적용 가능한 리더십이다. 한가지라도 실전에서 실천한다면 열매가 있는 리더십이다. 중요한 것은 실전에서의 실천이다. 행함이 있는 리더로 현장에서 이기는 믿음이 중요하다.

실전 리더십 1 | 리더, 기도하며 기적을 만든다

우리는 하나님의 일하심을 기대하면서도 기도를 소홀히 하는 경우가 많다. 그러나 기도하는 자가 기적은 만든다. 느헤미야는 모든 일을 기도로 시작하고 기도로 진행하고 기도로 마무리한다. 그에게 있어서 기도는 모든 것이다. 그는 기도하지 않고는 일하지 않는다. 그는 일하면서 기도하고 기도하면서 일한다.

느헤미야는 예루살렘 성벽의 황폐함을 듣고 먼저 기도한다.

> 내가 이 말을 듣고 앉아서 울고 수일동안 슬퍼하며
> 하늘의 하나님 앞에 금식하며 기도하여
>
> (느헤미야 1:4)

현실의 고통 앞에서 리더는 하나님 앞에서 우는 사람이다. 그냥 우는 것이 아니라 하나님의 마음을 느끼면서 우는 것이다. 하나님 아버지의 슬픔을 자신의 몸과 마음에 담아내는 사람이 리더이다. 그 시대적 고통 앞에서 그것을 자신의 문제처럼 아파하고 우는 자가 리더이다. 많은 이들이 직분과 직책은 리더이면서 공동체를 파괴하고 사회의 암적인 존재가 되는 것은, 시대적 문제를 자신의 문제로 아파하지 않기 때문이다. 그러나 시대적인 문제를 가지고 하나님 앞에서 금식하며 기도하는 누군가가 있다면 그가 그 시대를 위한 리더가 된다.

우리는 종종 개인적 문제로 금식하고 기도한다. 그러나 시대적 문제를 가지고 금식하고 기도하는 것은 드물다. 리더란 시대적 문제를 가지고 하나님 앞에 나아가 울며 금식하며 기도하는 자이다. 그래서 하늘의 음성을 땅에서 듣는 자이다. 리더는 금식하며 기도하며 하나님의 선하시고 기뻐하시고 온전하신 뜻이 무엇인지 분별하는 자이다. 하나님의 세미한 음성을 듣기까지 하나님의 보좌 앞에 머무는 자가 리더이다.

느헤미야는 수시로 하나님께 묻고 하나님의 인도하심을 경청하며 기도하였다.

> 왕이 내게 이르시되 그러면 네가 무엇을 원하느냐 하시기로
> 내가 곧 하늘의 하나님께 묵도하고
>
> (느헤미야 2:4)

리더는 하나님이 주신 마음의 소원을 품고 사는 자이다. 누군가 **"네가 무엇을 원하느냐?"** 묻는다면 주저하지 않고 하나님 앞에서 듣고 답하는 자이다. 많은 이들이 순간순간 하나님 앞에 묻지 않는다. 자기 지혜로 살아간다. 우리 시대가 회복해야 할 것은 바로 하나님 앞에 경청의 자리로 나아가는 자세이다. 하나님이 주시는 지혜만이 시대적 문제를 해결하는 대안이기 때문이다.

느헤미야의 리더십 엔진은 기도였다. 모든 영적 부흥의 근원지는 기도이다. 기도 없이 부흥은 없다. 기도 없이 하나님은 일하시지 않는다. 그러므로 리더십은 모든 것을 기도로 시작해야 한다. 리더십은 기도로 시작하고, 기도로 진행하고, 기도로 매듭지어진다. 기도하지 않는 순간 영적 리더십은 사라진다. 인간의 권모술수만 남는다.

오늘 교회 공동체의 정체와 침체 앞에서 해결방법은 기도 외에는 다른 유가 없다. 리더십이 기도의 불쏘시개가 되어야 공동체가 산다. 기도에 자신을 온전히 던져라. 기도를 책으로 배우지 말고 현장에서 기도함으로 배우고 가르치라.

리더의 기도는 기적을 만든다. 기도하지 않기에 인간의 한계 속에 갇혀서 더 이상 나가지 못하는 것이다. 기도해야 광야와 같을지라도 길이 만들어진다. 기도하는 자에게 하나님은 지혜를 주시고 명철을 주신다. 기도할 때 대안이 보인다. 리더들이여 기억하라. 기도의 현장은 기적의 현장이다.

실전 리더십 2 | 리더, 행동하는 믿음으로 하나님의 역사를 이룬다

종종 기도는 열심히 하는데 아무런 삶의 변화가 없는 경우가 있다. 기도를 열심히 하는데 현장에 아무런 열매가 없다. 왜 그럴까? 기도의 문제인가? 아니면 다른 부분이 더 필요할까?

느헤미야는 현장을 변화시키고 민족을 변화시킨 인물이다. 그런데 그는 기도만 하지 않았다. 기도하면서 하나님이 주시는 지혜와 통찰력과 영감을 현실 세계와 연결하였다.

이에 비해 많은 이들이 기도만 한다. 기도를 마치 부적처럼 사용한다. 기도만 하고 행동하지는 않는다. 기도만 하는 것은 중언부언하는 것이다. 기도의 시간이 길다고 하나님의 역사가 나타나는 것이 아니다. 중언부언하는 기도라면 아무 소용없다. 정말 중요한 것은 기도에 진심과 전심이 담겨지는 것이다. 무엇보다 기도하면서 하나님의 주시는 지혜와 명철을 정리하고 기록하면서 적용하는 것이 필요하다.

기도로 끝내지 말고 하나님이 주시는 지혜로 현실의 문제를 돌파하는 전략을 세워야 한다. 그리고 행함이 있는 믿음으로 실행해야 한다. 구슬이 서말이라도 꿰어야 보물이 되듯 기도는 현실의 문제를 풀어가는 하나님의 지혜를 연결하고 적용하는 과정이 있어야 한다.

느헤미야는 구체적으로 현실의 문제를 해결할 모든 방법을 철저히 준비하고 진행하였다. 현실의 문제를 돌파하는 전략을 세운 것이다. 느헤미야에게는 전략과 더불어 행동하는 믿음이 있었다.

느헤미야는 일을 계획하고 진행하였다. "내가 기한을 정하고"(느 2:6) 그는 일정을 정하고 일을 추진하였다. 우리가 하는 일에 기한을 정해야 한다. 하나님이 주시는 힘과 지혜와 능력으로 기한을 정하고 최선을 다하라. 게으름을 돌파하고자 한다면 기한을 정하고 전력투구를 하라!

느헤미야는 문제를 예측하고 행동하였다.

총독들에게 내리시는 조서를 내게 주사 그들이 나를 용납하여
유다에 들이기까지 통과하게 하시고

(느헤미야 2:7)

느헤미야는 장애물을 예측하였다. 그래서 총독에게 내리는 정확한 조서를 달라고 요청하였다. 공신력 있는 문서를 통해서 확실한 준비를 한 것이다. 그리고 자신에게 문제가 될 다양한 장애물을 통과할 구체적인 계획을 세웠다. 유다에 들어가기까지 여러 어려움을 예측했기에 그것을 통과하기 위한 모든 필요한 서류를 구비한 것이다.

신앙은 맹목적으로 행동하는 것이 아니다. 하나님이 주시는 힘과 지혜와 능력을 가지고 철저하게 준비하는 것이 좋은 신앙이다. 무조건 "믿습니다."라고 외치는 것이 아니라 믿음의 대상이 되시는 하나님의 도우심을 입어서 구체적으로 현실의 어려움을 해결해 가는 것이다.

느헤미야는 현실의 필요를 구체적으로 준비하는 것에 철저하였다.

> 왕의 산림 감독 아삽에게 조서를 내리사
> 그가 성전에 속한 영문의 문과 성곽과 내가 들어갈 집을 위하여
> 들보로 쓸 재목을 내게 주게 하옵소서
>
> (느헤미야 2:8)

느헤미야는 모든 필요한 재료를 구체적으로 공급받고 사용할 계획을 세웠다. 그에게는 산림감독 아삽의 도움이 필요했다. 그래서 왕의 조서를 받아서 준비하였다.

그는 철저하게 전략적으로 성벽재건을 준비했다. 그저 대충대충 준비한 것이 아니다. 성전에 속한 영문의 문과 성곽과 자신이 들어갈 집을 짓는데 필요한 재목을 미리 계획하였다. 계획에 맞춰 요청하고 조서에 기록하여 공적인 확증을 받았다. 이것이 좋은 믿음이다.

두리뭉실하게 살아서는 안 된다. 믿음으로 산다고 하면서 아무것도 하지 않는 것은 게으르고, 불성실한 것이다. 믿음이란 구체적으로 행동하는 것이다. 기도하면서 하나님이 주시는 지혜를 따라서 구하고 준비하여 모든 것을 진행하는 것이 건강한 믿음이다. 이처럼 행동하는 믿음을 통하여 실행력을 갖추지 않으면 아무리 좋은 계획도 몽상에 불과하다. 꿈꾸라. 그리고 꿈을 현실 세계에 접목하여 구체적으로 행동하라. 전략을 행동하는 믿음으로 뒷받침하라. 그것이 리더의 모습이다.

젊을 때 전략과 준비하는 믿음이 필요하다. 많은 경우에 아무것도 하지 않고 기도하고 기다리는 것이 믿음이라고 여기고 머문다. 그러나 이럴 경우 아무런 역사가 일어나지 않는다. 하나님의 역사는 기도하고 하나님이 수시는 힘과 지혜와 능력으로 현실의 문제를 파고 들어가서 준비하고 실천하는 데 있다. 현실의 문제 앞에서 기도했다면 하나님이 주시는 약속의 말씀 붙들고 치열한 현장 속으로 들어가서 준비하라.

리더는 준비하는 자이다. 준비하는 것이 믿음이다. 믿는다면 하나님의 뜻을 추구하기에 믿음의 분량대로 준비한다. 리더는 행동하는 자이다. 행동하는 것이 믿음이다. 리더는 하나님이 주신 지혜로 전략을 세우고 그대로 실행함으로 하나님의 뜻이 땅에서 이루어지게 하는 자이다.

실전 리더십 3 | 리더, 연합과 일치를 통해 하나님의 역사를 이룬다

공동체를 세워가는 것은 쉬운 일이 아니다. 공동체를 세워 가는 데 있어서 리더가 기억해야 하는 것은 다양성이다. 공동체는 여러 지체들로 구성되어 있다. 다양한 모습의 지체들이 서로 섞여 있다. 리더는 그 가운데서 어떤 모습이어야 하는가?

느헤미야는 공동체의 탁월한 리더였다. 그의 일하는 방식을 살펴보면 그는 혼자 일하지 않았다. 그는 공동체를 이루는 지체들과 더불어 일하였다. 공동체를 재건하는 일은 쉬운 일이 아니다. 여러 일들을 처리해 가는 과정에서 리더는 혼자 일하는 사람이 아니다. 느헤미야는 리더로 함께하는 이들에게 동기를 부여하여 공동체를 연합과 일치로 이끈다. 그리고 바로 그 공동체 구성원들과 함께 일한다. 그것은 느헤미야가 진정한 리더임을 잘 보여준다.

느헤미야는 성벽을 재건하기 전에 먼저 여러 사람들과 함께 연합하여

서 일하였다. 그는 형제 하나니를 통해서 예루살렘의 상황을 자세히 들었다.

내 형제들 가운데 하나인 하나니가 두어 사람과 함께 유다에서 내게 이르렀기로 내가 그 사로잡힘을 면하고 남아 있는 유다와 예루살렘 사람들의 형편을 물은즉 그들이 내게 이르되 사로잡힘을 면하고 남아 있는 자들이 그 지방 거기에서 큰 환난을 당하고 능욕을 받으며 예루살렘 성은 허물어지고 성문들은 불탔다 하는지라

(느헤미야 1:2-3)

자신이 하지 못하는 영역을 잘할 수 있는 형제에게 부탁했다. 그를 통해 상황을 자세히 파악하는 것부터가 느헤미야의 성벽재건의 시작이었다.

리더는 자신이 열심히 일하는 것도 중요하지만 더 중요한 것은 공동체에 속한 각 사람이 자신이 해야 할 일을 하도록 동기를 부여하고 연합하여 일을 해나가야 한다. 선한 영향력을 지닌 리더십을 통해서 하나님께서 기뻐하시는 일에 공동체 구성원들이 다 헌신하도록 이끄는 것이 매우 중요하다.

느헤미야는 그것을 정확하게 알고 있었다. 또한 다른 사람들에게 동기를 부여하기에 앞서 자기 자신을 먼저 살펴보았다. 무엇을 어떻게 해야 할지 고민하고 고뇌하는 시간을 충분히 가졌다.

> 내 하나님께서 예루살렘을 위해 무엇을 할 것인지
> 내 마음에 주신 것을 내가 아무에게도 말하지 아니하고 밤에 일어나
> 몇몇 사람과 함께 나갈새 내가 탄 짐승 외에는 다른 짐승이 없더라
> (느헤미야 2:12)

리더는 자신을 이끄는 자이다. 리더는 자신의 마음에 하나님이 주신 것을 담아내어야 하고 그것을 향해서 더불어 일하는 자이다. 리더는 사람들에게 말하기 전에 하나님께로부터 주어지는 마음을 충분히 담아내는 시간을 가지는 자이다.

느헤미야는 이미 보고를 통해서 듣고 알고 있었지만, 모든 것을 직접 확인하고 점검하면서 무너진 성벽을 전부 살펴본다. 문제해결을 위해서 문제를 진단한 것이다. 이것은 처방하기 전에 정확한 진단을 하기 위함이다. 느헤미야 2:13, 15절은 이렇게 기록하고 있다.

[13] 그 밤에 골짜기 문으로 나가서 용정으로 본문에 이르는 동안에 보니 예루살렘 성벽이 다 무너졌고 성문은 불탔더라,…

[15] 그 밤에 시내를 따라 올라가서 성벽을 살펴본 후에"

느헤미야는 성벽과 성문을 꼼꼼하게 살펴보았다. 문제를 자세히 살펴보는 것에서 대안이 나오기 때문이다. 느헤미야는 밤에 직접 올라가서 성벽을 살펴보면서 상황을 판단하였다. 그리고 방향을 고민하였다. 그는 대충 일하는 것이 아니라 모든 상황을 철저하게 파악한 이후에 유다 사람과 제자장들과 귀족들과 방백들과 일하는 자들에게 동기를 부여한다.

후에 그들에게 이르기를 우리가 당한 곤경은 너희도 보고 있는 바라 예루살렘이 황폐하고 성문이 불탔으니 자 예루살렘 성을 건축하여 다시 수치를 당하지 말자 하고…

또 그들에게 하나님의 선한 손이 나를 도우신 일과 왕이 내게 이른 말씀을 전하였더니 그들의 말이 일어나 건축하자 하고 모두 힘을 내어 이 선한 일을 하려 하매

(느헤미야 2:17-18)

여기에는 탁월한 리더십에 대한 통찰이 담겨 있다. 그는 예루살렘 사람들이 당한 곤경을 살펴보았다. 그리고 그 곤경을 느끼고, 알고 있다

는 공감대를 먼저 형성했다. 이것이 성벽 재건을 위한 첫 번째 순서였다. 즉, 그들에게 왜 성벽을 재건해야 하는지 동기를 부여한 것이다. 황폐하고 불타서 황무하게 된 현실을 보게 하면서 동시에 수치를 당하지 않도록 마음을 모으고 뜻을 모은다. 동시에 하나님의 선한 손이 도우신 일을 간증하여서 무너진 믿음을 회복하게 하는 영적 리더십을 발휘한다.

리더는 하나님의 뜻을 찾고 구하고 그 뜻을 파악하고, 그 후에 선한 영향력으로 하나님이 지시하신 방향을 향하여 백성들과 더불어 가는 사람이다. 모두가 힘을 내어 선한 일에 동참할 수 있도록 이끈다. 그가 리더이다.

나 혼자가 아니다. 더불어 가야 한다. 더불어 갈 수 있는 자가 진짜 리더이다. 리더가 소통하지 않음으로 자신도 모르게 공동체를 무너뜨린다. 결국 공동체를 허무는 여우가 된다. 리더는 공유하고 공감하고 소통하는 작업을 통해서 하나님의 선하시고 기뻐하시고 온전하신 뜻을 추구하도록 공동체를 이끌어야 한다. 좋은 리더는 중요한 문제일수록 공동체와 공유하고 공감한다. 서로 소통하며 공동체를 하나님의 선하시고 기뻐하시고 온전하신 뜻을 향하여 함께 섬김으로 이끄는 이들이 곧 좋은 리더이기 때문이다.

실전 리더십 4 | 리더, 모든 장애물과 대적하는 자들을 넘어선다

봉사와 섬김의 현장에서 지치고 힘이 들 때가 많다. 그래서 다 내려놓고 쉬고 싶을 때가 있다. 리더라면 누구나 경험하는 유혹이다. 공동체를 건강하게 세우고 싶지만 어려움이 너무 많다. 어떻게 해야 할까?

느헤미야가 이끈 성벽 재건은 특징이 있다. 리더 혼자 모든 것을 다 하지 않았다는 사실이다. 리더의 자리는 구성원들이 각자의 은사와 역량만큼 봉사하고 헌신하게 하는 것이다. 느헤미야의 지도 아래서 성벽 재건에 동참한 이들은 자신이 가진 은사를 따라 봉사했다. 이스라엘 백성들은 그들의 역량이 허용하는 범위 안에서 최선을 다해서 성벽을 재건했다. 소수만이 아니라 공동체를 이루는 구성원들이 대부분 참여했.

성벽 재건의 기록을 살펴보면 누구나 자기 주변을 재건하고 힘이 닿는 대로 그 범위를 넓혀서 재건에 동참하였다. 느헤미야서 3장에는 이러한 성벽의 중수에 헌신한 이들을 낱낱이 기록하여 남기고 있다.

3장에서 반복되는 단어는 **"중수하였고"**라는 것이다. 무너진 곳을 다시 회복한 것이나. 중수한 사람들의 대다수는 자기 **주변**을 지신의 **역량**이 미치는 범위까지 힘을 다하여 일하였다. 그리고 그들의 수고와 헌신을 낱낱이 기록하고 있다. 느헤미야는 사소한 것을 사소하게 여기는 것이 아니라 중요하게 다룬 것이다. 모두 하나님의 역사이기 때문이다.

공동체는 하나님 나라를 위하여 헌신한 이들을 빈부귀천이 없이 동일하게 기억하고 기록해야 한다. 그들 모두가 참여를 통해서 공존, 공생, 공감을 이루어 나가기 때문이다. 하나님의 일은 힘 있는 사람만 하는 것이 아니다. 가난하거나 부하거나 사회적 위치나 직분과 관계없이 하나님을 사랑하는 마음으로 모든 사람이 동참하고 동역할수록 하나님의 역사는 아름답게 빛난다.

그런데 가치 있는 일일수록 이러한 일에는 방해자들이 있다. 하나님의 역사를 모두 기뻐하지는 않는다. 대적자들은 근심한다.

> 호론 사람 산발랏과 종이었던 암몬 사람 도비야가 이스라엘 자손을
> 흥왕하게 하려는 사람이 왔다 함을 듣고 심히 근심하더라
>
> (느헤미야 2:10)

하나님의 일이라고 해서 모두가 다 기뻐하는 것이 아니라는 뜻이다. 항상 알곡 속에 가라지가 있다. 가라지는 알곡이 열매 맺지 못하도록 한다. 이스라엘 자손을 흥왕하게 하는 일을 듣고 근심하는 자들이 있었다. 그들은 자기 기득권을 추구하는 사람들이다. 오직 자기 이익을 탐하는 자들이다. 그들은 하나님의 일에는 관심이 없다. 늘 자신에게만 맞춰져 있다. 하나님이 기뻐하시는 일을 하려고 할 때 기억할 것은 항상 순적하지만은 않으리라는 것이다.

산발랏이 우리가 성을 건축한다 함을 듣고

크게 분노하여 유다 사람들을 비웃으며

(느헤미야 4:1)

성을 건축하려고 하자 이 일을 방해하는 산발랏은 듣고 크게 분노한다. 자신의 기득권이 사라질 수 있기 때문이다. 그들은 유다 사람들을 비웃고 조롱함으로 힘을 빼려고 한다.

하나님의 선한 역사를 이루려 할 때는 대적자의 모함과 권모술수와 공격과 비난을 예상해야 한다. 교묘한 방해를 예측해야 한다.

암몬 사람 도비야는 곁에 있다가 이르되

그들이 건축하는 돌 성벽은 여우가 올라가도 곧 무너지리라 하더라

(느헤미야 4:3)

부정적인 소리다. 이런 소리에 귀를 기울이고 반응해서는 안 된다. 힘을 빼는 소리를 들었다면 바로 흘려보내야 한다. 부정직인 소리를 붙잡고 묵상할수록 마음이 상하고 무너질 수밖에 없다.

하나님의 일을 할 때는 약속의 말씀을 붙잡고 나아가야 한다. 중요한 일일수록 대적자들에게 집중하면 안 된다. 그들은 속이는 자들이요 죽이려는 자들이기 때문이다. 리더가 대적자들의 부정적인 소리 앞에서 믿음이 무너지면 모든 하나님의 역사가 무너지고 만다. 그때 하나님 앞에서 부르짖어야 한다. 위기의 순간마다 하나님 앞에서 그 마음을 토해야 한다.

우리 하나님이여 들으시옵소서 우리가 업신여김을 당하나이다 원하건대 그들이 욕하는 것을 자기들의 머리에 돌리사 노략거리가 되어 이방에 사로잡히게 하시고

주 앞에서 그들의 악을 덮어 두지 마시며 그들의 죄를 도말하지 마옵소서 그들이 건축하는 자 앞에서 주를 노하시게 하였음이니이다 하고

(느헤미야 4:4-5)

느헤미야는 대적자들의 부정적인 소리, 조롱하는 소리 앞에 머무는 것이 아니라 하나님께로 더 가까이 나아갔다. 그리고 솔직하게 그 마음을 토해내었다. 업신여김을 당하는 마음을 하나님이 만져 주시기 때문이다. 욕하는 것을 그들의 머리로 돌리시는 분은 하나님이시기 때문이다. 리더는 더 자주 더 깊이 하나님 앞에 나아가야 한다. 리더가 하나님으로부터 소명을 받고 일하고 있다면 주 앞에서 악과 죄를 주님이 기억하시고 주

님이 대신하여 심판하심을 믿고 신뢰할 수 있어야 한다. 리더는 오직 그 마음을 하나님 앞에 토하면 된다. 하나님 앞에서 마음을 토하는 것은 부정적인 소리에 의해서 입은 마음의 상처를 치유하고 회복을 가져온다. 어떤 방해에도 무너지지 않고 전진할 힘과 용기와 지혜를 얻게 한다.

리더는 하나님의 선한 역사를 이루려 할 때 도처에 산발랏과 도비야가 있다는 것을 아는 사람이다. 리더는 그들의 업신여김과 욕과 노략에 무너지지 아니하고 기도로 돌파하는 사람이다. 그리고 계속하여 공동체의 마음을 모아가는 사람이 좋은 리더이다.

이에 우리가 성을 건축하여 전부가 연결되고 높이가 절반에 이르렀으니
이는 백성이 마음 들여 일을 하였음 이니라

(느헤미야 4:6)

리더는 백성들의 마음을 모으는 일에 집중해야 한다. 백성들이 하나님의 선하신 역사를 이루는 일에 힘을 다하여 동참하여 수고하고 헌신하도록 격려하고 세우는 것이 리더가 해야 할 일이다.

리더는 결코 방심하지 않는다.

우리가 우리 하나님께 기도하며

그들로 말미암아 파수꾼을 두어 주야로 방비하는데

(느헤미야 4:9)

어둠의 사람들의 공격은 한 번에 끝나지 않는다. 그들의 공격이 지속해서 반복된다는 것을 리더는 안다. 그래서 파수꾼을 두고 낮이나 밤이나 하나님의 역사가 중단되지 않도록 방비한다.

일을 하다 보면 원수들은 끊임없이 조롱과 비난을 한다. 인신공격을 한다. 단 한 번이 아니다. 연속적이다. 결코 멈추지 않고 쉬지 않고 공격한다.

원수들의 근처에 거주하는 유다 사람들도 그 각처에서 와서

열 번이나 우리에게 말하기를 너희가 우리에게로 와야 하리라 하기로

(느헤미야 4:12)

원수들이 각처에서 와서 10번이나 회유하고 협박한다. 원수의 공격은 집요하여 누구나 지치기 쉽다. 리더를 향하여 공동체를 향하여 원수의 교묘한 공격들은 멈추지 않고 이어진다. 그러나 리더는 그러한 방해자들의 공격을 두려워하지 않는다. 리더는 나침반인 주를 바라보기 때문이다.

지극히 크시고 두려우신 주를 기억하고

(느헤미야 4:14)

하나님의 일을 하는 이들은 수시로 지극히 크시고 두려우신 주를 기억하고 바라보아야 한다. 수시로 하나님 앞에서 마음을 토해야 한다. 리더가 기도할 때 하나님께서 악인의 악을 폐하신다.

우리의 대적이 우리가 그들의 의도를 눈치챘다 함을 들으니라 하나님이 그들의 꾀를 폐하셨으므로 우리가 다 성에 돌아와서 각각 일하였는데

(느헤미야 4:15)

리더는 중요한 일일수록 기도해야 한다. 자신도 기도하지만, 공동체와 함께 기도해야 한다. 기도를 통해서 마음을 모으고 기도하면서 하나님이 주시는 힘과 능력을 경험해야 한다. 그때그때마다 필요한 지혜가 위로부터 부어진다. 하나님의 일을 감당할 능력과 용기를 주신다. 하나님께서 우리를 대신하여 일하신다. 악인들의 꾀를 폐하신다.

기도하는 것은 현실의 필요를 무시하거나 소홀히 하는 것이 아니다. 오히려 기도하는 사람일수록 현실의 필요에 민감하게 반응한다. 현실의 문제를 이기는 지혜를 얻는다.

> 내가 성벽 뒤의 낮고 넓은 곳에 백성이 그들의 종족을 따라
> 칼과 창과 활을 가지고 서 있게 하고
>
> (느헤미야 4:13)

> 성을 건축하는 자와 짐을 나르는 자는
> 다 각각 한 손으로 일을 하며 한 손에는 병기를 잡았는데
> 건축하는 자는 각각 허리에 칼을 차고 건축하며
> 나팔 부는 자는 내 곁에 섰었느니라
>
> (느헤미야 4:17)

기도하는 사람은 현실을 무시하는 것이 아니라 현실의 문제를 정확하게 파악하고 대안을 세우는 사람이다. 리더란 기도하고 아무것도 하지 않는 사람이 아니다. 기도하면서 하나님이 주신 지혜로 현실의 문제를 돌파하는 사람이 리더이다. 기도와 일, 이 두 가지를 조화롭게 하는 사람이다.

리더는 기도만 하는 것이 아니다. 리더는 왜 기도하는지를 아는 자이다. 모든 좋은 리더는 기도하면서 하나님의 도우심을 확신한다.

우리 하나님이 우리를 위하여 싸우시리라

(느헤미야 4:20)

    리더는 이러한 확신을 공동체에 나누어야 한다. 하나님을 향한 믿음을 공유하고 공감하고 소통함으로 함께 위기를 극복해 나가는 것이 중요하다. 그런 리더가 있는 공동체는 숱한 방해에도 불구하고 결코 무너지지 않는다.

    기도하는 리더는 깨어 있는 자이다. 모든 일이 잘되면 잠자는 이들이 있다. 마음이 느슨해진다. 위기 때는 기도하고 부르짖지만, 위기가 사라지면 영적 긴장감이 사라진다. 문제는 그때 생긴다.

    돈, 성, 세습 문제들이 일어나는 교회를 보면 그 중심에 잠들어 있는 리더들이 있다. 겉으로는 기도를 강조하지만, 속으로는 탐욕과 탐심에 물들어 있다. 아무리 새벽기도를 하고 철야 기도를 하고 부르짖어도 어둠의 사람들의 기도는 자기 탐욕을 추구할 뿐이다. 이미 하나님으로부터 떠나 있다.

    리더는 자신의 소명이 다하는 순간까지 깨어 있어야 한다. 하나님 앞에 머물러야 한다. 리더가 직위와 직분은 있지만, 하나님 앞에서 기도하지 않으면 기능만 살아 움직인다. 그들은 기술자이지 영적 지도자가 아니다. 리더의 장애물은 외부에도 있지만, 자신의 내면에도 있다. 특히 탐욕을 조심해야 한다. 선한 싸움을 다 싸우고 탐욕에 사로잡혀서 넘어지는 경우가 많기 때문이다. 리더는 하나님이 주신 소명을 마칠 때까지 장애물과 대적을 경계하며 끝까지 기도로 승리하는 것이 필요하다.

실전 리더십 5 | 리더, 자신이 본이 된다

사역자에게 실망하고 실족하고 상처받았다는 소리가 들린다. 사역자의 삶을 들여다볼수록 세상과 다를 바가 없다는 소리가 들린다. 사역자는 사역 현장의 리더이다. 그런데 사역자 때문에 오히려 공동체가 무너진다면 심각한 문제이다. 이런 상황에서 사역자에게 필요한 것은 무엇일까?

모든 무너진 공동체를 세우는 핵심에는 리더의 희생이 따른다. 리더의 눈물과 피와 땀이 흐르고 있다. 리더는 공동체를 위하여 존재하는 것이지 공동체가 리더를 위하여 존재하는 것이 아님을 자각하여야 한다. 나쁜 리더는 공동체를 자신을 위하여 이용하고 희생시킨다. 좋은 리더는 공동체를 위하여 자신을 희생시키고 공동체를 위한 거름이 되어 공동체를 건강하게 일군다. 우리 시대의 비극은 나쁜 리더들이 곳곳에 포진하고 있다는 것이다. 나쁜 리더가 많을수록 사회는 혼란과 혼돈에 빠진다. 리더는 말이 아니라 삶으로 말해야 하는 시대이다. 사람들은 점점 말을 믿지 않는다. 삶으로 말해야 믿고 따라간다.

느헤미야는 말이 아닌 삶으로 공동체를 가르쳤다.

나나 내 형제들이나 종자들이나 나를 따라 파수하는 사람들이나

우리가 다 우리의 옷을 벗지 아니하였으며

물을 길으러 갈 때에도 각각 병기를 잡았느니라

(느헤미야 4:23)

느헤미야는 백성들에게만 희생을 강요한 것이 아니라 솔선수범하여 스스로 본을 보였다. 느헤미야는 백성들의 실제적인 삶에도 관심을 기울였다. 자신의 가족과 친척과 주변 사람들이 모두 옷을 벗지 않고 병기를 잡았다. 자신과 가족들을 예외로 두지 않았던 것이다. 그 자신의 삶을 통하여 말하는 리더가 있는 공동체는 건강해짐을 그는 직접적으로 보여준다. 그 자신의 삶이 하나님의 메시지인 것이다.

느헤미야는 하나님의 뜻을 전달하는 데 있어서 담대하다.

우리는 이방인의 손에 팔린 우리 형세 유다 사람들을 우리의 힘을 다하여 도로 찾았거늘 너희는 너희 형제를 팔고자 하느냐 더구나 우리의 손에 팔리게 하겠느냐 하매 그들이 잠잠하여 말이 없기로 내가 또 이르기를 너희의 소행이 좋지 못하도다 우리의 대적 이방 사람의 비방을 생

각하고 우리 하나님을 경외하는 가운데 행할 것이 아니냐

(느헤미야 5:8-9)

느헤미야는 용기와 희생정신을 가지고 그 시대 백성들의 문제를 부, 명예, 권력의 핵심에 있는 이들에게 직면시키고 문제를 풀어간다. 그 시대는 빈부격차가 심했다. 양극화가 절정에 달했다. 그래서 유다 사람들을 이방인에게 팔기까지 하였다. "너희는 너희 형제를 팔고자 하느냐 더구나 우리의 손에 팔리게 하겠느냐?" 사람을 사거나 판다는 것은 최악의 고통인 것이다. 느헤미야는 이것을 관행으로 여기지 않고 이런 소행이 악하다고 단호하게 선을 그었다. 이러한 악행으로 인해서 이방 사람들이 하나님을 믿는 이들을 비방하고 있는 현실을 직시할 것을 권면하였다. 그리고 하나님 경외함을 말이 아닌 삶으로 표현할 것을 강력하게 촉구하였다.

느헤미야는 그 시대적 상황 속에서 기득권을 강화하고 백성들을 고통에 빠뜨리는 이들을 향해 하나님의 뜻을 전하는 것을 조금도 주저하지 않았다. 그는 시대적 문제와 사회적인 문제에 대한 구체적인 대안을 제시하며 실제적으로 사회 구조적인 문제와 심각한 양극화의 문제를 해결해 갔다.

우리가 그 이자 받기를 그치자

너희가 꾸어 준 돈이나 양식이나 새 포도주나

기름의 백분의 일을 돌려 보내라

(느헤미야 5:10,11)

느헤미야의 개혁은 말에 그치지 않고 하나님의 선하시고 기뻐하시고 온전하신 뜻이 이 땅에서 이루어지도록 실행하였다. 느헤미야는 백성들의 한숨 소리와 탄식을 듣고 구체적으로 돕고 섬기고자 헌신하였다. 이것이 살아 있는 리더십이다.

그의 대안은 두리뭉실하지 않다. 선명하고 예리하기까지 하다. 날카롭다. **"이자 받기를 그치자" "백 분의 일을 돌려보내라"** 느헤미야는 말씀을 삶으로 연결하고 적용하고 있다. 신앙을 종교적 영역으로 가두지 않는다. 오히려 삶의 부패하고 타락한 탐욕의 자리에 기꺼이 연결하여 신앙과 삶은 하나라고 가르치고 있다. 개혁과 갱신을 말하면서도 말뿐인 오늘의 현실에서 느헤미야는 어떤 사람이 진정한 리더인지 보여준다.

리더는 공동체의 아픔을 알고 그것을 고치고 치료하는 자이다. 리더는 시대적 문제 앞에서 성경적인 고민과 고뇌를 통해서 대안을 만들어내는 사람이다. 그리고 그 대안을 사회에 적용하려고 씨름하는 자이다. 그런데 리더라는 자리는 있어도 그 소명을 붙들고 현실 속에서 고군분투하는 사람들은 거의 없다. 그들은 자기 기득권에 취한 자이지 리더가 아니다. 리더의 자리에서 성도들의 피, 땀, 눈물을 이용하여 자기 욕망을 추구하는 거짓된 리더들이 교회를 무너뜨리며, 성도들의 신앙을 왜곡시키고 있는 것이다. 그들을 끊어야 공동체가 산다.

리더는 말씀 앞에 신앙과 삶을 비추는 자이다. 그 말씀을 따라서 살아가도록 자신이 본이 되어서 격려하고 구체적으로 이끄는 자이다.

그들이 말하기를 우리가 당신의 말씀대로 행하여 돌려보내고 그들에게서 아무것도 요구하지 아니하리이다 하기로 내가 제사장들을 불러 그들에게 그 말대로 행하겠다고 맹세하게 하고 내가 옷자락을 털며 이르기를 이 말대로 행하지 아니하는 자는 모두 하나님이 또한 이와 같이 그 집과 산업에서 털어 버리실지니 그는 곧 이렇게 털려서 빈손이 될지로다 하매 회중이 다 아멘 하고 여호와를 찬송하고 백성들이 그 말한 대로 행하였느니라

(느헤미야 5:12,13)

그 말씀대로 행해야 다같이 산다. 돌려보낼 것을 돌려보내야 한다. 그 말씀대로 사는 것은 공유, 공생, 공감으로 향한다. 말씀대로 행하지 않으

면 하나님 백성의 기업 상속자가 될 수 없다. 이방인과 마찬가지가 된다. 약속의 자녀일 수 없다. 우리도 아멘으로 말씀 앞에 반응해야 한다.

이처럼 리더라면 성경에 기초해서 현실을 해석하고 대안을 추구해 가야 한다. 리더는 하나님의 마음을 헤아리고 성도들의 마음을 헤아리면서 그사이에 서서 연결점이 되어야 한다. 하늘의 뜻이 땅에 이루어지는 통로가 되어야 한다. 리더가 공동체 구성원의 소리에 귀를 기울여 경청하고 그들의 필요를 돕는데 헌신하는 공동체는 치유되고 회복될 것이다. 공동체 구성원의 소리를 무시하고 귀를 막고 방치하는 리더는 공동체를 망치고 병들게 한다.

느헤미야는 자기 기득권과 탐욕을 추구하는 자가 아니다. 그는 백성들의 고통의 문제에 동참할 줄 아는 리더였다.

십이 년 동안은 나와 내 형제들이 총독의 녹을 먹지 아니 하였느니라 나보다 먼저 있었던 총독들은 백성에게서 양식과 포도주와 또 은 사십 세겔을 그들에게서 빼앗았고 또한 그들의 종자들도 백성을 압제 하였으나 나는 하나님을 경외함으로 이같이 행하시 아니하고 도리어 이 성벽 공사에 힘을 다하며 땅을 사지 아니하였고 내 모든 종자들도 모여서 일을 하였으며

(느헤미야 5:14-16)

느헤미야는 자신에게 주어진 권리를 행사하는 대신에, 오히려 내려놓음으로 백성들의 고통 분담에 직접적으로 동참하였다. 총독의 녹을 먹지 않았다. 이미 그는 충분한 재산이 있었기에 더 욕심을 부리지 않았던 것이다. 그는 시대적인 관행이었던 부정과 부패를 멀리하였다.

과거의 총독들이 자기 이익과 기득권에 집착했다면, 느헤미야는 하나님의 말씀에 집착하였다. 그 말씀을 따라 살아가면서 하나님 앞에서 불의와 불법을 자행하지 않았다. 하나님을 경외한다는 것이 삶으로 이어지고 드러난 것이다. 동시에 느헤미야는 자기 주변의 사람들을 철저히 단속하였다. 그 이유는 권력에 빌붙어서 악행을 일삼고 부정한 부를 축적하지 않도록 관리, 감독하기 위해서였다. 그는 자신의 특권과 정보를 이용하여 부당한 거래를 하지 않았고, 동산과 부동산 투기를 하지 않았다. 이것은 지도자라면 어떻게 살아가야 하는지를 명확하게 보여주는 것이다. 한마디로 어둠의 일을 거부하는 것이다.

지도자가 맑고 투명하게 자기 자신을 절제하고 근신하여 깨어 있음으로써 공동체에 은밀하게 진행되는 어둠의 일들을 제거하는 것이 필요하다. 우리 시대는 이런 리더가 절실히 필요하다.

리더라면 돈 문제에 대해서 투명해야 한다. 이성 문제에서도 하나님 앞에 부끄러움이 없어야 한다. 권력을 이용하여 부당한 이득을 취하거나 부당한 영향력을 행사하는 탐욕의 노예가 되어서는 안 된다. 느헤미야는 자기를 희생하는 밀알의 리더십이 있었다. 스스로가 본이 되었다. 그러한 리더십이 있었기에 성벽을 재건하고 민족을 다시 재건하는 일을 할 수 있었다.

통일 한국을 꿈꾸고 준비하는 청년 세대가 추구해야 하는 리더십의 교과서가 있다면 느헤미야일 것이다. 그의 희생의 리더십을 배우고 체질화시키는 과정이 필요하다. 느헤미야처럼 철저히 손해보고 희생하면서도 기꺼이 대의를 위하여 헌신하지 않으면, 오랜 시간동안 단절되고 고립되어버린 남과 북은 하나가 되기 힘들 것이다. 지금 우리에게 필요한 것은 한 알의 밀알이 되어 썩어짐으로 열매를 맺는 리더이다.

실전 리더십 6 | 리더, 말씀으로 공동체를 세운다

삶의 변화를 꿈꾸지만 변화되지 않는 것은 왜일까? 세상의 변화를 원하지만 계속 실패하는 것은 왜일까? 질문을 바꾸어 보자. 개인의 변화, 공동체의 변화, 사회의 변화를 꿈꾼다면 어떻게 해야 할까?

느헤미야의 성벽 재건과 개혁의 1등 공신은 누구일까? 에스라이다. 에스라는 제사장으로 말씀에 능통한 자였다. 하나님의 말씀을 기준과 척도로 삼은 사람이었다. 그는 그 말씀을 따라서 살았다. 본이 된 것이다.

더 나아가 자기 자신의 개인적 경건에만 머물지 않았다. 그는 본을 보이면서 함께 하나님의 나라와 하나님의 영광을 추구하도록 이끌었다. 말씀을 가르쳐 지키게 하는 데까지 나아갔다.

오늘 우리 시대에 개인과 공동체에 선한 영향을 끼치고 작은 변화를 만들어 내고자 한다면 에스라가 필요하다. 가정의 에스라! 직장의 에스라! 각 영역의 에스라! 그들이 필요하다.

사람이 변화되는 것은 이벤트나 프로그램이 아니다. 개인과 공동체를 변화시키는 핵심에는 하나님을 사랑하고 하나님의 말씀을 사모하는 이들이 먼저 말씀을 따라 살려는 씨름이 존재해야 한다. 자신이 성장하고 성숙한 수준만큼 선한 영향력을 끼치기 때문이다.

리더는 말씀의 사람이어야 한다. 이벤트식 경영은 오래가지 못할뿐더러 금새 한계에 부딪힌다. 제자가 되어, 다른 사람으로 제자 삼지 못하면 신앙과 삶은 언제든지 세상의 파도에 휩쓸려서 무너지고 만다.

인간의 문제는 죄성이다. 인간의 죄성은 끊임없이 자기 욕망, 욕구, 욕심을 향한다. 그대로 두면 저절로 죄의 열매를 맺는다. 야고보서1:14-17절은 이렇게 말씀한다.

¹⁴ 오직 각 사람이 시험을 받는 것은 자기 욕심에 끌려 미혹됨이니

¹⁵ 욕심이 잉태한즉 죄를 낳고 죄가 장성한즉 사망을 낳느니라

¹⁶ 내 사랑하는 형제들아 속지 말라

¹⁷ 온갖 좋은 은사와 온전한 선물이 다 위로부터 빛들의 아버지께로부터 내려오나니 그는 변함도 없으시고 회전하는 그림자도 없으시니라

욕심을 멈추지 않으면 죄로 향한다. 죄를 제어하지 못하면 결국 사망에 이른다. 그러므로 죄는 위로부터 오는 온전한 선물을 추구해야 사라진다. 죄는 내가 아닌, 말씀 앞에 정직하게 직면함으로 사라지는 것이다.

죄를 제어하려면 말씀 앞에 머무는 것이 필요하다. 죄를 제어하는 힘이 말씀이기 때문이다.

> 내가 주께 범죄하지 아니하려 하여 주의 말씀을 내 마음에 두었나이다
>
> (시편 119:11)

범죄하지 않으려면 누구나 주의 말씀을 마음에 두어야 한다. 예외는 없다.

느헤미야는 변화의 첫 단추를 말씀에 두었다. 최고의 우선순위를 말씀에 두었다. 결코 양보할 수 없는 것이 하나님의 말씀인 것이다. 학사

에스라는 말씀을 알아들을 만한 모든 사람 앞에서 새벽부터 정오까지 읽었다. 여기에는 남녀노소 구분이 없었다. 그때 뭇 백성이 귀를 기울였다. 느헤미야 8:1~3절은 이렇게 말씀한다.

¹ 이스라엘 자손이 자기들의 성읍에 거주하였더니 일곱째 달에 이르러 모든 백성이 일제히 수문 앞 광장에 모여 학사 에스라에게 여호와께서 이스라엘에게 명령하신 모세의 율법책을 가져오기를 청하매 ² 일곱째 달 초하루에 제사장 에스라가 율법책을 가지고 회중 앞 곧 남자나 여자나 알아들을 만한 모든 사람 앞에 이르러 ³ 수문 앞 광장에서 새벽부터 정오까지 남자나 여자나 알아들을 만한 모든 사람 앞에서 읽으매 뭇 백성이 그 율법책에 귀를 기울였는데

느헤미야의 공동체 재건기의 절정은 공동체가 말씀으로 돌아가게 한 일이라고 생각한다. 느헤미야는 에스라의 도움을 입어서 영적인 질서를 바로잡는다. 느헤미야는 영적인 영역에서 에스라를 존중하고 존경함으로 영적 대각성의 지도자로 세웠다. 모든 필요를 돕고 동역함을 통해서 이스라엘의 부흥과 재건을 시도하였다. 이것은 대단히 의미심장한 일이다.

모든 무너진 공동체를 회복하는 핵심에는 반드시 영적인 부흥이 필요하다. 아무리 수고해도 영적 부흥이 없이는 인간은 죄로 오염되어서 죄

를 퍼뜨릴 뿐이다. 그러므로 사회적 변혁을 꿈꾸거든, 영적 부흥이 우선임을 인식해야 한다. 그렇다면 영적 부흥은 어디에서 오는가? 한마디로 말씀에서 온다. 위에서부터 말씀이 임하면 부흥이 임한다.

느헤미야의 개혁과 갱신의 뿌리에는 말씀의 자리가 있었다.

> 수문 앞 광장에서 새벽부터 정오까지 남자나 여자나 알아들을 만한
> 모든 사람 앞에서 읽으매 뭇 백성이 그 율법책에 귀를 기울였는데
>
> (느헤미야 8:3)

남녀노소가 다 하나님의 말씀을 경청하며 나아가는 것은 놀라운 축복일 것이다. 새벽부터 정오까지 남녀노소가 다 모여서 알아들을 만한 자는 성경의 말씀에 귀를 기울여서 들었다.

그때 어떤 일이 일어나는가?

> 하나님의 율법책을 낭독하고 그 뜻을 해석하여
> 백성에게 그 낭독하는 것을 다 깨닫게 하니
>
> (느헤미야 8:8)

참 하나님의 말씀이 들려지면 깨닫고 하나님의 선하시고 기뻐하시는 일들에 헌신하는 일이 일어난다. 이것이야말로 공동체에서 일어나야 하는 일이다. 교회 공동체는 영적 부흥을 경험할 때 변화된다. 말씀위에 기초가 놓여 있어야 새롭게 된다.

하나님에 대한 말씀이 들려지고 깨달아 지면 변화는 반드시 일어난다.

디모데후서 3:14-17절은 선명하게 말씀 한다.

[14] 그러나 너는 배우고 확신한 일에 거하라 너는 네가 누구에게서 배운 것을 알며

[15] 또 어려서부터 성경을 알았나니 성경은 능히 너로 하여금 그리스도 예수 안에 있는 믿음으로 말미암아 구원에 이르는 지혜가 있게 하느니라

[16] 모든 성경은 하나님의 감동으로 된 것으로 교훈과 책망과 바르게 함과 의로 교육하기에 유익하니

[17] 이는 하나님의 사람으로 온전하게 하며 모든 선한 일을 행할 능력을 갖추게 하려 함이라

모든 좋은 변화는 말씀에서 온다. 말씀만이 구원에 이르는 지혜가 있다. 말씀은 하나님의 사람을 온전하게 한다. 말씀은 하나님의 사람들을 모든 선한 일을 행할 능력을 갖추게 한다.

어느 시대든지 하나님의 말씀을 기준, 원칙, 방향으로 삼을 때, 그 시대적 상황이 아무리 어두워도 길을 찾고 길을 만들게 된다. 시편 119:105절은 이렇게 말한다.

주의 말씀은 내 발에 등이요 내 길에 빛이니이다

(시119:105)

어느 시대나 성경적인 관점으로 본다면 복 있는 사람은 말씀의 사람이다. 말씀을 집요하게 붙잡고 그 말씀대로 살아가는 사람이 진짜 복 있는 사람이다. 시편 1:1-3절은 복 있는 사람을 선명하게 보여 준다.

¹ 복 있는 사람은 악인들의 꾀를 따르지 아니하며 죄인들의 길에 서지 아니하며 오만한 자들의 자리에 앉지 아니하고
² 오직 여호와의 율법을 즐거워하여 그의 율법을 주야로 묵상하는도다
³ 그는 시냇가에 심은 나무가 철을 따라 열매를 맺으며 그 잎사귀가 마르지 아니함 같으니 그가 하는 모든 일이 다 형통하리로다

이 말씀에 확신이 있어야 한다. 말씀을 즐거워하고 묵상하고 적용하는 사람이 복 있는 사람이라는 확신이 있으면, 그들을 통해서 세상은 변화가 일어날 것이다.

에스라를 통해서 정확한 하나님의 말씀이 들려지자 하나님의 백성들은 말씀에 반응했다.

> 백성이 율법의 말씀을 듣고 다 우는지라
>
> (느헤미야 8:9)

하나님의 말씀이 들려지고 해석되자 영적 각성이 일어났다. 마음의 중심이 하나님께 향하자 회개가 일어났다. 하나님을 떠난 자신들의 모습이 보였다. 하나님의 관점으로 자신들을 보게 되었다. 이 지점이 바로 변화의 티핑 포인트이다. 티핑 포인트란? 눈에 보이지 않았던 작은 변화가 누적되면서 일시에 큰 변화가 일어나는 현상을 말한다. 인기가 없던 제품이 갑자기 폭발적인 인기를 끌게 되는 시점이나 계기를 말한다. 이와 같이 영혼이 하나님의 말씀에 반응하기 시작하면 티핑 포인트를 만난 것처럼 급격한 변화를 경험하게 된다.

모든 리더는 이러한 영적 티핑 포인트를 기억해야 한다. 변화는 이벤트가 아닌 말씀에서 시작된다. 이벤트는 보여주기 식에 불과하다. 말씀의 자리에 머무는 것은 사람들에게 보여주기 위하여 하는 것이 아니다. 내 영혼을 위해서 하는 것이다. 하나님 앞에서 하는 것이다.

하나님의 자녀여! 진지하게 말씀을 파고 들어라! 말씀 앞에 반응하는 가정과 공동체를 세워라! 그러기 위해서 먼저 그 말씀의 사람이 되어야 한다. 이 시대의 에스라가 돼라! 사역자와 공동체 리더들과 모든 성도들이 이 말씀과 씨름하는 영적 토양이 세워지는 것이 변화의 첫걸음이다. 느헤미야는 자신이 할 수 없는 말씀의 영역을 에스라를 동역자로 삼고 진행했다. 이것이 리더십이다. 성벽 재건만 중요하게 여긴 것이 아니라, 말씀으로 영혼을 깨우는 것을 동시에 진행했다.

오늘 우리 시대는 이러한 말씀의 선한 영향력이 절실히 필요하다. 모든 선한 변화는 그 말씀에서 시작되기 때문이다. 이 사실을 믿고 확신하고 말씀에 자신을 던져라. 변화는 반드시 일어난다.

기억하라. 성도들이 교회를 오는 것은 재미 때문이 아니다. 그들은 은혜에 굶주려 있고 은혜를 갈망하기에 모여드는 것이다. 모든 리더십들이 이 점을 놓치지 않았으면 한다. 오락 프로그램이 영적 갈망을 대체할 수 없다. 단순한 잡담에 그치는 수다가 말씀을 대신할 수 없다. 그런데도 예능 프로그램 같은 공동체가 늘고 있다. 교회 공동체의 위기이다.

영적 리더라면 공동체가 말씀으로 돌아가도록 전심전력을 다 해야 한다. 부흥은 감정이나 흥분이 아니다. 부흥은 말씀을 진지하게 경청하고 그 말씀을 따라서 살아가는 것이다. 오늘날 말만 잘하면 모든 것이 용서

되는 삼류 저질 코미디 수준의 사역자가 판치는 것은 기독교가 위기에 빠져 있다는 증거이다. 성경적 가르침을 따라서 살아가는 삶이 없는 설교자의 유창하고 재미있고 인기 만점인 설교는 회중을 타락으로 이끄는 것이다. 언어유희를 즐기는 것뿐이다. 십자가의 도를 모르고 말씀의 진검승부인 삶의 자리에서 하나님 나라를 추구하기보다는 욕망을 탐닉하는 것이다. 황금송아지 우상을 섬기는 자들인 셈이다.

여기서 우리가 기억해야 하는 것이 있다. 하나님의 말씀을 말씀 그대로 가르치면 회개와 회복의 역사가 일어난다는 것이다. 그 말씀은 삶을 외면하지 않는다. 오히려 삶을 날카롭게 파고들어서, 하나님 나라를 위한 삶으로 기경하며 변화시킨다. 하나님의 말씀의 역사는 우리를 개인적인 안일함과 안위에 머물도록 가만두지 않는다. 진정한 하나님의 말씀의 역사는 개인을 넘어서서 공동체가 하나님의 은혜의 말씀을 적용하여 건강한 공동체가 되도록 이끈다. 말씀으로 변화된 영혼은 또 다른 누군가를 말씀으로 변화되도록 이끈다. 이것이 영적 선순환이다.

자기 속에 매몰되는 신앙은 황금 송아지 우상에 불과하다. 자기만 잘되기를 바라고 수단과 방법을 가리지 않는 신앙은 기복적이고 샤머니즘적인 신앙이지 성경적인 신앙과는 거리가 멀다. 하나님의 말씀은 우리의 신앙과 삶의 적나라한 현주소를 보게 한다. 그리고 그 현실을 개선하는 기준과 방향을 제시한다. 그 말씀을 따라서 헌신하는 리더십에게 구체적인 용기를 준다. 그래서 청년공동체는 반드시 말씀으로 돌아가야 한다.

실전 리더십 7 | 리더, 함께! 다르게! 공동체를 모자이크한다

느헤미야의 좋은 리더십으로 52일 만에 무너진 성벽이 재건되었다. 이러한 기적은 무너진 민족 공동체를 다시 일으켜 세우는 일을 했다. 52일의 기적은 무너진 영적 기상도를 다시 회복하는 일을 했다. 52일의 기적은 무너진 하나님 나라의 꿈을 다시 꾸게 했다. 52일의 기적은 타락하고 부패한 사회 구조를 개혁하는 일을 했다. 리더십은 선한 영향력으로 하나님 뜻이 땅에 이루어지도록 한다.

사람들은 느헤미야를 중심으로 성벽을 재건하였다. 그런데 사실 이 일의 주인공은 하나님이시다. 그리고 하나님의 백성이다. 느헤미야서를 묵상하고 기록해 가면서 깨달은 것은 지도자도 중요하지만 백성도 중요하다는 것이다. 지도자를 만들고 세우는 것은 백성이다. 백성도 자기 자신의 자리에서 리더십을 발휘해야 공동체가 건강해진다. 리더는 건강한 하나님의 백성들을 만들어야 하고, 하나님의 백성들은 하나님 나라를 위하여 헌신함으로 리더와 함께 미래를 열어가야 한다.

사실 어찌 보면 우리는 지도자 결핍의 시대를 살아가고 있다고 해도 과언이 아니다. 그러나 절망할 이유가 없다. 느헤미야서를 통해서 내게 맡겨진 영역 속에서 바로 서야 할 지도자는 다름 아닌 나 자신임을 발견하게 되기 때문이다. 각 사람들이 자기 자신에게 맡겨진 영역에 충실했을 때 성벽은 재건된다. 따라서 리더 의존증에서 벗어나서 내가 리더임을 자각해야 한다. 내가 소명자임을 깨닫고 내가 있어야 할 그 자리에 있어야 한다. 서로가 있어야 할 그 자리에 있으므로 하나님의 모자이크를 완성해 가는 데 기여한다.

느헤미야서를 통해서 우리는 함께 만들어 가는 공동체를 꿈꾸게 된다. 나는 혼자 싸우고 있는 것이 아니라는 것을 깨닫는다. 우리는 힘겨운 현실의 고통과 마주하면서 나만 홀로 남았다고 생각하곤 한다. 그러나 혼자가 아니다. 각자의 자리에서 기도와 말씀에 든든히 서서 자기에게 맡겨진 소명에 충실한 이들이 있다. 그들이 하나님 나라를 위하여 서로 연대하고 연합하면서 함께 만들어 가는 세상을 꿈꾸면 세상이 그만큼 건강하게 바뀐다.

우리 시대는 건강한 연대의 힘이 필요하다. 수많은 문제를 풀어가려면 지치고 낙심하지 않으려면 연합하고 연대하면서 함께 해야 한다. 나만 홀로 남았다고 생각하는 것이 아니라 함께하고 있는 사람들을 보아야 한다. 남겨진 7,000명을 보아야 한다. 겉으로 드러나지 않아도 하나님을 두렵고 떨림으로 사랑하면서 좁은 길을 걷는 그들을 보아야 한다. 그래야 길이 열린다. 꽉 막힌 길이 뚫린다.

느헤미야서를 통해서 우리는 세상과 구별되어 다르게 살아가는 리더와 공동체를 만나게 된다. 우리 시대는 분열과 갈등과 아픔을 경험하며 사는 시대이다. 여전히 당을 짓는 당과 문화의 희생양이 되곤 한다. 정치가는 정쟁을 일삼고, 회사는 노사분규가 이어지고, 스포츠계는 줄서기를 하고, 문화계는 출연을 미끼로 어둠의 일을 한다.

이제는 그러한 틀린 길을 버리고 다르게 살아가야 할 때이다. 다르게 산다는 것은 구별된다는 것이다. 구별된다는 것은 말씀이 기준이 되고 원칙이 되고 방향이 되는 것이다.

함께 다르게 공동체 안에 있으면 특별히 두드러지지 않는다. 멀리서 보면 단지 모자이크로 보인다. 그러나 공동체 안으로 들어가서 보면 나 자신이 보이고, 기여하는 바가 있다. 공동체는 서로 다른 존재들이 있는 하나의 집단이다.

다르게 존재하는 것은 세상에서 말하는 피라미드형의 꼭짓점 리더십을 추구하는 것이 아니다. 예수님처럼 한 알의 밀알이 되는 구별됨과 섬김의 리더십을 추구하는 것이다. 세상은 '상대를 죽이고 내가 사는 리더십'을 추구하지만 다르게 사는 리더는 '내가 죽어서 상대를 살리는' 것이다.

서로 높아질 필요가 없다. 각자의 자리에 서 있음으로 충분히 아름답다. 내가 서 있어야 할 그 자리에 제대로 서 있는 것, 그것이 전체를 아름답게 완성 시키는 일이다. 내가 하는 작은 일이 아무것도 아니라고 생각할 수 있다. 그러나 내가 그 자리에 있음으로 미완성의 공동체가 완성된다. 그것이 모자이크이다.

우리는 모두가 다 같아야 할 필요가 없다. 하나님은 우리를 각기 다르게 지으셨다. 그 다름을 인정하면서 함께 어우러지는 모자이크 공동체는 한국 교회 공동체의 미래이다. 동시에 민족의 미래다.

52일의 기적은 하나님과 하나님의 백성의 언약을 갱신하도록 했다. 그 중심에는 함께! 다르게! 공동체를 지향하는 성경적인 리더십이 자리하고 있다. 선한 리더십은 공동체가 함께 하나님 나라를 위하여 일하도록 이끈다. 하나님의 영광을 위하여 함께 달려가게 한다. 건강한 리더십은 세상의 군림하는 리더십과 다르게 간다. 군림하는 것이 아니라 섬김을 통해서 다른 사람을 살리고, 키우고 세우는 리더십이기 때문이다.

공동체가 새로워지기 위해서 함께 계획을 세우고, 각자가 서야 할 자리에 서게 하자! 각자가 재건해야 할 영역을 자기에게 주어진 그만큼 감당하자! 서로 비교하고 경쟁하고 갈등하는 것이 아니라 서로가 서로를 응원하고 격려하면서 각자에게 주신 은사와 은혜를 따라 소명을 감당하자! 공동체 안에서 우리는 서로 한 지체이다. 지체는 각각의 자리에 있으므로 비로소 충분히 아름다움을 새롭게 인식하자!

바울은 고린도전서 12장에서 지체됨의 아름다움을 잘 표현한다. 고린도전서 12장 12,13,14절은 말씀한다.

[12] 몸은 하나인데 많은 지체가 있고 몸의 지체가 많으나 한 몸임과 같이 그리스도도 그러하니라
[13] 우리가 유대인이나 헬라인이나 종이나 자유인이나 다 한 성령으로 세례를 받아 한 몸이 되었고 또 다 한 성령을 마시게 하셨느니라
[14] 몸은 한 지체뿐만 아니요 여럿이니

이처럼 지체는 하나이면서 각각이다. 각각의 지체가 각각의 자리에 있으므로 아름답고 건강하다. 그리고 그 각각이 결국 한 몸을 이룬다. 이것이 교회의 아름다움이다. 한 성령의 통치와 다스림을 받기에 서로 연합하여서 한 몸을 세워가는 것이다.

지체는 비교하지 않고 상호 책임지고 상호 협력한다. 고린도전서 12장 15~19절은 말씀한다.

¹⁵ 만일 발이 이르되 나는 손이 아니니 몸에 붙지 아니하였다 할지라도 이로써 몸에 붙지 아니한 것이 아니요

¹⁶ 또 귀가 이르되 나는 눈이 아니니 몸에 붙지 아니하였다 할지라도 이로써 몸에 붙지 아니한 것이 아니니

¹⁷ 만일 온몸이 눈이면 듣는 곳은 어디며 온몸이 듣는 곳이면 냄새 맡는 곳은 어디냐

¹⁸ 그러나 이제 하나님이 그 원하시는 대로 지체를 각각 몸에 두셨으니

¹⁹ 만일 다 한 지체뿐이면 몸은 어디냐

발은 발의 자리에서 걷고 뛰는 일을, 귀는 귀의 자리에서 듣는 일을, 눈은 눈의 자리에서 보는 일을, 코는 코의 자리에서 냄새를 맡는 일을, 입은 입의 자리에서 먹는 일을 한다. 지체로 한 몸을 이루면서도 각각의 일을 감당한다. 이것이 교회 공동체다.

교회 공동체는 높고 낮음이 없다. 은사와 은혜를 따라서 세워진 자리에서 그리스도의 몸을 이루어 가는 것이다. 느헤미야가 탁월한 것은 각각의 자리에서 각자가 해야 할 일을 하게 한 것이다. 이것이 리더십의 최고봉이다. 각자가 하나님 나라를 위하여 쓰임 받는 축복의 통로가 되게 하는 것이 리더가 해야 할 일이다.

지체는 서로를 비교하거나 비난하거나 비판하거나 공격하지 않고 서로를 세운다. 고린도전서 12장 20~25절은 말씀한다.

[20] 이제 지체는 많으나 몸은 하나라 21 눈이 손 더러 내가 너를 쓸 데가 없다 하거나 또한 머리가 발 더러 내가 너를 쓸 데가 없다 하지 못하리라
[22] 그뿐 아니라 더 약하게 보이는 몸의 지체가 도리어 요긴하고
[23] 우리가 몸의 덜 귀히 여기는 그것들을 더욱 귀한 것들로 입혀 주며 우리의 아름답지 못한 지체는 더욱 아름다운 것을 얻느니라 그런즉
[24] 우리의 아름다운 지체는 그럴 필요가 없느니라 오직 하나님이 몸을 고르게 하여 부족한 지체에게 귀중함을 더하사
[25] 몸 가운데서 분쟁이 없고 오직 여러 지체가 서로 같이 돌보게 하셨느니라

지체는 상호책임을 진다. 지체는 상호존중한다. 우리들의 공동체를 살펴보자. 공동체가 서로 지체됨을 지킨다면 그 자체가 아름다움일 것이다. 그러나 공존, 공생, 공감의 문화가 아닌 적대 하고 경쟁적이고 갈등하는 분화라면 지제됨의 아름다움은 없을 것이다.

우리는 서로가 지체로서 존재하는가를 진지하게 질문해야 한다. 지체는 서로 연결되어 있다. 지체는 유기적이다. 지체는 서로 반목하지 않는

다. 지체는 함께 모든 것을 공유하고 공감하고 소통한다. 고린도전서 12장 26, 27절은 말씀한다.

[26] 만일 한 지체가 고통을 받으면 모든 지체가 함께 고통을 받고 한 지체가 영광을 얻으면 모든 지체가 함께 즐거워하느니라
[27] 너희는 그리스도의 몸이요 지체의 각 부분이라

교회가 그리스도의 몸의 지체됨을 회복한다면 세상에서 그보다 아름다운 공동체는 없다. 그리스도의 몸의 지체라면, 먼저는 그리스도의 마음을 품을 것이다. 그리고 그리스도께서 하고자 하시는 일들을 그리스도를 대신하여 고통으로 신음하는 세상의 구석구석에서 기꺼이 섬길 것이다.

오늘날 교회 공동체는 느헤미야가 그 시대를 새롭게 하였듯이, 예수의 마음을 품고, 예수의 꿈을 꾸어야 한다. 예수를 주로 고백하고 머리로 인정하고 모시고 살아가는 공동체는 결코 쇠퇴하지 않는다. 예수 그리스도야말로 공동체의 생명력의 근원이기 때문이다.

느헤미야 리더십, 지금 여기에서 적용하라!

지금까지 느헤미야를 통해서 리더란 누구이고 무엇을 해야 하는지를 7가지로 정리하면서 배웠다. 이러한 느헤미야 리더십을 현실에 적용하면서 청년리더십들이 기억해야 하는 것이 있다. 3가지로 정리하면 다음과 같다.

적용1 | 기도론: 기도를 삶으로 가르치라!

리더는 기도가 살아 있어야 한다. 그 기도는 나의 소원을 이루기 위한 무속적 기도와 다르다. 나의 소원 성취를 위하여 하나님 앞에서 벌이는 데모식의 기도가 아니다. 하나님의 뜻이 우리를 통하여 이 땅에 이루어지도록 하는 기도가 좋은 기도이다. 리더 라면 기도가 달라져야 한다. "나의 원대로 마옵시고 아버지의 뜻이 이루어지기를 원하나이다."라는 수준으로까지 나아가야 한다. 우리가 기도한다는 것은 기도를 통해서 나의 뜻과 계획을 비우고 하나님의 뜻과 계획으로 채워짐을 의미한다.

기도를 배우는 것은 이론이나 강의가 아니다. 기도는 오직 기도하는 것으로 배울 수 있는 것이다.

진정한 기도는 자기를 부인하고 자기 십자가를 지고 예수님의 발자취를 따라가도록 한다. 기도가 깊어질수록 나는 죽고 예수로 사는 인생으로 변화된다. 영적 리더들은 기도만 하고 있는 것이 아니다. 그들은 기도를 삶으로 가르친다. 그러기 위해서는 자신이 먼저 기도에 전무해 보아야 한다. 흉내 내는 것이 아니라, 겟세마네 동산의 예수님의 기도를 본받아 무릎으로 가르쳐야 한다.

기도를 책을 읽고 토론하는 수준에서 머물면 안 된다는 말이다. 자신의 모든 것을 쏟아부어서 드리는 기도를 통해 하나님 앞에 자신의 모든 것을 올려 드리는 순종하는 본을 보여야 한다. 그런 의미에서 리더는 기도로 삶을 살아가는 것을 가르쳐야 한다. 모든 공동체의 부흥의 불씨는 기도로부터 시작된다. 리더는 자신을 태워서 공동체라는 장작불이 타오르게 하는 불쏘시개가 되어야 한다.

영적 공동체의 재건과 부흥은 기도의 불이 타올라야 경험되는 것이다. 기도 없이 재건과 부흥은 없다. 기도가 뜨거워지지 않고는 사람의 일로 전락하기 쉽다. 기도가 없이는 인간의 권모술수에 머물기 쉽다.

기도할 때 하나님께서 마음의 소원을 새롭게 하신다. 기도는 나의 욕망의 추구가 아니라 하나님의 소원이 내 마음에 전이되는 것이다.

기도할 때 하나님께서 공동체에 속한 하나님의 백성들의 마음을 감동 감화 시키신다. 우리는 기도하는 시간에 하나님 앞에 마음을 쏟는다. 그때 성령의 감동 감화가 임한다. 성령의 교통 교제가 임한다. 공동체가 함께 기도에 집중할 때 하나님의 일하심을 함께 경험하게 된다.

기도할 때 하나님의 뜻에 자신을 쳐서 복종시키는 사람들이 일어난다. 자신이 먼저 기도하면서 하나님 앞에 무릎으로 나아가는 리더를 본다면 하나님의 백성들의 마음이 움직일 것이다. 기도를 삶으로 가르치는 리더가 있는 곳에는 하나님이 행하시는 역사들이 강력하게 일어날 것이다.

적용 2 | 말씀론: 말씀 앞에 순종하는 삶이 메시지다!

리더는 말씀의 자리에 머무르는 사람이다. 말씀을 묵상하고 그 말씀을 따라서 살기 위하여 치열하게 씨름하는 것을 보여주고 삶으로 들려주는 사람이 진짜 리더이다. 오늘날 기능만 살아 있고 삶이 사라진 리더들이 늘어 간다. 그들은 찬양을 잘하고, 설교도 잘하지만 삶의 현장을 들여다보면 실망스럽기 짝이 없다. 말 잘하는 이들은 말로 속이고 말로 포장하여 감춘다. 스스로 포장 안에 숨지만 이미 죽은 존재다. 실수하고 실패하면서도 다시 일어나 말씀 앞에 순종하기 위해서 씨름하는 모습을 보여주는 것이 자신도 살고 남도 살리는 길이다.

지체들은 리더를 지켜보게 되어 있다. 말로 표현을 하지 않는다고 해서 보지 않는 것이 아니다. 그들이 침묵한다고 보고 있지 않은 것이 결코 아니다. 리더의 일거수일투족이 다 관찰되고 있다. 리더가 어떤 말을 하는지 또 행동은 어떻게 하는지 리더의 삶을 보고 듣고 함께 하면서 공동체의 지체들은 성장하고 성숙해 간다. 그 과정에서 리더가 미성숙하다면 공동체에 속한 지체들도 역기능적으로 영적 형성이 이루어질 것이다. 그러므로 정신을 바짝 차려야 한다.

공동체를 이끄는 리더라면 먼저 말씀 앞에 정기적으로 머물러 그 말씀으로 삶의 문을 열어 가야만 할 것이다. 말씀을 삶으로 연결하고 적용하면서 고군분투하는 리더를 지켜보는 것만으로도 하나님의 백성들은 소중한 메시지를 보고 듣는 것이다.

하나님의 말씀은 전시용이 아니라 실전용이다. 박물관에 두고 구경하는 것이 아니라 전쟁터와 같은 일상 속에서 말씀이 기준이 되고 원칙이 되어야 한다. 이렇듯 세상을 말씀으로 밝혀야 하는 책임이 영적 리더들에게 있는 것이다. 그것이 영적 리더십이다.

리더들의 삶의 자리에는 성경 읽기가 자리한다. 성경을 눈으로 읽을 뿐 아니라 삶으로 읽어가야 한다. 내가 좋은 것만 취하는 것이 아니라 힘들고 고통스러울지라도 말씀이 지시하는 방향으로 가려는 치열한 고민과 고뇌가 필요하다. 우리 그리스도인은 성경을 읽지만 믿지 않고 교회 다니지 않는 사람들은 그리스도인을 읽는다는 말처럼 우리 모두는 누군가에게 끊임없이 읽혀진다.

리더라면 정기적으로 성경을 읽고 묵상하면서 삶으로 연결하고 적용하는 실천의 행동하는 믿음이 필요하다. 느헤미야의 탁월함이 여기에 있다. 그는 성경을 읽었을 뿐 아니라 자신의 시대에서 말씀을 살아내고자 씨름하고 헌신했던 사람이다. 그는 자신의 영역인 공직 사회에서 부정과 부패에 저항하면서 그 시대의 어그러진 사회 구조를 바로 잡는 치열한 씨름을 했다. 그 과정에서 반대자들의 비난과 비판의 표적이 되어서 계속 공격을 당하였다. 그러나 그는 말씀 앞에서 순종하는 삶을 멈추지 않았다. 말씀을 따라서 자신이 먼저 실천했다. 자신이 할 수 있는 모든 영역 속에서 백성들에게 선한 영향력을 끼쳐서 그들도 하나님의 선하시고 기뻐하시고 온전하신 뜻을 따라서 헌신하도록 이끌었다.

말씀을 따르는 삶은 목사나 선교사나 특정한 사역자에게만 주어진 길이 아니다. 그리스도인이라면 누구나 자신의 영역 속에서 말씀을 따라가는 자여야 한다. 특히 리더라면 말씀을 읽고 묵상하며 적용하는 가운데 주변 사람들에게 말씀을 따르는 삶이 읽혀져야 한다.

말씀보다 완전한 것은 없다. 말씀처럼 우리의 길을 밝히 보여주는 것은 없다. 마귀는 말씀에만 순종하는 사람을 두려워한다. 말씀과 연결된 삶은 그 자체로 가장 강력한 하나님의 메시지가 된다. 기억하라 리더는 그 삶이 메시지이다. 그러므로 세상의 탐욕과 탐심의 노예로 살지 않기로 결단하라. 자신을 유혹하는 허다한 헛된 마음들을 버리라. 말씀을 사랑하고 말씀을 삶의 현장으로 연결하여 말씀의 꽃을 삶의 현장에서 피우라. 그것이 리더가 누리는 놀라운 은혜요 특권이다.

적용 3 | 광인론: 사람에 생명을 걸라!

하나님의 방법은 사람이다. 하나님께서는 어느 시대나 사람을 통해서 일하셨다. 우리는 하나님께 쓰임 받음이 은혜요 특권임을 기억할 필요가 있다. 나 같은 죄인 살리신 그 은혜가 놀랍지만 나 같은 죄인을 축복의 통로로 사용하셔서 공동체의 유익을 위하여 살아가게 하심이 또한 놀라운 것이다. 한 번뿐인 인생은 신속히 지나가는데 하나님 나라를 위하여 사용해 주심이 감사할 뿐이다. 하나님은 어느 시대나 사람을 찾고 그 사람을 준비시키시고 축복의 통로로 사용하신다. 그 자리에 내가 있다는 것인 은혜요 감사이다.

리더는 하나님의 사랑을 받은 자이다. 하나님의 풍성한 사랑을 경험하였기에 그 사랑을 흘려보내는 축복의 통로로 사용하시는 것이다. 하나님의 사랑을 먼저 경험한 리더는 비로소 다른 사람을 위하여 자신을 던질 수 있게 된다.

하나님의 백성은 양육에 따라서 그 삶이 달라진다. 하나님께서 맡겨주신 하나님의 백성들을 말씀과 기도로 양육하면서 하나님 나라를 위하여 살아가도록 격려하고 훈련한다면, 그런 리더가 있는 공동체를 통해서 세상의 각각 무너진 영역이 회복될 것이다. 문제는 사람이다. 말씀과 기도로 먼저 변화를 경험한 사람이 또 다른 사람들을 변화시키는 일에 헌신해야 한다. 그리스도의 몸 된 교회 공동체는 사람에 생명을 거는 공동체여야 한다.

하지만 안타깝게도 세상의 편안함과 안락함에 길들여진 공동체가 많다. 세상을 품고, 세상을 섬기며, 세상을 변화시키는 일에 깊이 헌신하기를 두려워하는 리더가 많다. 그리스도를 위하여 고난받고 손해 보고 희생하며 헌신하는 공동체는 희귀한 시대가 되었다. 하나님의 본체이신 예수 그리스도께서 종의 모양으로 이 땅에 오신 것처럼 성육신적인 사고와 행동을 추구하는 리더가 필요하다.

교회 공동체의 가장 큰 힘은 사람이다. 복음에 의해서 변화되고 하나님 나라를 꿈꾸며 자신을 말씀과 기도에 던지는 하나님의 사람을 세우는 것이 가장 중요하다. 각 사람이 그리스도의 완전한 분량에 이르도록 자라는 데 관심을 두는 공동체는 어느 시대나 소금과 빛으로 존재하였다.

그리스도의 몸 된 공동체라면 모이는 숫자만 자랑하지 말고, 예수님의 제자로서 각 영역에서 녹아 맛을 내는 좋은 제자기 얼마나 있는가를 볼 수 있어야 한다. 숫자를 자랑하는 공동체가 되어서는 안 된다. 각 사람을 세워서 예수님의 사람으로 살아가도록 돕는 제자도가 있는 공동체가 되어야 한다. 많은 재정을 자랑하고 화려한 예배당을 자랑해서는 안 된다.

낮은 곳으로 흘러가면서 광야에 길을 내고, 공동체, 청년과 다음 세대를 살리고 키우고 세워야 한다. 사막 같은 세상에 생수의 강이 흐르는 공동체를 세워가야 한다. 그것이 리더의 방향성이 되어야 한다.

교회 공동체에 절실히 필요한 것은 더 좋은 프로그램이 아니다. 더 많은 성경 공부나 프로그램도 아니다. 그리스도의 몸 된 공동체의 진정한 필요는 복음에 의해서 변화된 하나님의 사람들이다. 하나님의 말씀을 따라 살려는 제자를 키워서 하나님 나라를 위한 동역자로 살아가는 하나님의 사람들이 필요하다. 성공을 추구하는 시대에 지독하게 성경을 붙잡고, 주신 은혜와 은사를 따라서 자신의 삶의 현장에 그리스도의 계절이 오게 하는 하나님의 사람이 그리운 시대다. 리더는 그 사람을 키우고 세우는 일에 자신을 던지는 사람이다.

영적 리더십, 신앙이 삶과 만나게 하라

오랫동안 교회를 다니지만, 삶의 성벽이 무너져 있고 황폐화 된 것은 왜일까? 교회를 다니면서 영적인 성장과 성숙이 일어나지 않는 것은 왜일까? 진정한 변화와 변혁을 꿈꾼다면 필요한 것은 무엇일까?

신앙과 삶이 이원론적일 때 그곳에는 아무런 일도 일어나지 않는다. 종교란에 기독교라고 체크할 뿐이지 세상과 구별됨이 전혀 나타나지 않는다. 그 이유는 간단하다. 신앙이 삶과 만나지 못하면 그 신앙은 피상적으로 된다. 피상적인 신앙은 형식적으로 흐른다. 삶에 파고들지 못하고 어떤 영향도 주지 못한다. 즉, 신앙이란 우리의 삶에 말씀이 적용될 때 성장과 성숙이 일어난다.

느헤미야의 개혁이 성공적인 이유는 말씀과 삶이 만났기 때문이다. 삶의 자리에서 말씀의 꽃을 피운 것이다.

우리는 교회에서 자라오면서 신앙을 어떤 특정한 종교적 행위를 통해서 확인하는 법을 배우면서 자랐다. 그러나 진짜 신앙이 드러나는 현장은 삶의 자리이다. 삶으로 고백 되고 삶으로 증명되는 신앙이 진짜다.

우리는 자판기식 신앙에 너무 익숙하다. 쉽게 믿고 쉽게 응답받고 쉽게 신앙생활을 하려고 한다. 이것은 위험신호다. 쉽게 구원을 말하지만, 어렵게 삶으로 구원의 열매를 확인해야 한다. 삶은 복잡하게 연결되어 있고 쉽게 풀리지 않는 것이 많다. 그래서 신앙은 삶의 자리에서 고민하고 고뇌하며 자라는 것이다.

느헤미야와 에스라가 주도한 개혁의 열매는 무엇으로 확인하는가? 삶이다. 삶의 열매로 확인할 수 있는 것이다. 그렇다면 삶의 열매는 무엇인가? 말씀의 감동 감화가 있는 곳에는 3가지 열매가 나타난다.

첫째, 가난한 자와 부한 자 사이에 유무상통이 나타난다.

> 너희는 가서 살진 것을 먹고 단 것을 마시되
> 준비하지 못한 자에게는 나누어 주라
> (느헤미야 8:10a)

말씀의 역사가 있는 곳에는 나눔, 베풂, 섬김이 풍성해 진다.

둘째, 근심하지 않게 된다. 하나님이 주인 되시는 삶의 자리에는 근심, 걱정, 염려, 두려움이 사라진다.

> 이 날은 우리 주의 성일이니 근심하지 말라
> (느헤미야 8:10b)

말씀이 자리하면 두려움과 불안이 밀려난다. 맑은 물이 흘러가면 더러운 물이 밀려나듯 말씀이 파고들어 오는 만큼 두려움, 걱정, 근심, 염려가 밀려나는 것이다. 흙탕물을 맑히는 방법은 맑은 물을 계속 흘려보내는 것이다. 마찬가지로 두려움과 염려를 없애는 방법은 생수의 강이 계속 흘러 들어가야 하는 것이다.

셋째, 평안이다. 삶의 상황이나 조건이 아닌 오직 여호와로 인하여 기뻐하는 것이다.

여호와로 인하여 기뻐하는 것이 너희의 힘이니라

(느헤미야 8:10c)

삶에는 여러 가지 고난, 고통, 고독의 파도가 계속 밀려온다. 그때마다 그 파도에 밀려서 무너지곤 한다. 다시 일어나려면 순간순간마다 하나님 한 분만으로 만족하고 즐거워하여야 한다. 느헤미야는 그 비밀을 알았다. 우리는 이렇게 찬양할 수 있을까? "주님 한 분만으로 나는 만족해~!", "나 주님만을 섬기리 헛된 마음 버리고 성령이여 내 영혼 충만하게 하소서~!" 찬양이 삶의 고백이 된다면 이보다 더 좋을 수 없다.

이러한 삶의 열매는 결국 우리 삶이 말씀에 깊이 뿌리를 내리고 생수의 강에 젖을 때 가능하다. 만일 우리 삶이 말씀에 뿌리를 내린다면 말씀 읽기 → 묵상 → 해석 → 적용 → 실천의 과정을 통해서 나눔, 평안, 기쁨이 삶의 중심부에 채워질 것이다. 그것이야말로 좋은 삶의 열매다.

단, 삶의 열매를 세상의 성공으로 측성하려고 하지 말라! 부, 명예, 권력으로 평가하지 말라! 삶의 열매는 상황과 조건을 넘어서는 나눔, 평안, 기쁨에 있다. 오늘 우리 시대는 개인, 가정, 교회가 번영만을 추구한다. 그 끝에는 맘몬의 노예가 되는 비참한 꼴이 있음에도 말이다.

엘리와 그의 아들들은 부, 명예, 권력을 추구했다. 그들은 성적, 도덕적, 신앙적으로 타락했다. 결국, 그들은 죽음을 맞이했다. 그러나 동시대를 살았던 그 시대의 사무엘은 하나님의 음성을 듣고 순종했다.

느헤미야와 에스라의 시대도 마찬가지였다. 어떤 이들은 엘리와 그의 아들들의 길을 걸었다. 오직 쾌락과 자기만족에 취한 인생을 추구한 제사장들이 있었고 그 반대의 길을 걷는 느헤미야와 에스라와 같은 이들이 있었다. 결국 시대가 아니라 사람의 문제이다. 하나님의 사람들은 예외 없이 자신들이 살아가는 시대적 상황에 휩쓸리지 않고 세상의 바벨탑을 쌓지 않고 말씀을 회복하고 신앙을 삶의 한복판으로 연결한 것을 놓치지 말아야 한다. 이것이 지금 여기에서의 시급한 과제이다.

우리는 너무 오랫동안 종교적 형식을 신앙의 실체로 착각해 왔다. 종교적 형식은 신앙을 돕는 것이다. 본질을 담아내지 못하면 오히려 형식 속에 갇혀서 삶이 빈약해진다. 본질은 삶을 추구하는 것이다. 하나님의 마음을 담아내는 것이다. 이런 면에서 형식은 본질을 담아내는 그릇이다.

삶을 잃어버린 형식은 그 시대의 백성들에게도 외면당한다. 위선과 독선으로 향하기 때문이다. 신앙과 삶이 만나게 하라. 신앙이 삶을 파고 들어가게 하라. 그곳에 하나님의 역사가 나타난다.

리더들이여, 무너진 성벽을 재건하라

우리는 숱한 교회 공동체의 추락을 경험하는 시대를 살아가고 있다. 목회자와 평신도들이 탐욕을 추구하면서 자기 소위에 좋을 대로 행하는 영적 사사 시대의 혼돈, 혼란, 혼잡함을 그대로 경험하고 있다. 시대가 흘러도 인간의 죄성은 여전히 변함이 없다. 엘리 제사장의 아들 홉니와 비느하스가 사역했던 시대처럼 온갖 영적 독버섯이 화려하게 자라고 있다. 겉으로는 아름답지만, 그 독버섯을 먹는 자들은 결국 죽음을 맞이하게 될 것이다. 그릇된 리더들로 인해서 공동체는 정체와 쇠퇴를 거듭하고 있다. 성장하는 공동체를 찾아보면 수평 이동이나 개인의 카리스마적인 리더십에 이끌려가는 것이지 인격적인 성장과 성숙이 잘 보이지 않는다. 하나님의 말씀이 희귀한 시대이다.

그런데 하나님께서는 느헤미야를 통해서 우리 시대 필요한 리더십의 방향을 일깨워 주신다.

오늘날 공동체에는 기도하는 리너가 필요하다. 기도하면서 각 영역의 무너진 성벽을 재건하는 건강한 전략을 세우고 지혜롭게 행동하는 리더가 필요하다. 동기부여를 통한 연합과 일치를 이루어 가는 리더가 필요하다. 참여를 통해 공존, 공생, 공감을 이루어 가는 화합의 리더가 필요하다. 하나님의 백성들을 이용하여 사리사욕을 챙기는 리더가 아니라, 하나님의 백성들을 위한 희생의 흔적을 남기는 리더가 필요하다. 무엇보다도 말씀으로 공동체를 세우는 리더가 절실히 필요하다. 하나님께서는 그러한 리더들을 통하여 하나님의 백성들과 함께 구별됨을 지닌 다름의 공동체를 이루어 갈 것이다. 그들을 통해서 각자의 은사와 은혜를 따라서 캠퍼스와 일터에서 하나님 나라가 임하는 역사가 일어날 것이다.

공동체가 무너진 성벽을 재건하는 것은 결코 쉬운 일은 아니다. 그러나 느헤미야의 리더십으로 준비된 리더십을 통해서 하나님께서는 이 시대의 무너진 성벽을 재건하게 하실 것이다. 정치, 경제, 사회, 문화, 언론, 의료, 교육, 스포츠, 공직사회 심지어 종교계까지도 불의와 불법이 똬리를 틀고 있다. 각 영역을 새롭게 하는 하나님의 사람들이 필요한 시대이다.

믿음이 좋으면 다 목회자가 되는 것이 아니라 세상의 각 영역을 파고 들어가야 한다. 그리고 자신에게 주신 은사와 은혜를 따라서 자신이 머무는 영역을 변화시키는 리더가 되어야 한다. 리더로 산다는 것은 쉬운 일이 아니다. 어렵고 힘든 일이다. 고단하고 고생이 이어지는 길이다. 시시때때로 회피하고 싶은 길이다. 그러나 누군가 그 길을 간다. 그 길을 가고 있는 것이 은혜다.

우리 시대의 리더는 부, 명예, 권력의 노예가 되어 그릇된 방식으로 하나님의 영광을 구하는 것이 아니라 하나님의 영광과 임재를 추구해야 한다. 자신과 자신의 아들들의 부귀영화에 눈먼 엘리 제사장을 부러워해서는 안 된다. 그들을 불쌍히 여기는 영적인 눈이 열려야 한다. 하나님을 섬기면서도 하나님의 은혜로부터 떠나 있는 그들의 초라함과 비참함을 볼 수 있어야 한다. 주변의 리더 가운데 자신의 지위와 직분을 이용하여 사리사욕을 추구한다면 하나님 보시기에 심히 악함을 알아야 한다. 느헤미야 시대의 제사장들이 뇌물을 받고 악한 말을 지어내어 비방하는 도비야와 산발랏 편에 선다는 것은 오늘 우리에게 시사하는 바가 크다. 시대가 달라져도 인간의 죄성은 변하지 않는다. 리더라면 자신이 어디에 서 있는지를 살펴야 한다. 리더가 성찰과 회개의 자리를 떠나 있다면 이미 죽어 있음을 알아야 한다.

리더는 방해자와 대적자들의 비판과 비난을 두려워해서는 하나님의 말씀대로 살아가기가 힘들다. 비난과 비판의 화살을 맞으면서도 하나님이 지시하신 땅으로 강하고 담대하게 나아가는 자가 리더다. 자기 기득권을 지키기 위해서 하나님의 일을 방해하고 하나님의 사람들을 비난하고 비방하고 공격하는 산발랏, 도비야, 게셈이 도처에 있을지라도 강하고 담대하게 약속의 땅으로 나가가는, 하나님 외에는 누구도 두려워하지 않는 믿음과 용기가 필요하다.

느헤미야의 리더십으로 양육되고 훈련된 리더들은 자신들이 머무는 영역의 변혁자들이 될 것이다. 그들은 교회 안에서만이 아닌, 그들이 머무는 현장의 각 영역에서 이 시대의 느헤미야들로 거룩한 영향력인 영적 리더십을 발휘하는 축복의 통로가 될 것이다. 느헤미야와 같은 일터의 리더들이 키워지고 세워지기를 간절히 갈망하며 느헤미야서에 기록된 마지막 기도에 귀 기울인다. 느헤미야13:29-31절은 말씀한다.

²⁹ 내 하나님이여 그들이 제사장의 직분을 더럽히고 제사장의 직분과 레위 사람에 대한 언약을 어겼사오니 그들을 기억하옵소서
³⁰ 내가 이와 같이 그들에게 이방 사람을 떠나게 하여 그들을 깨끗하게 하고 또 제사장과 레위 사람의 반열을 세워 각각 자기의 일을 맡게 하고
³¹ 또 정한 기한에 나무와 처음 익은 것을 드리게 하였사오니 내 하나님이여 나를 기억하사 복을 주옵소서

모든 그리스도인들 그리고 리더들의 마지막도 이런 고백이 있기를… 소망한다! 아멘.

Chapter 4

광야 리더십

???

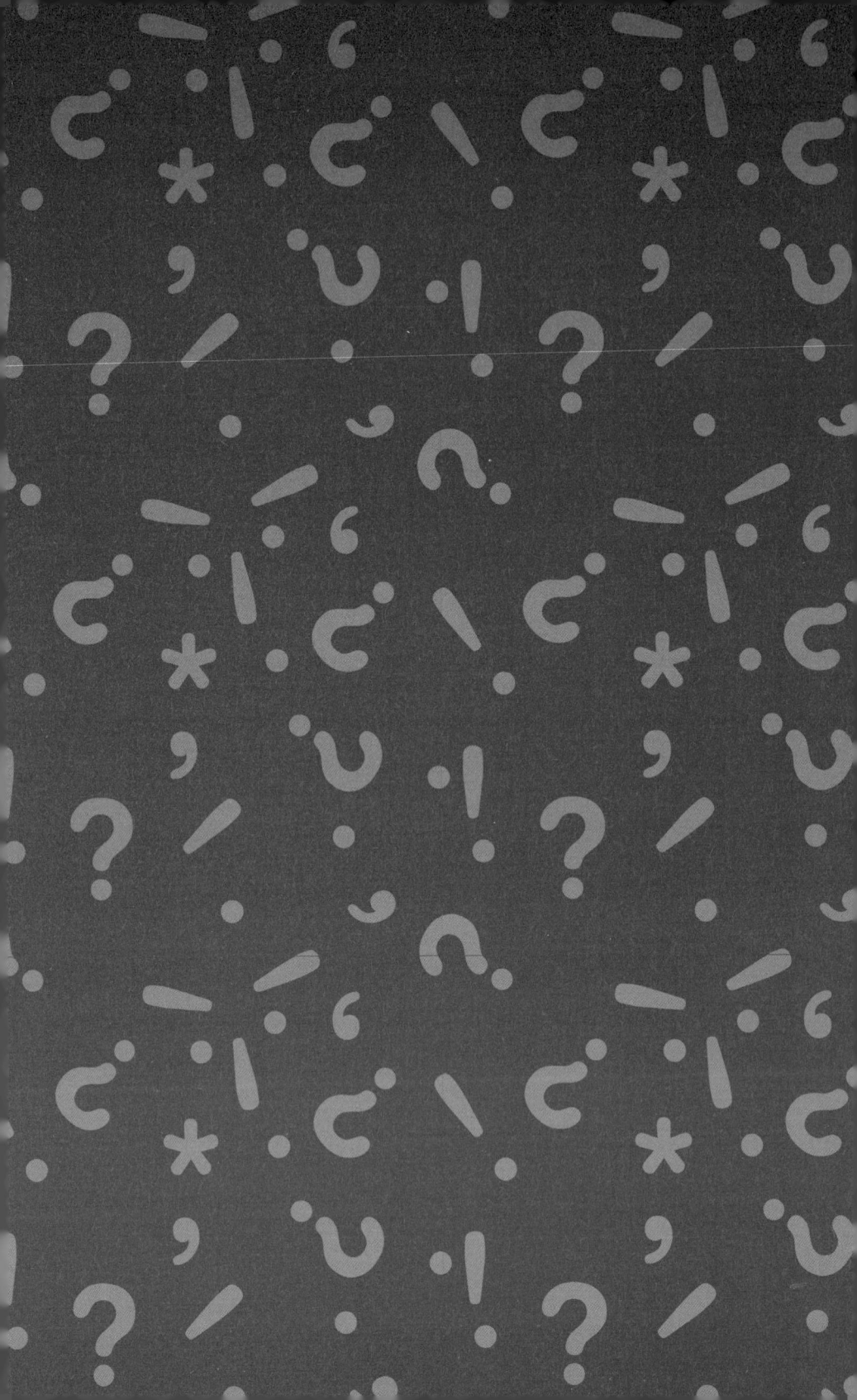

광야 리더십

광야 리더십

성경은 하나님께서 당신의 백성을 부르시고(소명), 사명(맡겨진 임무)을 주신 이유가 있다고 말한다(출19:4; 사43:21; 벧전2:9).

하나님께서는 그의 백성들을 제사장 나라와 거룩한 백성으로 부르셨고(출19:4-6), 예배자로 부르셨고(사43:21), 왕 같은 제사장으로 부르셨다(벧전2:9). 예수님은 '그리스도 살아계신 하나님의 아들'로 믿고 따르는 제자들에게도 공통된 사명을 주셨다.

> 그러므로 너희는 가서 모든 민족을 제자로 삼아
> 아버지와 아들과 성령의 이름으로 세례를 베풀고
> 내가 너희에게 분부한 모든 것을 가르쳐 지키게 하라
> 볼지어다 내가 세상 끝날까지 너희와 항상 함께 있으리라 하시니라
>
> (마태복음 28:19-20)

예수님께서는 제자들에게 모든 민족을 제자로 삼아 아버지와 아들과 성령의 이름으로 세례를 베풀고 예수님께서 명령한 모든 것을 가르쳐 지키게 하라는 사명을 주셨다. 주님께서 주신 사명은 주님의 방법으로 성취된다.

그러나 예수님을 구주와 왕으로 믿는 제자라고 해서 처음부터 주님의 마음을 깨닫고 순종하는 삶을 사는 것은 아니다. 부모의 양육으로 자녀가 자라는 것처럼, 주님의 자녀들도 보혜사 성령님께서 인도하시는 광야에서 훈련을 받아야 사명자로 성장할 수 있다. 세상의 사고방식으로 살지 않으려면, 하나님 나라의 사고방식으로 사는 방법을 훈련받아야 한다.

그러므로 주님께서 주신 사명을 감당하기 위해서는 우리 모두 광야훈련을 통과해야 한다. 세속적인 사고방식을 하나님 나라의 사고방식으로 변화시키는 훈련이 바로 광야훈련이다. 모세, 출애굽 한 이스라엘 백성들, 다윗, 예수님의 열두제자들, 바울도 이런 광야를 거쳤다.

특수전교육단 | "이곳을 거친 자여 조국은 너를 믿노라!"

나는 경기도에 있는 육군부대에서 군 생활을 했었다. 내 보직은 민원 안내실 행정병이었다. 내가 맡은 일은 주중에 군부대를 방문하는 민원인들을 돕고, 토요일과 주일에는 면회객들을 돕는 일이었다. 민원 안내실 행정병은 휴일이 없는 보직이었다. 그래서 나는 다른 장병들과 달리 군사훈련을 받을 일이 거의 없었다.

큰 어려움 없이 군 생활을 하던 중, 내가 병장 때 부대장이 바뀌었다. 바뀐 부대장은 특전사 출신이어서 그런지 교육과 훈련에 미친 사람 같았다. 부대장은 부대원들이 군기가 없다며 군 기강을 세우기 위하여, 기동대, 헌병 특경대, 사단 경비소대 등 특수부대 인원 모두를 경기도 모 지역에 있는 특전교육단으로 위탁 교육을 보내버렸다. 나는 민원실 행정병이었지만 소속은 경비소대였기 때문에 그 위탁 교육을 피할 수 없었다.

육공트럭을 타고 특전교육단 부대 입구에 도착하자마자 눈에 띄는 글귀가 보였다.

"이곳을 거친 자여 조국은 너를 믿노라!"

그 문장을 보는 순간 직감적으로 훈련에 대한 기대감이 아닌 두려움이 밀려오기 시작했다. 얼마나 힘든 훈련을 받기에 "이곳을 거친 자여 조국은 너를 믿노라!"라고 했을까…….

내 예상은 맞아떨어졌다. 훈련소에 도착하자마자 3보 이상 거리는 무조건 뛰어야 했다. 아침 식사 후 훈련장까지 뛰어가는 거리만 해도 꽤 멀게 느껴졌다. 그리고 오전 교육을 마치고 식당으로 이동할 때에도 뛰고, 점심 식사 후, 오후 훈련 교장으로 갈 때도 뛰어가야만 했다. 대부분 훈련생은 아침 식사와 점심은 조금밖에 먹지 않았다. 배부른 채로 뛰어가면 너무 힘들고 토할 것 같았기 때문이었다.

첫 훈련을 시작하는데 교관은 훈련생들에게 팔 벌려 뛰기 1,000회를 시켰다. '설마 1,000회를 다할까? 이렇게 더운데!' 그런데 100회, 200회, 300회, 400회를 지나고 또 500회를 지날 때 '정말 1,000회까지 채우겠구나!'라는 생각이 들었다. 1,000회쯤 가까이 되었을 때, 훈련생들의 양팔은 처음에 절도 있게 움직였던 모습과는 달리 춤을 추고 있었다. 마지막 1,000회가 되었을 때, 1,000회를 외치면 안 되는데, 몇몇 훈련생들이 1,000을 외치고 말았다. 절망스러웠다. 예상대로 교관은 팔 벌려 뛰기 2,000회를 시켰다. 그리고 무더운 날씨 탓인지 나뿐만 아니라 훈련생들 입가에는 하얀 소금기가 보이기 시작했다.

오후에는 무더운 날씨로 폭염경보가 발령됐다는 소식을 들었다. 그런데도 훈련은 예정대로 진행됐다. 왜냐하면, 특전교육단 공수기본교육의 가장 큰 목적은 극한 상황을 극복하는 능력을 배양하는 것이기 때문이었다. 모형 낙하산을 메고 착지 순서에 따라 "앞꿈치, 무릎"이라는 구호를 외치며 맨땅에 구르는 훈련을 했다. 앞꿈치와 무릎이 붙어있어야 부상을 방지할 수 있기 때문이었다. 온종일 공수 PT를 받고, 구르고, 미친 듯이 뛰었더니 죽을 것만 같았다.

철모는 햇볕을 받아 뜨겁게 달궈졌고, 길고 두꺼운 군복 밑으로는 땀이 줄줄 흘러내렸다. 무엇보다도 가장 큰 고통은 '타는 듯한 목마름'이었다. 불볕더위 속에서 훈련생들의 탈진을 막기 위해 교관들은 훈련생들이 뛰고 있을 때 작은 바가지에 물을 담아서 뿌려줬다. 물을 뿌려줄 때마다 훈련생들은 뛰면서 입을 벌리고 그 물을 받아 마셨다. 나는 그 물을 받아 마시려고 머리를 약간 뒤로 젖히고 입을 크게 벌렸는데, 물이 그만 코로 들어가 버려서 목마름을 해결할 수 없었다. 타는 목마름 때문에 나는 그 자리에 무릎을 꿇고서 땅바닥에 고여 있는 흙탕물을 손으로 떠서 마셨다. 교관들이 뛰어와서 내가 흙탕물을 마시지 못하도록 제지했지만 나는 일으켜 세울 때까지 마셨다. 그때 마셨던 그 물은 이 세상에서 가장 달았던 물이었다. 얼마나 더웠는지 그날 20명의 훈련생이 탈진해서 쓰러졌다. 한 명 한 명 쓰러져가는 모습이 안타까웠다. 하지만 나중에는 나도 쓰러지면 좋겠다는 생각에 오히려 그들이 부럽게 느껴질 정도였다.

불볕더위 속에서 며칠 동안 모형 낙하산을 메고 구르고, 기고, 달리기만 하니 탈진자들이 더욱 늘어났다. 내 앞에 몇몇 훈련생들이 쓰러졌다. 나도 달리던 중 너무 힘들어서 구급차 앞에서 일부러 쓰러졌다. 정말 구급차에 실려 가고 싶었다. 그런데 교관들은 내가 요령 피우는 것을 바로 알아차렸다. 교관들에게 많이 맞고 다시 일어나서 울면서 뛰었다. 모든 훈련을 마치고 나서, 부대 입구에 적혀있었던 "이곳을 거친 자여, 조국은 너를 믿노라!"라는 의미를 더 깊게 깨달을 수 있었다.

나는 훈련을 마치고 부대에 복귀하자마자 매일 뛰기 시작했다. 일주일간의 짧은 훈련이었지만, 내 심폐기능과 체력은 그 전과 비교할 수 없을 만큼 향상되었다. 매일 아침 뛸 때도 평상시의 두 배를 뛰었고, 저녁에도 연병장 10바퀴를 뛰었다. 그리고 틈나는 대로 체력훈련을 했다. 이게 바로 훈련의 결과였다. 그 고통스러운 환경 속에서 받은 훈련은 훈련소에 쓰여 있던 대로 조국이 믿어 줄 만큼 멋진 군인으로 나를 변화시켰다.

광야훈련학교 | "광야를 거친 자여 하나님은 너를 믿노라!"

특별히 우리가 사는 말세에는 특전교육단 훈련과 같이 신앙의 특수훈련이 필요하다. 이런 훈련이 없다면, 그리스도의 제자들은 사명보다는,

이 땅에서의 삶에 대한 염려, 근심 걱정 등으로 영적인 잠에 빠져들기 쉽기 때문이다. 성경은 말세의 특징을 다음과 같이 말한다.

너는 이것을 알라 말세에 고통하는 때가 이르러 사람들이 자기를 사랑하며 돈을 사랑하며 자랑하며 교만하며 비방하며 부모를 거역하며 감사하지 아니하며 거룩하지 아니하며 무정하며 원통함을 풀지 아니하며 모함하며 절제하지 못하며 사나우며 선한 것을 좋아하지 아니하며 배신하며 조급하며 자만하며 쾌락을 사랑하기를 하나님 사랑하는 것보다 더하며 경건의 모양은 있으나 경건의 능력은 부인하니 이같은 자들에게서 네가 돌아서라

(디모데후서 3:1-5)

이와 같은 말세의 때에는 세상의 가치관으로 물들어 하나님을 경외하는 것을 잊어버린 많은 사람을 보게 된다. 그러므로 말세에는 더욱 정신을 바짝 차리고 깨어있어야 한다. "근신하라 깨어라 너희 대적 마귀가 우는 사자 같이 두루 다니며 삼킬 자를 찾나니"(벧전5:8). 마귀는 어떻게든지 하나님의 사람들을 유혹해서 쓰러뜨리려고 한다. 거짓의 아비인 사탄은 예수님께서 주신 사명 성취를 방해하기 위해서 끊임없이 핍박 또는 세상의 염려로 믿는 자들을 유혹하고 공격하며 넘어뜨린다.

내 주변에는 여러 가지 시험을 만나, 극심한 고통 가운데 있는 동역자들이 많았다. 그분들의 아픈 사연들을 들을 때마다 순간순간 가슴이 시릴 정도로 먹먹해졌다. 그분들을 위해 눈물로 기도하지 않을 수가 없었다. 하지만 동역자들을 위해 기도하면 할수록, 거기에는 놀라운 하나님의 비밀이 있음을 깨닫게 되었다.

마지막 때에는 하나님 나라를 위하여 특별한 부르심을 입은 자들이 필요하다. 그들은 날마다 주님과 동행하며, 메마른 뼈들과 같이 영적으로 죽은 자들을 깨울 것이다. 그리고 그들을 훈련해서, 주님 다시 오실 길을 예비하는 거룩한 군대를 만들 자들이다. 그래서 하나님께서는 이런 자들을 준비하고 계신다.

이 부르심을 입은 자들은 그 주님의 군대를 훈련하기 위해 더 많은 훈련을 받아야만 한다. 군대에서 장교들이 일반 병사들보다 훨씬 더 강한 훈련을 받아야만 하는 것과 같은 이치이다. 여러분들 중에 하나님의 뜻에 순종하고 있음에도 불구하고 극심한 고난 가운데 계신 자들이 있는가? 그렇다면 감사해야 한다. 그리고 기뻐하라. 당신은 특별한 부르심을 입은 하나님 나라의 거룩한 군대 장관임이 틀림없다. 함께 이 고난의 때에 순종함으로 하나님의 때에 거룩히 쓰임 받는 영광스러운 자들이 되기를 주님의 이름으로 축복한다.

예배자를 세우기 위한 광야 훈련학교

나는 캐나다 유학 시절 '목회자 성경 연구원(목성연)' 모임에서 '출애굽기를 알면 인생이 보인다!'라는 공부를 통해 광야 훈련의 목표와 방법을 구체적으로 배울 수 있었다.

광야에서는 십자가 중심의 신앙, 사람이나 환경이 아닌 하나님께 집중하는 신앙, 성령 충만을 구하는 신앙, 동역자들과 함께 하나님 나라를 세워가기 위한 신앙 훈련을 받게 된다(출15장-18장). 이런 훈련을 받은 자는 '자기 부인'의 삶과 '심령이 가난해지는 삶'이 무엇인지를 경험하게 된다. 자아가 죽은 사람들이 말씀훈련을 받을 수 있다(출19-24장). 자기를 부인하고 심령이 가난한 자들은 자기중심의 생각과 사상, 철학과 마음이 정답이 아닌 것을 알게 된다. 왜냐하면 하나님의 생각과 사상, 철학과 마음을 배우기를 목말라 하기 때문이다. 말씀훈련은 단순한 성경에서 말하는 지식을 배우는 것이 아니라, 하나님을 섬기는 법을 배우는 것이다. 하나님을 섬기는 법을 배우는 자는 더 깊은 하나님과 만남을 원한다. 더 깊은 하나님과 만남은 바로 성막에서 이루어진다(25-40장). 광야에서 마지막 훈련은 왕 같은 제사장으로 세우기 위한 예배 훈련, 임재 훈련이다. 이런 훈련을 마친 하나님의 백성은 하나님의 얼굴로서, 대행자로서 가나안 땅에 들어간다. 그곳에서 가나안의 문화가 아닌 하나님의 문화로 그 땅을 통치할 수 있게 된다.

나는 '목성연'에서 배우고 깨달았던 내용을 내 인생 가운데 성찰해 보았다. 그 과정을 통해 많은 위로와 격려를 받고 용기를 얻는 귀한 시간을 가질 수 있었다. 하나님의 은혜 안에서 내 인생이 해석되고 내가 살아갈 이유를 알게 된다는 것은 큰 기쁨 중의 하나였다. 나는 광야훈련학교를 통하여 깨달았던 내용을 간증형식으로 나누려고 한다. 이제부터 '목성연' 성경연구 과정 가운데 깨달았던 내용과 성찰한 이야기들을 들려주고자 한다.

광야훈련 이야기

광야일기 1 | 자기 부인의 삶

또 무리에게 이르시되 아무든지 나를 따라오려거든 자기를 부인하고

날마다 제 십자가를 지고 나를 따를 것이니라

(누가복음 9:23)

하나님의 뜻과 내 뜻이 같을 때는 정말 모든 것이 기쁘고, 감사하다. 그러나 하나님의 뜻과 내 뜻이 달랐을 때, 내 뜻을 포기하고 주님을 따르는 것은 쉽지 않다. 이런 상황에서 자기 뜻을 내려놓고 하나님의 뜻을 따

라가는 것이 '자기 부인'이다. 그러므로 '자기 부인'을 할 줄 아는 사람은 하나님을 믿고 신뢰하는 사람이다. 이런 사람만이 자기를 부인하는 삶을 살아갈 수 있다. 비록 하나님의 뜻과 방법이 내 뜻, 내 방법과 다를지라도 하나님께서 말씀하신다면 이해가 안 되더라도 주님을 따라가는 자가 주님의 제자이다. 광야에서는 '자기의'가 아닌 '하나님의 의'로 살아가는 법을 배우는 곳이다.

나는 캐나다 트리니티 신학대학원에서 공부했었다. 설교학 수업 시간에 두 번의 설교를 교수님과 대학원 동기들 앞에서 해야 했다. 설교를 준비하기 위해 1주일 동안 주석 책들, 성서 배경연구에 관한 책들, 성경 용어사전 그리고 성경 원어 연구 등을 통하여 많은 시간을 준비했었다. 본문은 내 사역과 관련 있었던 요한일서 3:11-24의 말씀을 준비했다. 설교할 때 많은 도움이 될 거라 확신했기 때문이었다.

본문을 수도 없이 읽고 또 읽었다. 설교 준비를 하면 할수록 만족감을 느끼게 되었다. '이 정도면 정말 좋은 설교가 되겠구나!'라고 생각했을 때까지 준비했다. 그런데 갑자기 그 순간 "현호야! 정말 열심히 준비하는구나! 하지만 다른 본문을 가지고 내 메시지를 전하라고 한다면 이 본문을 포기하고 다른 본문으로 준비할 수 있겠니?"라는 하나님의 음성이 들렸다.

나는 이 음성을 듣는 순간 앞이 캄캄해졌다. 왜냐하면 준비한 설교를 포기하기에는 너무 많은 시간을 투자했다. 그뿐만 아니라 다른 설교를 한글도 아닌 영어로 준비하기 위해선 시간이 너무 부족했다. 사실상 내게 주어진 시간이 하루 반이 전부였다. 공교롭게도, 그 시간 동안에는 다른 일정도 많았다.

그래서 이 음성이 하나님의 음성이 아니기를 간절히 바라며 속으로 '이것은 분명 사탄의 음성이거나 내가 일을 너무 많이 해서 헛것이 들린 것뿐이야!'라고 생각했다. 하지만 내 생각이 틀렸음을 그다음 날 아침에 있었던 가정예배를 통하여 알 수 있었다.

가정예배를 드리고 난 후, 어머니께서 성경책을 보여주시며 말씀하시기를, "현호야! 어제저녁에 계속 기도하는데 하나님께서 너에게 이 예화를 보여주라는 감동을 주시는구나!"

그 예화는 골로새서 2:6-7에 관한 예화였다. 그 순간 난 그 자리에 누워버렸다. 내게도 그 말씀을 주셨기 때문이었다.

그러므로 너희가 그리스도 예수를 주로 받았으니 그 안에서 행하되
그 안에 뿌리를 박으며 세움을 받아 교훈을 받은 대로
믿음에 굳게 서서 감사함을 넘치게 하라

(골로새서 2:6-7)

이해할 수 없는 상황이었지만, 나는 내 뜻을 포기하고 하나님께서 주신 감동에 순종하며 날을 새며 설교를 준비했다. 그런데 피곤하지 않았다. 설교 준비하는 동안은 정신이 멀쩡했고 하나님께 감사했으며 기분이 날아갈 것 같이 좋았다. 나는 그 설교 준비를 통하여 많은 은혜를 체험할 수 있었다. 체력은 바닥이었지만 하나님께서 주신 힘과 능력으로 설교를 잘 마칠 수 있었다. 비록 설교문을 읽고 많은 사람과 눈을 마주칠 수 없었지만, 하나님의 기름 부음이 넘쳐났던 설교였다.

설교 후 '설교자의 선택'이라는 책의 저자이신 Kent Anderson 교수님께서 교수님의 heart가 broken 돼버렸다고 우시면서 많은 격려와 힘을 주셨다. 그리고 마지막으로 하나님께서 왜 그 본문을 주셨는지 알 수 있었다. 자기를 부인하는 삶의 기쁨을 가르쳐 주시기 위함이었다.

광야일기 2 | 환경과 상황이 아닌 주님을 바라봐야 하는 곳

광야 생활 중에 고난이라는 단어는 내게 너무 익숙해졌다. 2007년 11월은 내 가정에 있어서 너무 고통스러운 달이었다. 그곳에서 지내면서 많은 어려움이 있었다. 하지만 동시에 한꺼번에 어려움이 몰린 적은 없었다.

첫 번째로 여러 가지 정신적인 압박으로 도저히 공부할 수가 없었다.

최선을 다했지만 결국 마지막 페이퍼를 내지 못했다. 이번 학기는 왜 이렇게 힘든 일이 많은지 공부할 시간이 절대적으로 부족했었다. 이유야 어찌 됐든, 눈물이 날 것 같았다. 왜냐하면, 이번 학기와 다음 학기 성적 관리를 잘 못 하면 다음 해 갱신할 비자 연장이 어려워질 수 있기 때문이다. 아울러 장학금 신청도 물 건너갈 것이기 때문이다. 두 번째로 아무리 몸부림을 치고, 고통스럽게 애를 써 봐도 관계 문제는 점점 더 힘들어졌다. 마지막으로 재정의 압박은 나를 바닥까지 끌어내렸다. 난생처음 은행에서 전화를 받았다. 통장이 500달러 마이너스이니 오후 2시까지 입금하라는 내용이었다. 더 힘든 것은 이틀 뒤에도 지급해야 할 돈이 필요했다. 도무지 방법이 없었다. 은행에 가서 상담했다. 하지만 달리 방법이 없다는 내용뿐이었다.

그러던 중 설상가상으로 차까지 고장이 났다. 캐나다에선 차가 없으면 아무것도 할 수 없다. 그래서 아내와 함께 집에 있는 물건들을 팔아서 550달러를 만들었다. 다음 날 그 돈을 가지고 차를 수리하러 갔는데 예상하지 못한 일이 생겼다. 자동차 수리 비용이 200달러 정도라고 했었는데 앞부분뿐만 아니라 뒷부분 브레이크까지 문제가 있어서 교체 수리비가 470달러가 나왔다. 십일조를 빼고 나니 25달러만 남았다.

내가 생각하기에 나는 하나님께서 주신 가정을 이끌어가는 가장으로서, 청년부를 이끌어 가는 사역자로서, 신학을 더 깊이 연구하는 신학생으로서 책임지고 최선을 다하며 산다고 자부했다. 하지만 보이는 결과들은 비참했다. 희망이 보이지 않았다. 더 괴로웠던 것은 하나님께서도 나의 이 모든 고난 가운데 침묵하고 계신 것 같았기 때문이다.

괴로운 심정 때문에 어디론가 떠나고 싶어서 무작정 자동차를 타고 나갔다. 도착한 곳은 아름다운 바닷가가 있는 화이트 락(White Rock)이었다. 보통 화이트 락 바닷가는 잔잔한 파도와 갈매기들 그리고 아름다운 배들이 보이는 곳이다. 그런데 그날은 강풍이 불고 높은 파도가 덮쳐오는 전혀 다른 모습의 바닷가였다. 사람들도 거의 볼 수 없었다. 나는 그냥 그 바닷가에서 죽고 싶었다. 그 와중에 자살하면 지옥 갈 것 같아서 파도가 나를 덮쳐 바다에 빠져 죽었으면 좋겠다고 생각했다. 그 마음으로 비를 맞으며 방파제까지 파도를 보며 걸었다.

바다가 가까워지면 질수록 높은 파도는 너무 위협적이었다. 방파제 끝까지 걸어가서 높은 파도들을 바라보며 주님께 말하였다. "주님! 저 파도가 마치 내 인생의 장애물들 같습니다. 너무나 두렵고 힘이 듭니다. 저 수 많은 높은 파도들이 내게 오는 것처럼 내 인생의 앞날도 두렵고 힘이 듭니다." 눈물이 났다.

그러나 성령님의 도우심으로 나는 눈물을 흘리며 주님께 고백했다. "당신은 신실하신 하나님이십니다. 당신은 자비로우신 하나님이십니다.

당신은 약속의 하나님이십니다. 당신은 좋으신 하나님이십니다." 그리고 '주품에 품으소서'라는 찬양이 내 입술에서 흘러나왔다.

> 이와 같이 성령도 우리의 연약함을 도우시나니
> 우리는 마땅히 기도할 바를 알지 못하나
> 오직 성령이 말할 수 없는 탄식으로 우리를 위하여 친히 간구하시느니라
> 마음을 살피시는 이가 성령의 생각을 아시나니
> 이는 성령이 하나님의 뜻대로 성도를 위하여 간구하심이니라
> (로마서 8:26-27)

그 찬양을 한 뒤 돌아오는데 자꾸 누군가가 나를 뒤에서 보고 있는 느낌이 들었다. 뒤를 돌아보면 아무도 없었다. 바람인가 보다 하고 또 걸어가는데 같은 느낌이 나서 다시 돌아보는데 아무것도 없었다. 바람이 너무 세서 그러는구나 하고 다시 걸어가는데 정말 누군가가 있다는 강렬한 느낌이 들었다. 그래서 방파제 쪽을 바라보니, 방파제가 마치 예수님처럼 느껴졌다. 그리고 조용한 그분의 음성이 들렸다. "네가 서 있는 그곳은 거룩한 곳이다. 네 밑을 보아라!" 그래서 밑을 보니 내가 서 있는 그곳은 잔잔한 물결만이 일어나고 있는 것이 아닌가? 예수님께서 나를 위해서 그 거친 파도를 막고 있는 것이라는 메시지를 알 수 있었다. 그렇다! 주님을 바라보았을 때 두려움은 없어진다.

마태복음 14장에 보면 베드로가 물 위를 걷는 장면이 나온다. 그는 예수님을 바라보며 나아갈 때는 바다 위를 걸어갈 수 있었다. 그러나 강풍을 바라보고 두려움에 휩싸이자 주님을 바라볼 수 없었다. 즉 주님께 집중하지 못했을 때, 그는 물에 빠졌다. 살려달라고 주님께 외칠 수밖에 없었다.

내 삶도 이와 마찬가지였다. 나도 주님을 바라보지 않고 관계, 재정, 건강, 진로 문제 등의 인생의 거친 파도만을 바라보았을 때는 거의 죽게 돼서 하나님께 살려 달라고만 외친다. 하지만 어떠한 상황 가운데서도 주님께 시선을 고정하면 아무리 험한 파도라도 그분이 나와 함께 하신다. 결국 그 파도는 내게 부딪혔을 때 잔잔하고 아무것도 아닌 파도가 된다. 오히려 파도 위를 주님과 함께 걷고 있지 않을까? 그리고 나의 영혼은 오늘처럼 폭풍 가운데서도 잠잠하며 평안할 것이다.

광야일기 3 | 심령이 가난해지는 곳

평안한 마음으로 집으로 돌아가는 길에 문득 이런 생각이 들었다. '아! 내게 이런 상황을 허락하신 하나님의 뜻이 있을 것 같아. 최근에 일어난 일들은 아무리 생각해도 우연의 사건들이 아닌 것 같은데.' 생각해보면 우연치고는 너무 이상했기 때문이다. 한 가지만 생각해도 그렇다. 재정 문제해결을 위하여 내가 할 수 있는 제일 나은 방법으로 돈을 만들면 생각지도 못한 일 때문에 바로 없어졌었다. 관계, 재정, 건강, 교육과 진로의 문제들을 내게 허락하신 하나님의 뜻이 있을 것 같다는 생각이 들었다. 무엇인가 내 방법이 잘못되었다는 생각을 하게 되었다.

나는 항상 목요일 저녁 7시에 가정예배를 드렸다. 주님의 감동으로 가정예배 때 우리 가족은 다음과 같이 기도하였다. "주님! 모든 일은 우연이 아닙니다. 이 고난 가운데 우리 가정에 원하시는 뜻이 무엇입니까? 교훈이 무엇입니까? 주님 우리 가정이 하나님의 뜻을 알 때까지 이 고난을 거둬가지 마소서! 주님 그리고 우리가 알 수 있는 은혜를 허락해 주시옵소서!" 간절히 부르짖을 수밖에 없었다. 그런데 기도하는 중에 기도가 바뀌고 있음을 난 알 수 있었다. 탄식하고 좌절하는 기도보다 주님을 더 갈망하는 기도가 나왔다. 주님의 뜻을 알기 위해, 주님을 더 알기 위해, 주님의 임재를 사모하기 위해, 내 영혼이 소리쳐 부르짖음을 알 수 있었다.

고난을 통하여 하나님을 정말 처절하게 찾고 부르짖게 된다. 그것은 마치 다 죽어가는 배고픈 거지가 음식을 갈망하는 것과도 같다. 사막에서 다 죽어가는 자가 타들어 가는 목마름에 물 한 방울을 마시고 싶어 하는 것과 같다. 목마른 사슴이 시냇물을 찾아 헤매는 것처럼, 하나님께서는 내가 주님과 주님의 뜻을 그렇게 구하기를 원하셨다.

심령이 가난한 자는 복이 있나니 천국이 저희 것임이요. 여기서 말하는 가난은 "바로 없으면 죽을 것 같은 가난"을 의미한다. 먼저 심령이 가난해지기를 원하시는 주님의 뜻을 깨달을 수 있었다. 주님! 이 고난을 통하여 심령이 가난해지게 해 주심에 감사를 드립니다, 주님, 바른길로 인도하심에 감사드립니다. 삶 가운데 그 말씀의 의미를 더 깊게 깨닫게 해 주심에 감사드립니다. 주님을 찬양합니다.

또한, 하나님께 매달리며 간절히 기도했음에도 불구하고, 대부분 기도가 응답 되지 않았던 이유도 깨닫게 되었다. 그것은 하나님이 도깨비 방망이나 알라딘 램프의 지니와 같이 내 소원을 들어주는 존재가 아님을 알려주시기 위함이었다. 하나님은 나의 모든 것이 되시는 분이시며, 그분만으로 충분하며 기뻐할 수 있음을 가르쳐 주시기 위함이었다. 다시 말하자면, 어려움을 통하여 하나님께서는 내 마음속 깊은 곳에 자리 잡은 우상들을 태우시며 나를 연단시키셨다. 문제 해결사로서의 주님이 아니라 인격적인 주님을 만나고 그분의 마음을 깨달아 가는 곳이 광야다. 하나님만으로 충분하다. 하나님이 나의 모든 것 되신다. 하나님의 은혜는 나에게 충분하다.

광야일기 4 | 하나님 나라의 사고방식을 배우는 곳

(1) F 학점을 받고 장학금을 받다!

열왕기상 18장에는 유명한 갈멜산에서 엘리야가 불리한 상황임에도 불구하고 오히려 하나님을 대적하는 바알의 선지자들을 조롱하며 그들과 맞서 싸워 승리하는 장면이 나온다.

19장에서는 이 소식을 들은 아합왕의 아내 이세벨은 사자를 보내 엘리야가 바알의 선지자를 죽인 것처럼 그를 죽이겠다고 협박을 한다. 그러자 그 자신감이 넘쳤던 엘리야는 두려워서 도망하는 장면이 나온다. 그리고 광야로 들어가 죽기를 바라며 "이제 더 바랄 것이 없습니다. 내 생명을 거둬 가소서."라고 고백한다.

나는 마치 엘리야의 마음과 상황이 이입되는 상황을 경험하게 되었다. 재정, 관계, 학업 문제 등의 어려움 속에서도 주님께서는 내게 사명을 감당할 힘과 능력을 주셨다. 지난 2008년 1월부터 2월까지 하나님께서는 보잘것없는 나를 통하여 많은 대학과 교회에서 기적들을 행하셨다. 밴쿠버에서 가장 큰 세 개 대학 UBC(University of British Columbia), SFU(Simon Frazer University), TWU(Trinity Western University) 유학생 모임에 초대되어 설교했었는데 많은 은혜가 있었다. 또한, 초청된 지역교회 수련회 설교 때마다 많은 청소년과 청년들이 회개하는 모습을 볼 수 있었다. 그 결과 지역교회 수요예배와 금요예배 때도 초청되어 하나님의 마음을 나눌 수 있는 자리가 계속해서 늘어갔다. 더 나아가서 지역 전도사로서는 감히 설 수도 없는 KOSTA 집회(해외 유학생 수련회)에서 메인 집회 전에 강의할 수 있게 되었다. 마지막으로 하나님께서는 내 생각을 뛰어넘어 밴쿠버 지역 청소년, 청년 사역자들 앞에서도 주님의 마음을 나눌 기회를 주셨다.

그런데도 난 한 사람의 말을 통해 미치도록 괴로운 일이 있었다. 나를 너무나도 좋게 보았던 지역교회 목사님께서 나를 그 교회 사역자로 청빙하려고 하셨다. 그분은 내 형편을 들으시고 모든 것을 들어주시겠다고 약속하셨다. 그분이 제시하는 모든 조건이 좋았다. 우리 집의 모든 일이 풀릴 기회같이 보였다. 그런데 그곳 장로님과 이야기를 하면 할수록 그 자리가 내 사명과 맞지 않는 자리임을 알 수 있었다. 장로님이 의도하시고 한 얘기는 아니었지만 어떤 한 말씀 때문에 마음이 너무 아프고 고통스러워서 사역 제안을 거절했다. 하지만 그 대가는 너무 컸다. 학비, 비자 연장, 생활비, 관계 문제 그 모든 것을 해결할 수 있는 길들이 없어졌기 때문이었다. 제일 급한 일은 학비를 마련하는 것이었다.

난 학교주차장에 차를 세워놓고 차 안에서 한없이 울었다. "주님! 이제 그만 저를 당신의 품속에 데려가 주소서! 너무나 마음이 괴롭고 아픕니다. 잃어버린 영혼들을 바라보며 아버지의 마음을 증거하였으니 이제 그만 나를 데려가소서. 난 아무것도 다른 사람들보다 나을 것이 없는 사람입니다. 가정도 책임지지 못하는 바보 같은 사람입니다."

그리고 "민족의 가슴마다 피 묻은 그리스도를 심어"라는 찬양을 들으며 그 자리에 앉아있었는데 계속 눈물이 났다. "주님 내 마음을 아시지요! 이 아픔을 아시지요! 저를 당신의 품속에 데려가 주세요! 세계의 젊은이들을 변화시키는 비전도 세계선교센터를 세우는 것도 부흥사도 다 중요하지 않습니다. 그것들이 제겐 무슨 의미가 있습니까? 주님의 품에 그저 안기고 싶습니다."라고 외치며 한없이 울었다.

눈은 붓고 지쳐있는 모습으로 도서관에 가서 이메일을 체크하는데 학교 안에 있는 교단 중의 하나인 Northwest Baptist Seminary(NBS)에서 연락이 왔다. NBS는 내가 속해 있는 교단인데 내 어려운 사정을 알고 도와주겠다는 것이었다. 난 그들에게 연락한 적도 없었다. 특히 이곳에서는 도움이 필요한 자가 적극적으로 그 사실을 알려야 도움을 받을 수 있는데, 이것은 정말 은혜였다. 나중에 알고 보니 내게 F 학점을 주었던 교수님의 추천이 있었음을 알게 되었다. 내가 최선을 다했음에도 불구하고 여러 가지 어려운 상황 때문에 F 학점을 받았다는 것을 교단 분들에게도 말씀해 주셨다. 그리고 교단에서 내게 100만 원의 긴급구제비를 보내줬다. 이 돈이 아니면 난 학교를 아예 못 다니게 될지도 모르는 상황이었다. 물론 학비를 다 낼 수 있는 금액은 아니지만, 하나님의 놀라운 방법으로 난 공부를 계속할 수 있게 되었다. 나머지 학비에 대해서는 학교에서 유예기간을 주었다. 이 사건으로 나는 되레 신임을 얻을 수 있는 계기가 되었다.

또한, 교단의 대표 교수님은 내 비자 연장을 위해 추천서를 써 주셨다. 모범생이지만 지난 학기에 여러 가지 어려움이 많아서 성적이 일시적으로 떨어진 것이라는 이유도 써 주셨다. 더 놀라운 것은 신앙과 학업태도가 우수한 학생에게 주는 총장 장학생을 내가 받게 되었다. 무려 300만 원이었다.

(2) 하나님께서 주신 비전과 은사보다 하나님을 더 갈망함

사람마다 살고 죽는 때가 있다. 이번 사건을 통해 내가 아직은 죽을 때가 아님을 깨달았다. 하나님께서 계획하신 일 중에 내가 해야 할 일이 있음을 알 수 있었다. 하지만 이번 사건을 통해 부흥사가 되는 것이나 세계적인 선교센터를 세우는 것이 가장 중요한 일이 아님을 알았다. 밴쿠버가 세계적인 선교도시가 되는 것에 내가 일조하는 것이 내겐 가장 중요한 것이 아님을 깨달았다. 비록 하나님께서 내게 보여 주셨을지라도, 내가 아니면 하나님께서는 다른 사람을 통해서도 그 비전을 이루실 것이기 때문이다.

난 하나님께서 주신 비전보다 그분이 더 좋다. 물론 나를 사랑하시는 분이 주시는 비전과 선물은 나를 사랑하시는 분이 주셨기 때문에 소중하다. 하지만 난 하나님과 함께함이 더 좋다. 하나님의 마음을 느낄 수 있는 것이 너무 좋다. 아버지의 품 안에서 영원히 함께하는 소망을 생각할 때마다 기쁨이 샘솟게 된다. 그분이 기뻐하는 것을 내가 했을 때가 가장 좋다. 이제는 내 가정과 그것을 누리며 나가야 할 때이다! 죽는 그 날까지 아버지를 사랑하며 아버지를 기쁘게 하는 것, 하루하루를 살다 보면 언젠가는 그날이 오지 않겠는가? 오늘도 아버지는 내게 생명을 주셨다. 그리고 아픔을 회복시키시며 희망을 버리지 않게 하셨다. 난 생명도 이제 아깝지 않다. 아니 오히려 빨리 죽기를 간절히 바라는 자일지도 모른다. 어서 아버지의 품에 안기기를 원하기 때문에…….. 하지만 아버지께서 내게 생명을 허락하는 한, 난 잃어버린 한 영혼 한 영혼을 아버지의 마음으로 그들을 바라보며 그들에게 예수 그리스도의 소망을 주기를 간절히 소망한다. 왜냐하면, 그것은 아버지가 가장 기쁘게 여기는 일이며 내게 주신 사명이기 때문이다!

(3) 보일러 교체

40일 특별예배를 선포하고 첫 번째 특별예배를 드리는 날 보일러에 물이 새기 시작했다. 보일러 수리공이 진단해 보니 보일러가 너무 낡아서 새것으로 교체해야 한다고 했다. 비용은 730불이라고 하였다. 마음이 아주 무거웠다. 내 수중에 900불이 있었지만, 이틀 뒤에 은행이자 밀린 것 중에서 먼저 900불을 반드시 갚아야만 하는 상황이었기 때문에 보일러 교체 비용을 낼 수 없었다. 하지만 보일러를 교체하지 않으면 목욕을 할 수 없으니 불편한 상황이기도 했다.

이런 상황이었지만 하나님께 예배드리고 기도했다. 하나님께서 감동 주시기를 '내일 일은 내일 염려하라'라는 마음을 주셨다. 돈이 들어갈 일만 생기면 걱정했던 것에 대하여 가족들 모두 회개하며 기도했다. 그러자 보일러가 터진 것은 낡은 보일러를 새것으로 교체하기 위한 하나님의 뜻임을 알 수 있었다. 그리고 믿음대로 그날 은행이자 갚을 돈으로 보일러를 새로 교체하는 데 사용했다. 하나님께서는 정확히 이틀 뒤 은행이자 갚을 돈을 보내주셨다! 내가 천국의 사고방식을 가졌었더라면, '아! 하나님께서 보일러를 새것으로 바꿔주려고 하시는구나!'라고 생각했었을 것이다.

(4) 10불짜리 기저귀

부모는 자녀를 위해서라면 자신의 불편함을 감수해서라도 자녀를 위해 많은 것들을 희생할 수 있다. 자녀에게 좋은 것을 먹이고 입히고 싶은 마음은 모든 부모의 마음이다. 그런데 그럼에도 불구하고 자녀에게 그렇게 해 줄 수 없을 때가 있다. 그때가 부모로서 가장 마음이 아프다. 아내는 6개월 된 딸, 에스더의 기저귀가 거의 다 떨어져 가는데 살 형편이 되지 않자 아주 힘들어했다. 가진 돈이라고는 Shoppers Drug(24시간 쇼핑 상점) 카드에 적립된 10불이 전부였는데, 그 돈으로는 기저귀를 살 수 없었다. 아내는 '이 돈으로 어떻게 기저귀를 살 수 있나'라고 생각하며 다음과 같이 기도했다.

"하나님! 기저귀를 살 수 있게 해 주세요! 기저귀를 살 수 있는 30달러를 보내주시든지 아니면, 다른 사람을 통하여 기저귀를 공급받을 수 있도록 도와주세요!" 그렇게 기도한 후, 기도 모임에 가던 길에 아내는 하나님께서 자꾸 감동을 주신다며 Shoppers Drug에 가보자고 했다. 아내는 현금 10달러와 적립금 10불을 가지고 Shoppers Drug에 들어갔는데 놀라운 광경을 보게 되었다. 30달러 가까이 되는 가장 좋은 팸퍼스 기저귀가 할인하여 정확히 10달러에 판매되고 있었다. 3개 남아있던 것 중에 2개를 사 오며 내게 건네주었다! 캐나다 생활 9년 동안 기저귓값을 66% 이상 할인하여 구매한 경우는 이날이 처음이자 마지막 경험이었다.

아내는 10불로도 기저귀를 살 수 있게 만드신 하나님을 찬양히며 기뻐했다. 우리 부부 생각에는 30달러를 후원받든지 아니면 기저귀를 후원받는 것이 문제해결 방법이라고 생각했었는데, 하나님께서는 상상할 수 없는 방법으로 기저귀를 공급해 주셨다. 하나님은 불가능한 것이 없다는 것을 우리 가정에 가르쳐 주고 싶으셨기 때문이라는 생각이 들었다. 우리의 생각과 삶의 방식을 하나님의 생각과 삶의 방식으로 바꾸시는 하나님께 감사한다. 믿음으로 걸어가는 길은 하나님을 전적으로 의지하며 신뢰하는 길임을 알게 되었다.

광야일기 5 | 눈물 젖은 빵을 통해 아버지의 마음을 배움

유학 생활 동안 재정은 늘 거의 바닥이었다. 아내는 기도 모임에 참석하여 집에는 나와 3살 된 아들 샘만 있었다. 샘은 토스터에 구운 식빵을 너무 좋아한다. 그날도 어김없이 내게 식빵을 달라며 조르기에 식빵이 있는지 살펴보았다.

마침 식빵 한 조각이 있었다. 그런데 자세히 보니 왼쪽 윗부분에 곰팡이가 피어 있었다. 차마 줄 수가 없었다. 그런데 샘은 그 빵을 계속 달라며 나에게 떼를 부렸다. 빵을 살 돈도 없고 또한 방법이 없어 곰팡이가 핀 부분을 손으로 떼어 버린 후 나머지 부분을 토스터에 구웠다. 자세히 살펴보고 약간 떼어서 먹어보니 괜찮았다. 식빵을 먹을 수 있을 것 같았지만 이런 것을 아들에게 주려고 하니 마음이 착잡했다.

하지만 '이것도 먹지 못하며 굶주리고 있는 수많은 사람이 있지 않는가'라고 생각하며 샘과 함께 기도하였다. 곰팡이가 있었던 그 식빵을 두고 샘과 함께 두 손을 모으고 기도하였다.

"하나님 감사합니다. 언제나 저희에게 일용할 양식을 주시고 굶주리지 않게 해 주시니 감사를 드립니다. 주님은 선하시며 신실하십니다! 언제나 어려움 가운데 저희를 지켜주시고 자녀 삼아 주심에 감사합니다. 예수님의 이름으로 기도합니다. 아멘"

샘의 아멘 소리가 얼마나 크게 들렸는지 모른다. 그리고 아들이 웃으면서 빵을 맛있게 먹는 모습을 보았다. 그 순간 갑자기 눈에서 눈물이 쏟아졌다. 이 눈물은 슬프고 비참해서가 아니라 하나님이 연약한 내 가정과 함께하여 주시고 우리를 자녀 삼아 주심에 감사가 넘쳐났기 때문이었다. 그러면서 나는 두 손을 들고 이렇게 찬양하였다.

"무화과 나뭇잎이 마르고 포도 열매가 없어도

감람나무 열매 그치고 논밭에 식물이 없어도

우리의 양 떼가 없으며 외양간 송아지 없어도

나는 여호와로 즐거워하리.

나는 여호와로 즐거워하리.

나는 구원의 하나님을 인해 기뻐하리라"

비록 무화과나무가 무성하지 못하며 포도나무에 열매가 없으며

감람나무에 소출이 없으며 밭에 먹을 것이 없으며

우리에 양이 없으며 외양간에 소가 없을지라도

나는 여호와로 말미암아 즐거워하며

나의 구원의 하나님으로 말미암아 기뻐하리로다

(하박국 3:17-18)

하박국 선지자의 고백이 내 고백이 된 순간 난 감사가 넘쳐 견딜 수 없었다. 하나님께서 함께하시므로 난 기뻤다. 주 안에서 기뻐하고 기뻐했다. 하박국 선지자가 기뻐할 수 있었던 이유는 우리가 잠시 징계를 받더라도, 그것은 망하는 것이 아니라 반드시 회복시켜주실 하나님을 믿었기 때문이었다. 나는 내 죄 때문인지 아니면 하나님의 의를 위하여 받는 고난인지는 알 수 없지만, 하나님께서는 반드시 내 가정을 회복시켜주시리라 믿음이 있었기에 기뻐할 수 있었다.

눈물 젖은 빵을 먹은 다음 날 아침에 가깝게 지내는 선교사님이 집에 오셨다. 그 선교사님이 말하기를 "어제, 파송교회를 위해 간절히 기도하던 중, 갑자기 지 선교사님 생각이 많이 났어요. 그리고 이것들을 가져다주라는 감동을 받고 이렇게 찾아왔습니다. 이거 받으세요." 선교사님이 양손에 들고 왔던 가방에는 빵이 가득 차 있었다. 나는 그 빵이 담긴 가방을 붙잡고 울어버렸다. 하나님 아버지의 마음이 느껴졌기 때문이었다. 하나님 아버지께서 얼마나 급하셨으면 기도하시는 분을 새벽부터 깨워 기도하게 하시고 내가 가장 좋아하는 빵들을 보내주셨을까? 광야 훈련 기간 나만 고통스럽다고 생각했었는데, 하나님은 아버지로서 더 고통스러운 마음으로 자녀인 나를 훈련하고 계심을 깨닫고 펑펑 울었다. 테스트가 끝나자마자 바로 내 필요를 공급해 주시는 아버지의 마음을 내가 어찌 다 안다고 말할 수 있을까. 어떻게 이러한 사랑을 다 표현할 수 있을까. 이분이 바로 내 아버지요, 우리 아버지시다!

광야일기 6 | '이미 그러나 아직'의 하나님 나라

너무나 외로움을 느끼던 가을의 어느 날이었다. 유학 생활이 힘들었던 이유 중의 하나는 외로움 때문이었다. 내 마음을 알아줄 사람이 없을 뿐만 아니라, 속 시원하게 이야기할 사람도 없어서 너무 힘들었다.

내가 졸업한 캐나다 트리니티 신학교에는 정말 멋있는 산책로가 있다. 나는 외로움을 느끼거나 논문이 잘 정리되지 않을 때, 그 산책로를 혼자 걷곤 했다. 그날도 어김없이 귀에 이어폰을 꽂고 크리스천 라디오 방송을 들으며 산책했었다.

산책로에서 찬양하다가 혼잣말로 "하나님! 참 외롭습니다! 이 산책로가 좁은 길인 것처럼 제 인생의 길도 좁은 문, 좁은 길로 가고 있는 것 같습니다. 그래서 더욱더 외로운 것 같습니다"라고 말했다. 그런데 갑자기 잔잔한 그분의 음성이 들렸다. "현호야! 왜 외롭다고 생각하느냐? 내가 너와 함께하지 않느냐?" 이 말씀이 들려오는데 마음속에서 감당할 수 없는 벅찬 감동이 밀려왔다. 외로움은 순식간에 없어졌다. 하나님께서 지금 나와 함께하고 계신다는 말씀이 얼마나 큰 기쁨이었는지 모른다.

산책로에는 토끼들이 있었고 나무들이 있었는데, 얼마나 기뻤는지 "야! 토끼들아! 나무들아! 하나님께서 함께하는 사람이 외친다! 모든 만물들아 주님을 찬양하라! 예수님은 우리 모두의 찬양을 받기에 합당하시다!"라고 외쳤다. 그런데 이게 웬일인가? 정말로 토끼들이 하나님을 찬양하는 것 같았고, 나무들이 손뼉을 치며 주님을 찬양하는 것 같았다. 얼마나 영광스러운 모습이었는지, 하나님을 찬양하는 그곳이 마치 천국 같았다! 천국은 저 멀리 있는 것이 아니라 지금 임할 수 있다는 것을 알 수 있었다. 하나님의 통치가 있는 곳! 사랑과 기쁨과 평안함이 충만한 곳!

그런데 찬양을 하다가 갑자기 한 가지 질문이 떠올랐다. 이 좁은 길의 끝은 무엇인가? 내 인생의 끝은 무엇일까? 라고 생각하며 걷다가 마침내 산책로의 끝에 서게 되었다. 그 끝을 지나는 순간 귀에서 "보라 주님! 구름 타시고 나팔 불 때에 다시 오시네! 모두 외치세 이는 은혜의 해니 시온에서 구원이......" 찬양이 흘러나오는 것이 아닌가!

나는 이 사건이 절대 우연의 사건이라 생각하지 않는다. 하나님께서는 기독교 라디오 방송을 통하여서도 내게 말씀하고 계신다는 것을 확신할 수 있었다. 그렇다! 내 인생의 끝은 나의 주인이시며 모든 것 되시는 예수님을 만나는 것이다! 그리고 그분은 내 모든 눈물을 닦아 주시며 영원토록 함께하실 것이다! 성령님께서는 로마서 5:1-5의 말씀을 기억나게 하셨다.

우리가 믿음으로 의롭다 함을 받았으므로, 우리는 우리 주 예수 그리스도로 말미암아 하나님과 함께하는 평강을 누리고 있습니다. 예수 그리스도에 의해서, 또 믿음으로 우리는 지금 우리가 서 있는 이 은혜의 자리에 들어와 있습니다. 그리고 하나님의 영광을 소망하며 즐거워합니다. 이뿐만 아니라 우리는 환난을 당하더라도 즐거워합니다. 그것은 환난이 인내를 낳고, 또 인내는 연단된 인품을 낳고, 연단된 인품은 소망을 낳는 것을 알기 때문입니다. 이 소망은 절대로 우리의 기대를 저버리지 않습니다. 그것은 하나님께서 우리에게 주신 성령을 통해 우리 마음에 하나님의 사랑을 부어 주셨기 때문입니다.

(로마서 5:1-5)

위의 말씀처럼 은혜의 자리에 들어와 있다는 것, 환난을 겪더라도 즐거워한다는 것, 그리고 하나님께서 성령님을 통해 우리 마음에 부어주신 그 사랑이 얼마나 크고 감사한지를 배울 수 있었다.

광야일기 7 | 방언보다 먼저 순종을 (자기 부인, 영적 질서)

지금까지 한 번도 방언을 간절히 사모해본 적이 없다. 건방지게도 "하나님께서 나와 함께 하시는데 왜 방언이 필요해? 난 방언이 없어도 믿음으로 살아"라고 항상 생각했던 나...

하지만 학교에서 배운 사도행전 강의를 통해 하나님께서 사도바울을 통하여 어떻게 성령님의 능력과 권능을 나타내셨는지 알 수 있었다. 그것은 나를 변화시켰다. 그래서인지 이번 학기 리서치 페이퍼를 작성하면서 기도를 참 많이 했다. "하나님 제가 공부해야 할 본문을 알려 주시옵소서"라고 기도했었는데 하나님께서는 "하나님의 나라와 바울"에 대해서 말씀을 주셨다. 그 본문을 찾아보니 사도행전 19:8-20의 말씀이었다. 내 비전을 다시 한번 확인시켜 주셨기에 참으로 많은 감동을 받았다.

얼마 뒤, "하나님! 하나님의 영광을 위하여 제게 방언의 능력과 통변의 능력을 주시옵소서. 먼저 성령님께서 제 영을 통하여 어떻게 중보 하시는지 알고 싶습니다. 그리고 그것을 해석할 수 있는 능력을 주시옵소서."라고 기도했다.

그리고 "주님, 받을 때까지 이 자리에 엎드려 기도하겠습니다. 결코, 이 방을 떠나지 않겠습니다."라고 기도했다. 2시간이 지났을 때쯤, 하나님께서는 내게 어려운 명령을 하였다. 그것은 내가 섬기고 있는 교회의 담임목사님에게 안수를 받으라는 것이었다. 너무 난감했다. 담임목사님과의 관계가 안 좋았고, 시기적으로는 사임을 앞두고 있었기 때문이었다. 그래서 많은 고민을 했다. 하지만 아무리 기도해도 하나님께서는 동일하게 말씀하셨다. 하나님께서는 "진정 네가 갈급하느냐? 그렇다면 가서 기도를 받아라."라는 마음만 계속 주셨다.

당시 나는 힘든 시기를 보내고 있었다. 마치 홍해 바다 앞에 서 있는 기분이라고 할까? 뒤를 보자니 죽을 길이고, 앞을 보자니 절망뿐인 바다만 보인다. 정말 아사 직전의 배고픈 자는 음식을 가리지 않는다. 살기 위해 그냥 먹을 뿐이다. 이성이고 자존심이고 없다. 살기 위해 먹어야 할 것 아닌가? 내게 그 갈급함이 점점 더 크게 일어났다. "주님 제게 주신다면 자존심이고 뭐고 없습니다. 순종하겠습니다!"

그리고 수요 예배 때 말씀드렸더니, 예배가 끝난 후, 목사님께서 "이렇게 혼자서 방언을 위해 안수 기도해 본 적이 없는데? 여러 명이 성령 충만함으로 기도해야 해! 나 혼자 기도해서 안수 기도 받은 사람이 방언을 받은 적은 한 번도 없었어."라고 말씀하셨다. 그래서 나는, "목사님 하나님께서 목사님을 보여 주셨습니다. 기도해 주시면 믿음으로 받겠습니다."라고 말씀드렸더니 목사님께서 사랑으로 간절히 기도해 주셨다. 마음이 열리고 뜨거움이 솟아남을 느낄 수 있었다. 그런데 방언은 할 수 없었다.

너무나 실망스러웠다. 그리고 부끄러웠다. 지친 몸을 이끌고 집에 오니 거실에 걸려있는 현판이 보였다. 그 현판에는 "오직 하나님의 영광을 위하여"라고 쓰여 있었다. 그 현판 앞에서 울면서 기도했다. 그런데 기도하는 도중에 방언이 나왔다. 혀와 팔과 몸이 이상하게 떨렸다. 그리고 방언을 하는데 계속 눈물이 나며 내 마음속에서 "주님을 찬양하라! 주님을 찬양하라! 주님 저는 주님의 것입니다. 주님은 저의 전부입니다. 주님을 찬양합니다! 주님 홀로 영광 받으소서!"라고 말하는 것 같았다. 그리고 계속해서 같은 기도만 올려드렸다. "주님을 찬양하라! 저는 주님의 것입니다! 주님을 찬양하라! 저는 주님의 것입니다."

방언을 통하여 주님이 나와 함께하고 계신다는 확신이 들어 감사했다. 그리고 방언 기도할 때 위로해 주시고 평안을 주셔서 감사했다. 그리고 방언으로 기도할수록 내 마음이 많이 회복되어 감을 느낄 수 있었다.

하나님께서는 은사보다도 내게 순종을 원하셨음을 알았다. 하나님의 영광을 위하여 하나님의 나라를 위하여 많은 은사보다도 순종함을 먼저 원하셨던 주님의 마음을 깨닫게 해 주셨다. 순종이 얼마나 중요한지 먼저 알려 주심에 감사드립니다. 이제 하나님의 영광을 위해서 다른 것들도 이미 주셨음을 믿음으로 고백합니다. 아멘.

광야 리더십의 모델 | 어머니

내가 하나님 다음으로 사랑하고 존경하는 분이 있다면 바로 어머니이다. 어머니는 예배, 말씀, 기도, 전도의 삶을 내게 가르쳐 주시고 보여주신 분이시다. 가장 짧게 어머니의 삶을 소개할 수 있는 것은 어머니 회갑 때 올려드렸던 기도문일 것 같아 이곳에 소개하고자 한다.

어머니의 회갑기념일 때 하나님께 올려드렸던 9가지 감사기도제목

네 부모를 공경하라 그리하면

너의 하나님 나 여호와가 네게 준 땅에서 네 생명이 길리라

(출애굽기 20:12)

1. 훌륭한 크리스천인 주 현순 선교사님의 태에서 제가 태어날 수 있도록 인도하신 하나님께 감사드립니다.

2. 7살 때 비가 많이 오는 궂은 날씨에도 불구하고, 제 손을 꼭 잡으시며 예배를 드리러 교회로 인도하셨던 신실한 어머님을 주셔서 감사드립니다. 그날 저는 제 기도를 들으시고, 비를 그치게 하신 저의 하나님을 만날 수 있었습니다.

3. 아버지가 뇌종양 수술 후 2년 동안이나 말할 수 없는 벙어리와 반수 불구의 장애인이 되셨음에도 불구하고, 6개월 동안 병원에서 아버지와 함께 지내시며, 사랑과 헌신으로 아버지를 섬기시고 나머지 1년 6개월 동안은 70kg 이상 나가시는 아버지를 매일 기쁨으로 집에서 목욕시키시며 운동시키셨던 어머님을 통해 크리스천의 섬김과 사랑을 제 눈으로 보게 하시고 어머님의 삶을 통하여 부부의 사랑과 의무를 가르쳐주신 하나님께 감사를 드립니다.

4. 아버지가 병으로 쓰러지고, 어린 아들 두 명을 돌보아야 하는 극심한 절망과 고통의 순간에서도 예배자의 삶이 얼마나 소중한 것인지를 삶으로 보여 주시며, 날마다 하루 두 번씩 아침저녁으로 가정예배를 드림으로 실재하는 천국의 삶이 어떤 것인지를 제가 깨달으며 체험할 수 있도록 인도하신 그런 신실한 어머님을 주셔서 감사합니다. 저는 지금도 그 천국의 예배를 사모합니다.

5. 신장이식 수술을 하지 않으면 죽을 수밖에 없었던 외삼촌을 위해, 기꺼이 자신의 신장을 외삼촌에게 이식하며 하나님께서 기뻐하시는 이웃사랑을 실천하며, 복음을 말로만이 아닌 삶으로 증거 하셨던 어머님을 통하여 참된 이웃사랑의 방법과 복음증거의 삶을 가르쳐 주신 하나님께 감사를 드립니다.

6. 눈에 넣어도 아프지 않은 사랑하는 둘째 아들을 그의 대학교 입학식 날 교통사고로 잃게 되었고, 그 아들이 한 줌의 재가 되어 당신 앞에 돌아왔을지라도, 하나님을 원망하지 않으며, 눈물로서 "하나님께서 모든 것을 아십니다!"라고 날마다 엎드려 기도했던 어머님을 통하여, 어떠한 상황 가운데서도 주신 자도 여호와시요 취하신 자도 여호와시니 여호와의 이름이 찬송을 받으실지니이다." 라는 욥의 고백이 크리스천의 고백임을 가르쳐 주신 하나님께 감사를 드립니다. "당신의 은혜는 우리에게 충분합니다!"라는 신앙을 어머님의 삶을 통해 가르쳐 주신 하나님께 감사를 드립니다.

7. 50대 후반에 선교사가 되어 캐나다로 파송되어 오셨을 때, 모든 사람이 무시하고 비웃으며, 심지어 아들인 저마저도 이해할 수 없었을 때, 선교사는 현지 언어를 습득해야 한다며, 전도하실 때마다 사용하셨던 암송구절 120구절을 영어로 아들과 며느리 앞에서 더듬더듬 외우셨던 어머님을 통해 선교사의 사명과 언어 훈련의 중요성을 가르쳐 주신 하나님께 감사를 드립니다.

8. 지난 3년 동안 비가 오나 눈이 오나 하루도 빠짐없이 매일 땅 밟기 기도하며 2,000명에게 전도했던 어머님, 하루에 한 명이라도 전도하지 않으면 전도할 때까지 집에 돌아오지 않으셨던 어머님. 때로는 중, 고등학생들이 어머님 앞에서 담배를 피우면서 모욕적인 말을 할지라도 그들

을 축복하며 하나님께 감사를 드렸던 어머님을 통해 전도와 선교의 삶을 통하여 영혼을 사랑하는 삶을 가르쳐 주신 하나님께 감사를 드립니다. 2,000명에게 전도했을지라도 열매가 없는 상황 가운데서 하나님께서 모든 것을 아신다며 포기하지 않으신 어머님에게, 이 아들이 어머님의 열매라고 말씀하여 주시고 이 아들을 통하여 많은 영혼을 주님께로 인도하게 하시니 그 크신 은혜에 감사를 드립니다.

9. 부족한 아들과 며느리를 항상 사랑과 겸손으로 섬겨주시고 격려해 주시는 어머님을 통해 섬김의 종이 어떤 모습인지를 가르쳐 주신 하나님께 감사를 드립니다.

사랑과 긍휼과 자비의 하나님! 저에게도 은혜를 베풀어 주서서 만약 제가 회갑까지 살 수 있다면, 그때 제 아들 샘과 배 속에 있는 아이가 하나님께 "이런 아버지를 주서서 감사합니다!"라는 기도를 올려 드릴 수 있는 은혜를 저에게 허락하시고 축복하여 주시옵소서. 제 삶이 어머님의 삶처럼 성경에서 말하는 진짜 크리스천의 삶이 되게 하시옵소서. 우리 가정을 날마다 기억하시고 언제나 함께하여 주시옵소서! 우리 가정의 주인 되신 주님께서 우리를 언제나 사랑하여 주시고 함께하여 주심에 감사를 드리며 세상에서 가장 존귀하신 예수님의 이름으로 기도 올려 드리옵나이다. 아멘

예배자를 세우기 위한 제자훈련
- 삶으로 보여주는 가르침

하나님께서 보내주신 제자들을 예배자로 훈련하는 것보다 중요한 것은 예배자의 삶을 그들에게 보여주는 거다. 나는 어머니의 삶을 통하여 신앙이 무엇인지를 배울 수 있었다. 항상 예배를 소중히 여기시고 마음과 정성과 온 힘을 다해 주님을 사랑하는 예배를 드렸던 어머니를 통해 예배를 배웠다. 가장 기억에 남는 예배 중 하나는 바로 동생의 죽음이 있었던 주간의 주일예배였다.

둘째 아들을 잃고 괴로운 심정으로 매일 눈물만 흘리던 어머니에게 주일이 찾아왔다. 그 당시 어머니는 교회학교에서 소년부 교사로 섬기고 계셨다. 예배를 드려야 하는데 너무 괴로워서 소년부 예배에 참석할 수 없을 것만 같았다. 그런데 어머니가 교회에 가지 않으면, 어머니에게 맡겨진 소년부 영혼들은 부모 없는 고아처럼 다른 반으로 뿔뿔이 흩어져서 분반 공부와 예배를 드려야 했다. 어머니는 자녀를 잃은 것도 괴로운데, 하나님께서 보내주신 영적인 자녀들이 또 흩어지는 것을 생각하니 너 괴로웠다고 한다. 그래서 어머니는 맡겨진 영혼들을 위해 예배에 참석하셨다. 하지만 분반 공부 시간에 아이들에게 말씀을 가르쳐야 하는데 도저히 가르칠 수 없었다. 어머니는 아이들에게 "둘째 아들이 교통사고로 죽게 되어 너희들을 가르칠 수 없어 미안하다"라고 말씀하시곤 펑펑 우셨다. 그리고 그 아이들도 함께 펑펑 울었다.

하나님께서는 이 예배를 기뻐 받으셨다. 이 일이 있는 후, 어머니의 반 학생 수는 계속해서 늘어갔다. 얼마 지나지 않아 학생들이 너무 많아져서 반을 나눠야 했다. 그해 말에 어머니는 전남노회에서 주는 최우수 교사상을 받았다. 그 상을 받으시며, 어머니는 "하나님께서 하셨습니다. 하나님 감사합니다! 저 같은 사람을 사용하여 주셔서 감사합니다."라고 말씀하셨다.

소년부 아이들은 어머니의 삶을 통하여 우리가 예배를 어떻게 드려야 하는지를 배울 수 있었다. 하나님께 드려지는 예배는 가장 소중하며, 우리 인생 가운데 최우선 순위가 되어야 한다는 것을 어머니의 삶을 통해 교육받았다.

어머니는 그로부터 하나밖에 없는 아들인 나를 위해서 더욱 기도하셨다. 내가 진정한 예배자가 될 수 있도록 간절히 기도하셨다. 어느 날은 나를 위해서만 12시간 동안 기도한 날도 있었다. 그 당시 나는 인생을 원망하며 매일 술만 마시는 술주정뱅이였다.

긍휼의 하나님은 어머니가 10년 동안 간절히 기도했던 그 기도에 응답해 주셨다. 내가 예배자가 된 것이다. 극심한 고난과 고통 가운데서도 예배자의 삶을 보여주셨던 어머니처럼, 나도 극심한 고난과 고통 가운데서 하나님께 엎드리게 되었다. 어머니의 삶을 통해 배운 대로 나도 살아 계신 하나님께 예배드리고 간절히 기도하는 사람이 되었다. 그리고 일주일에 한 번 드렸던 가정예배를 공예배가 있는 날을 제외하고 매일 드리게 되었다.

그리고 또다시 10년이 지났다. 이제는 어머니의 손자와 손녀도 예배자가 되었다. 토요일에는 삼대가 함께 모여 예배를 드렸던 때가 있었다. 어느 날 나는 3일 동안 다른 지역교회에서 있을 부흥회와 주일예배를 섬겨야 해서 토요예배를 인도할 수 없었다. 어머니나 아내가 예배를 인도하리라 생각했다. 그런데 토요일에 아들 샘이 성경책을 가슴에 품고 왔다 갔다 하는 장면을 본 어머니가 샘에게 말을 걸었다. "샘아! 왜 그렇게 성경책을 가슴에 품고 왔다 갔다 하니?"라고 물어보니, 샘은 "할머니가 그랬던 것처럼, 아버지가 그랬던 것처럼 하나님 말씀을 받는 중입니다! 아빠가 저에게 '아빠가 없을 때는 네가 가장이니 잘해'라고 했어요. 오늘은 아빠가 없으니 제가 가정예배를 인도해야 해요"라고 대답했다고 한다. 우리 가족이 늘 하던 대로 먼저는 사도신경을 고백하고, 찬송가 두 곡을 부르고, 하나님 말씀을 선포했다고 한다. 하나님 말씀은 사도행전 27장 '보호하시는 하나님'이라는 제목으로 말씀을 전했는데 어머니가 큰 은혜를 받았다. 가정예배 때마다 말씀 선포 후 하나님 음성을 듣는 시간을 가지는데, 샘은 가족 모두에게 말씀하신 하나님 음성을 일일이 기록한 후, 결단 기도와 중보기도를 인도하고 주기도문으로 예배를 마쳤다고 한다.

나는 이 소식을 듣고 깜짝 놀랐다. 가정예배를 어떻게 인도해야 하는지 가르쳐 준 적이 없었다. 그런데 보면서 배웠다. 아이들은 보는 대로 배운다. 그래서 가르치는 대로 살아가는 것이 얼마나 중요한 것인지를 깨달을 수 있었다. 지금은 아내가 아이들과 함께 매일 주야로 예배드리고, 나는 일주일에 한 번씩 아이들을 일대일 제자훈련을 시키고 있다.

광야학교를 마치며

캐나다에서 학업을 마치고 목사 안수를 받기 전에 하나님께서는 꿈을 통해 내가 하얀 예복을 입은 모습을 보여 주셨다. 꿈속에서는 그 예복은 훈련을 통과한 사람에게 주는 것이었는데, 그 예복을 입자마자 펑펑 울었다. 그리고 아내에게는 신명기 8장의 말씀을 주심으로 우리 부부가 같은 음성을 들었음을 확증해 주셨다.

여러분은 오늘 내가 전하는 여호와의 모든 명령을 성실히 준수하십시오. 그러면 여러분이 살 뿐만 아니라 번성하여 여호와께서 여러분의 조상들에게 약속하신 땅에 들어가 그 땅을 차지하게 될 것입니다. 여러분의 하나님 여호와께서 지난 40년 동안 광야에서 어떻게 여러분을 인도하셨는지 한번 생각해 보십시오. 여호와께서는 여러분을 실제로 그 명령에 순종할 것인지 아닌지 여러분의 마음을 알아보려고 많은 어려움을 통해 여러분을 시험하셨습니다. 여호와께서 여러분을 낮추시고 굶주리게 하시며 여러분과 여러분의 조상들이 전에 먹어 보지 못한 만나를 주어 먹게 하신 것은 사람이 빵으로만 살 것이 아니라 하나님의 모든 말씀으로 살아야 한다는 것을 여러분에게 가르치기 위해서였습니다.

(현대인의 성경, 신명기 8:1-3)

여러분은 교만하여 이집트에서 종살이하던 여러분을 인도해 내신 여러분의 하나님 여호와를 잊지 않도록 명심해야 합니다. 여호와께서는 여러분을 독사와 전갈이 많고 땅이 메마른 넓고 무시무시한 광야를 지나게 하셨으며 또 여러분을 위해 바위에서 물이 나게 하셨습니다. 그리고 여러분의 조상들도 먹어 보지 못한 만나를 이 광야에서 여러분에게 먹이셨습니다. 여호와께서 여러분을 낮추시고 시험하신 것은 결국 여러분에게 유익을 주기 위한 것이었습니다. 여러분은 여러분의 힘과 능력으로 부유해졌다고 생각해서는 안 됩니다. 여러분에게 부유해지는 능력을 주신 분이 여러분의 하나님 여호와이심을 기억하십시오.

(현대인의 성경, 신명기 8:14-18)

열정은 있었으나 야생말과 같은 나를 바꾸시기 위해 지금까지 길들이신 주님을 찬송한다. "이 사람 모세는 온유함이 지면의 모든 사람보다 더 하더라" (민12:3). 온유의 원어적인 의미는 야생말을 길들이기 위해 입에 재갈을 물리는 것을 의미한다. 결국, 하나님을 의지하고 하나님의 방식대로 움직이는 사람을 온유한 자라고 할 수 있는데, 온유한 자로, 하나님께서 원하시는 사람으로 바꾸기 위해 나에게 광야를 허락하셨다는 것을 알 수 있었다.

나는 하나님의 놀라운 은혜로 다시 한 번 영혼들을 향한 마음과 열정이 회복되었다. 나는 하나님께서 주신 열정이 있지만 내 멋대로 일하는 사람이 아니라, 하나님께서 원하시는 방법대로 순종하는 사람이 되기로 결단했다. 그래서 하나님께서 일을 맡기시기에 편한 사람이 되고 싶다고 고백했다.

그분이 눈물로 누가 우리를 위해 갈꼬? 라고 탄식할 때, "주님 제가 여기 있습니다! 저를 보내소서!"라고 말하며 순종할 수 있는 그런 사람이 되기를 원한다.

내가 또 주의 목소리를 들으니 주께서 이르시되 내가 누구를 보내며

누가 우리를 위하여 갈꼬 하시니 그 때에

내가 이르되 내가 여기 있나이다 나를 보내소서 하였더니

(이사야 6:8)

마지막으로 광야에서도, 가나안에서도 삶의 예배자로 살아가는 진정한 주님의 제자가 되기를 원한다.